동화로 열어가는 공감 매뉴얼

공감 정복 6단계

박성희·이재용·남윤미·김경수·김기종·심진규·최준섭·김은혜 공저

학지사

머리말

'21세기는 공감의 세기'라는 예측이 딱 들어맞는 오늘입니다. 어딜 가나 공감의 중요성을 말하고 공감에 관한 교육과 연수가 넘쳐납니다. '너'와 '나'가 감응하여 공명하게 만들고 '하나'라는 공감대를 바탕으로 서로 성장할 수 있게 이끌어 가는 힘이 바로 공감에 깃들어 있기 때문입니다. 현대 사회가 그렇게 강조하는 소통의 비법 역시 공감에서 찾을 수 있습니다.

우리는 오랫동안 공감에 대해 연구해 왔습니다. 잘 알아야 잘 실행할 수 있다는 생각을 가지고 공감 연구에 집중했던 것입니다. '공감이 중요하다'는 인식에서 그치지 않고 사람들의 일상에 손쉽게 활용되는 공감으로 자리매김하려면 공감의 정체, 공감의 과정, 공감의 표현 등에 대해 깊고 정밀한 탐색이 필요하다고 생각했던 것입니다. 이 책은 그 결과물을 담고 있습니다.

공감은 순식간에 일어날 수도 있고 오랜 시간에 걸쳐 완성될 수도 있습니다. 그러나 그 과정을 자세히 해부해 보면 적어도 여섯 개의 단계를 거친다는 사실을 알 수 있습니다. 이 여섯 단계가 꼭 순차적으로 진행되는 것은 아니지만 각각의 단계는 공감이 완성되는 과정에 어김없이 들어 있습니다. 우리는 이 여섯 단계에 주목하고 이를 바탕으로 공감 정복의 길을 열어놓았습니다. 공감에 관심이 있는 분이라면 누구라도 편하게 다가와 공감 정복의 길에 들어설 수 있도록 쉽고도 재미있게 내용을 구성했습니다. 장담하건대, 각 단계에 들어 있는 이야기들, 그러니까 동화, 실제 사례, 창작 및 각색한 이야기에 흠뻑 젖어들어 울고 웃다 보면 어느새 자신이 공감의 세계 깊숙이 들어와 있음을 느끼게 될 것입니다.

이 책에 소개된 많은 내용은 이전에 출판된 박성희 교수의 저서에서 가져왔습니다. 『공감학: 어제와 오늘』(2004), 『공감』(2009), 『인간관계의 필요충분조건: 진정성·수용·공감』(2014) 등이 그것입니다. 그러나 공감을 여섯 단계로 나누어 설명하고 각 단계별로 실천 방법을 제시한 것은 이 책의 고유한 특징입니다. 공감 교육과 연수 프로그램으로 보아도 좋은 이 책은 가정, 학교, 기업, 상담실 등 공감을 공부하고 가르치는 모든 곳에서 유용한 교육 자료로 활용될 수 있을 것입니다.

아무쪼록 이 책을 통해 공감의 여섯 단계를 완전 정복하셔서 주변 사람들과 막힘없이 소통하고 더불어 성장하는 행복한 삶을 누리시기를 기원합니다.

저자 일동

차 례

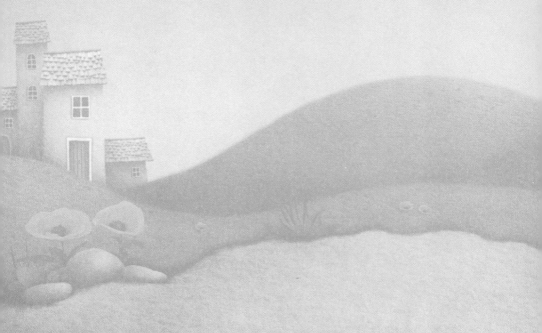

01
동화로 열어가는 공감 이야기

1. 공감의 의미

　　모두가 공감을 말합니다. 공감은 우리의 삶에서 떼려야 뗄 수 없는 삶의 방식으로 매우 중요하다고 강조합니다. 하지만 우리는 정작 공감이 무엇인지, 어떻게 나타나는지, 어떻게 향상시킬 수 있는지를 분명하게 알지 못합니다. 특히 인간관계에서 행복한 삶을 열어가기 위해서는 공감에 대해 좀 더 자세히 알아야 합니다.

　　이 글은 공감에 대해 쉽고 편안하게 다가가고자 여러 가지 동화로 이야기를 열어갑니다. 지치고 건조한 우리의 삶에 동화라는 따뜻한 울림을 통해서 공감을 나누고자 합니다.

　　이 장에서는 공감은 무엇인지 그 의미와 개념을 살펴보고, 공감이 나타나는 방식으로써 '동작' '느낌' '이해'에 대해서 알아볼 것입니다. 또한 공감이 일어나는 과정을 이해하고, 공감 능력을 향상시키는 방법을 6단계로 나누어 살펴볼 것입니다.

동화로 열어가기

눈먼 청년

한 청년이 사고로 두 눈이 멀게 되었습니다. 병원에서 깨어난 청년은 자신의 눈이 멀게 된 사실을 알고 크게 낙심하였습니다. 한동안 먹지도 않았고, 주위 사람들과 대화를 나누지도 않았습니다. 병원 치료를 마치고 집에 돌아온 청년에게 가족들은 다시 새롭게 인생을 시작하도록 맹인학교에 갈 것을 권유했습니다. 청년은 아무런 의욕이 없었지만, 가족들의 성화에 못 이겨서 결국 맹인학교에 가게 되었습니다.

청년과 가족들이 학교에 도착하자 교장 선생님은 반갑게 맞아주었습니다. 그리고 교장 선생님은 교사 한 사람을 불러 청년에게 학교 건물과 교정 곳곳을 안내해 주라고 하였습니다. 안내를 맡은 교사는 청년의 손을 잡고 교무실을 나섰습니다. 현관 입구로 청년을 데리고 간 교사는 이렇게 말했습니다.

"자, 이제 우리는 현관 밖에 있는 층계를 내려갈 겁니다. 층계는 모두 열두 개입니다. 돌계단이라 발이 닿으면 금방 알 수 있습니다. 층계를 다 내려가면 왼쪽으로 돌아서 화단 앞을 지날 겁니다. 화단을 지난 후에는 교정을 한 바퀴 돌겠습니다. 교정을 지나는 동안 교실에서 풍기는 냄새를 잘 기억해 두세요. 운동장에서 들려오는 젊고 싱싱한 함성에도 귀를 기울여 보세요."

교사는 따뜻하면서도 힘찬 목소리로 청년을 안내해 주었습니다.

"자, 이제 내가 말한 대로 가 보세요. 혹시 미심쩍거나 무슨 일이 생

기면 내 손이 항상 당신 팔 옆에 있으니까 꼭 잡도록 하세요."

청년은 불안하면서 걱정도 되었습니다. 하지만 교사의 친절한 안내에 청년의 마음은 이내 편안해졌습니다. 청년은 층계를 하나하나 세면서 천천히 내려갔습니다. 왼쪽으로 돌아가니 과연 화단이 있는 것이 느껴졌습니다. 코끝에 꽃향기가 스쳤기 때문입니다. 청년은 조금씩 마음속에 생기는 자신감을 느끼면서 교정을 한 바퀴 다 돌았습니다. 처음에 들었던 걱정과 두려움은 사라지고, 청년은 새로운 학교에 편안한 마음까지 들었습니다. 학교를 모두 둘러보고 숙소에 다다른 청년은 자신을 안내해 주었던 교사에게 진심으로 고마워서 고개를 숙였습니다.

"선생님, 정말 감사합니다. 선생님께서는 저같이 눈먼 사람의 입장을 정말 잘 이해하고 계시는군요."

그러자 교사가 대답했습니다.

"이해하고말고요. 저도 앞을 못 보는 사람이거든요."

청년을 안내해 주었던 교사 역시 사고로 눈을 잃었던 것이었습니다. 교사는 청년의 손을 꼭 잡아 주고는 천천히 교실로 향했습니다. 청년은 눈으로 교사를 볼 수 없었지만, 마음으로 교사를 볼 수 있었습니다.

(박성희, 『인간관계의 필요충분조건』, 2014, pp. 296-297)

공감을 받으면 마음이 든든해지고 희망이 솟습니다. 동화 속 청년은 자신이 혼자라고 생각했는데 뜻밖에 자신을 깊이 이해하는 사람을 만나니 이제 외롭지 않았습니다. 자신이 외딴섬에 홀로 떨어져 있는 것이 아니고, 튼튼한 끈으로 누군가와 연결되어 있다는 유대감, 그 유대감으로부터 오는 든든함이 있었습니다. 청년과 교사 사이에 생긴 공감이 주는 선물이라고 할까요?

공감이 가져다주는 든든함은 험난한 세상을 이겨 낼 수 있는 희망과 자신감을 주고 있습니다. '혼자'일 때 무척 힘들어 보이던 길이 공감해 주는 동행을 얻자 한번 걸어 볼 만한 길로 바뀌게 되었습니다. 동화에 나오는 눈이 먼 청년은 거의 삶을 포기한 상태였습니다. 하지만 같은 경험을 한 어느 교사의 아주 작은 공감적 언행은 삶을 대하는 청년의 태도를 바꾸어 놓았습니다. 이제 청년은 외롭지 않습니다. 비록 눈은 멀었지만 나름대로 멋지게 살 수 있다는 희망에 가슴이 설레기 시작합니다.

여러분들도 혹시 동화 속 청년처럼 좌절하고 힘든 순간을 경험한 적이 있었나요? 우리가 앞으로 알아가게 될 '공감'은 그 좌절의 순간을 희망으로 바꾸는 데 도움을 줄 수 있을 것입니다. 더불어 자신이 살아가는 곳에서 만나는 사람들과 새로운 관계를 만들어 갈 수 있는 힘이 될 것입니다.

관계의 필수조건, 공감

어느 연구자가 감옥에 갇힌 엄마와, 그 엄마와 떨어져 살게 된 유아들을 대상으로 연구를 한 적이 있습니다. 엄마와 떨어진 유아들이 엄마의 심리 상태에 따라 어떻게 행동하는가를 살펴본 것입니다. 결과는 이렇습니다. 엄마에게 별일이 없을 때는 별다른 반응을 보이지 않던 유아들이 엄마가 판결을 받기 위해 초조하게 기다리고 있을 때는 몹시 흥분하고 혼란스러운 행동을 하였습니다. 비록 몸은 떨어져 있지만 엄마와 유아의 마음이 보이지 않는 끈으로 단단하게 연결되어 있다는 사실을 보여 준 연구입니다. 엄마와 아이 사이에 일어나는 이 상호작용을 우리는 '공감'이라고 부릅니다. 공감 중에 아주 초보적이고 생리적인 반응입니다만 이후 아이가 발달시켜 가는 공감 능력의 기반이 되는 현상입니다.

최근 사람의 뇌를 연구하는 뇌신경생리학자들은 사람의 뇌에 공감적으로 반응할 수 있는 신경세포와 신경체제가 들어 있음을 발견했습니다. 소위 거울뉴런과 거울뉴런체계입니다. 이 신경세포는 자신의 몸에서 일어나는 반응을 관찰하고 느낄 뿐만 아니라, 마치 거울처럼 다른 사람에게서 비슷한 일이 일어날 때도 재빨리 알아채고 반응하는 능력을 가졌습니다. 다른 사람과 같은 느낌, 같은 생각, 같은 체험을 할 수 있는 공감의 생리적 근거인 셈입니다. 전혀 다른 두 사람이 짧은 만남 속에서도 서로를 이해하고 소통이 가능한 이유가 여기에 있습니다.

우리 주위를 돌아보면, 사람들 사이에 일어나는 모든 일의 배후에는 공감이 작용하고 있습니다. 학습과 교육이 그렇고, 우정과 사랑도 그렇습니다. 유난히 소통이 잘 되는 경우를 살펴보면, 두 사람 간에 공감적 반응이 일어나고 있음을 확인할 수 있습니다. 만일 공감이 없다면 대인 관계에서 의미 있는 만남은 아예 불가능할 것입니다. '너'와 '나' 사이에서, 서로를 이해하고 알아 가는 기본 토대가 없기 때문입니다. 공감은 이렇게 사람 사이의 모든 '관계'를 가능케 하는 필수적인 기능입니다. 우리의 삶은 '관계'에서 시작해 '관계'로 끝이 나는 속성을 지니고 있습니다. 공감을 잘 이해하고 행동하는 것은 우리의 삶 속에서 건강하고 의미 있는 인간관계를 맺기 위한 필수조건이 됩니다.

우리는 왜 공감하지 못할까

우리 안에 마련된 공감을 위한 신경생리세포는 쓰면 쓸수록 더 촘촘하고 정교해집니다. 따라서 공감 능력은 인생 경험이 늘어날수록 풍부해져야 정상입니다. 그런데 왜 사람들이 사는 모습을 보면 공감하는 능력이 생각보다 시원치 않다고 여겨질까요? 공감을 통해 역지사지하는 능력, 다시 말해 입장을 바꾸어 볼 수 있는 능력이 잘 발달했다면 사람들 사이에 상처를 주고받는 일, 충돌하고 갈등하는 일은 지금보다 훨씬 더 줄어들어야 맞습니다. 상대방의 목소리가 내 안에서 생생하게 울리고, 상대방의 마음이 내 안에서 절절히 느껴지는데 상대방을 이해하지 못해서 함부로 말하고 행동하기는 그렇게 쉽지 않을 겁니다. 그렇다면 어디가 잘못된 것일까요?

첫째, 공감 능력은 충분한데, 이기심 때문에 그 능력을 활용하지 않아서라고 볼 수 있습니다. 공감하는 마음을 열어 놓으면 주변 사람들에게 깊은 관심을 갖고 배려하는 행동을 하게 되는데, 여기에 공을 많이 들이게 되면 자신을 위해 쓸 시간과 에너지가 없어진다고 여기는 거지요. 학교나 직장에서 주위 사람의 마음을 공감하려고 애쓰다 보면 오히려 손해를 본다는 생각을 하는 경우가 있습니다. 그래서 결국은 속에서 올라오는 공감을 눈을 꼭 감고 외면하기도 합니다.

둘째, 공감 능력이 부족하기 때문이라고 생각할 수도 있습니다. 공감을 위한 생리적 기반을 갖추고 있지만 훈련과 경험을 통해 이 능력을 발전시키지 않았다는 거지요. 즉, 일상생활에 필요한 최소한의 공감 능력으로 만족하고, '관계'를 보다 고급스럽게 이끌어 갈 수준 높은 공감 능력을 배우고 익히지 않았다고 보는 겁니다. 이 경우 상대방과 깊은 공감을 하려고 해도 어떻게 하는지 몰라서 못하게 됩니다. 주위에서 유난히 다른 사람들의 마음을 잘 읽어내지 못해서 불편한 경우를 만드는 사람은 이 경우에 해당이 되겠지요.

방금 짚어 본 두 가지의 원인에 따라 처방은 아주 달라질 것입니다. 주위 사람을 공감해 봤자 자신만 손해를 본다는 생각 때문에 공감을 억압한다고 판단하면, 주위 사람을 공감하는 행동이 결국 자신에게 득이 된다는 점을 깨닫게 하는 쪽으로 접근해야 할 것입니다. 또한 주위 사람과 공감하는 능력이 부족하기 때문이라고 판단하면, 주위 사람들과 공감할 수 있는 능력을 키우는 쪽으로 접근을 해야겠지요.

중요한 것은 공감이 잘 일어나지 않는 두 가지 원인은 모두 우리의 삶 속에서 복잡하게 얽혀 있다고 생각됩니다. 그래서 한편으로는 사람이 살아가는 동안에 공감이 얼마나 중요한지를 드러내고, 다른 한편으로는 삶 속에서 공감 능력을 키우기 위한 구체적인 방법들을 다양하게 소개할 필요를 느꼈습니다. 공감을 잘 알고 적절하게 활용하면 일상생활 속 대인 관계에서 겪는 갈등과 충돌을 해소하고, 조화로운 어울림 속에 행복하게 살아갈 수 있을 겁니다.

공감은 과연 무엇인가

공감은 상담 분야에서 매우 중요한 위치를 차지합니다. 특히 인간 중심 상담에서는 공감을 상담관계를 구성하는 필요충분조건의 하나라고 여겨 그 가치를 높이고 있습니다. 인간주의 상담에서는 바람직한 변화를 이끌어 내는 상담관계에 필요충분조건이 있다고 주장하고 그 필요충분조건에 공감, 수용, 진정성 등을 포함시키고 있습니다. 필요충분조건이라는 말은 어떤 명제가 성립하기에 필요하고도 충분한 조건을 뜻합니다. 따라서 바람직한 변화를 이끌어 가는 상담관계의 필요충분조건이 이 세 가지라는 말은 이 세 가지만 갖추어지면 상담관계가 제 기능을 다할 뿐 아니라 청담자의 바람직한 변화를 보장한다는 뜻입니다. 이렇게 말할 정도로 공감은 사람들을 바람직하게 변화시키는 힘을 가지고 있습니다.

상담 및 인간관계에서 공감의 중요성을 인식한 학자들은 각자 다양한 방식으로 공감을 정의하고 있습니다. 그중에서 몇 가지를 살펴보고, 공감에 대한 정의를 내려 보겠습니다.

> "공감은 상상을 통하여 자신을 다른 사람의 생각, 느낌 및 행동 속으로 위치를 바꿔 보는 것이다(Allport, 1961)."

> "공감은 돕는 자가 도움을 받는 자의 느낌에 조율하려는 시도다(Gazda, Walters, & Childers, 1975)."

"공감은 다른 사람의 내적인 준거틀을 정확하게 그것의
감정적인 요소와 거기에 관련된 의미를 '마치'라는 사실
을 망각함 없이 마치 자신이 그 사람인 것처럼 자각하는
상태다(Rogers, 1959)."

공감에 대한 다양한 정의들 속에서 동일하게 강조되는 내용은 바
로 '하나 됨'입니다. 관계의 다음 단계로 진전하기 전에 어떤 방식으
로든 두 사람이 하나가 되는 체험이 있어야 한다는 말이지요. 물론
'마치'라는 대리 조건이 붙고 결국 자신으로 돌아와야 하지만 하나로
서 함께하는 과정은 공감의 필수불가결한 요소라고 보는 것입니다.
이런 점을 감안하여 공감을 좀 더 쉬운 말로 정의할 수 있습니다.

"공감은 쉽게 말해 상대방의 눈으로 보는 것처럼 보고,
귀로 듣는 것처럼 듣고, 코로 냄새 맡는 것처럼 냄새 맡
고, 혀로 맛보는 것처럼 맛보고, 피부로 감각하는 것처
럼 감각하는 것을 말한다. 자신을 잠시 젖혀 놓고 상대
방의 내면으로 들어가 마치 자신이 상대방인 것처럼 생
각하고 느껴 보고 행동하는 것이다. 그러기 위해서 모든
선입견과 선지식을 버리고 순수한 마음으로 상대방의
이야기를 경청하고 그 속으로 뛰어 들어가야 한다. 그러
다 보면 어느 한순간 메아리가 되어 되돌아오듯, 울림판
이 공명하듯, 하나가 된 느낌이 들고, 아울러 상대방의
문제 해결에 대한 통찰을 얻게 된다(박성희, 2001)."

공감은 자신이 마치 상대방이 되어서 느끼고, 생각하고, 행동하는 것입니다. 이때 자신이 가진 상대방에 대한 편견이나 오해, 불편한 감정, 욕심 등을 버리고 지금 이 순간에 주목하면서 상대방과 하나가 되는 것입니다. '눈먼 청년'을 대했던 교사의 모습은 이 공감의 정의를 더없이 잘 보여 주고 있습니다. 더불어 공감은 우리 삶 속에서 늘 마주칠 수 있는 현상입니다. 공감적으로 이해하고 행동하는 것에 대해 좀 더 관심을 가지고 노력한다면 우리의 삶은 새로운 모습으로 달라질 수 있습니다. 여러분이 주위 사람들과 이렇게 공감적인 만남이 가능하다면, 삶의 활력이 될 뿐만 아니라 자신의 삶에 대한 만족감과 행복감은 더욱 커질 수 있겠지요.

2. 공감의 거울 기능

공감은 상대방을 거울처럼 비추어 줍니다. 공감을 담당하는 신경세포를 거울신경세포라고 부르는 이유에서도 거울처럼 비추는 공감의 역할이 잘 드러납니다. 그렇다면 공감의 거울 기능은 어떻게 나타날까요? 공감은 크게 '동작' '느낌' '이해'로 나타나게 됩니다.

'동작'으로 나타나는 공감

혹시 스포츠 경기를 관람하고 있는 사람을 지켜본 적이 있나요?

스포츠 경기를 관전하거나 영상매체로 시청하고 있는 사람들은 몸동작을 통해서 상대방을 거울처럼 비추는 현상을 잘 표현해 줍니다. 의식적으로 선수의 동작을 모방하는 행동을 보이게 되지요. 모방하는 행동을 의식적으로 멈추려 해도 잠시뿐, 어느새 선수와 비슷한 동작을 따라 하고 있습니다.

사이가 좋은 사람들 사이에서는 동작을 모방하거나 일치시키는 현상이 자주 발견됩니다. 한참 사랑을 속삭이는 연인은 무의식중에 상대방의 움직임을 따라 합니다. 테이블에 마주 앉아 커피를 마시는 연인 사이에서, 연인이 가까이 다가오면 함께 가까이 다가가고, 연인이 몸을 뒤로 젖히면 자신도 몸을 뒤로 젖히는 식으로 아주 리드미컬하게 움직입니다. 그래서 연인인 두 사람의 몸동작만 잘 지켜보아도 둘이 얼마나 사랑하는지 알 수 있습니다. 두 사람의 몸동작이 서로 자연스럽지 못하고 자꾸 끊어지면 곧 헤어질 수도 있겠지요. 먹을 것을 주려고 입을 벌리며 아이에게 숟가락을 물리는 엄마도 그렇고, '김치!'를 외치며 커다랗게 웃는 사진사도 그렇습니다.

우리는 거울처럼 상대방을 따라 하기도 하지만, 거꾸로 상대방으로 하여금 우리를 따라 행동하게 하는 공감 능력을 갖고 있습니다. 실제로 어떤 사람을 상대할 때 우리는 쉬지 않고 그 사람의 동작을 따라 하거나 아니면 상대방에게 자신의 동작을 따라 하라고 재촉합니다. 그 동작이 아주 미세하고 신속하게 이루어지기 때문에 눈치 채기 어려울 때가 많지만 거울 반응은 계속 이어집니다. 그리고 거울 반응이 자연스럽게 이어지는 한, 두 사람의 대화에는 생기가 돌고 관계에도 윤기가 납니다. 다만 문제는 거울 반응이 깨질 때 생깁니다. 의식적으로든 무의식적으로든 서로 몸동작 따라 하기가 멈추었다는 것은 더 이상 공감 능력이 작동하지 않는다는 뜻인데, 이렇게 되면 두 사람이 서로를 알아 가는 의미 있는 대화를 나누기 어렵습니다.

직장에서 동료와 대화를 나눌 때에도 상대방이 보여 주는 동작 하나하나는 큰 의미를 지닙니다. 회의 중에 내가 이야기를 할 때, 편안한 표정으로 나를 바라보면서 눈을 맞추는 동료의 모습은 나에게 힘을 주지만, 인상을 쓰고 팔짱을 낀 채 노려보고 있다면 나 역시 위축되고 불안한 마음을 느끼게 됩니다. 결국 공감은 동작을 통해서도 나타나기 때문에 나의 작은 동작에도 관심을 기울일 필요가 있겠지요.

'느낌'으로 나타나는 공감

웃고 있는 사람을 보면 우리 안에서도 웃음이 피어나고, 슬퍼하는 사람을 보면 함께 슬퍼지며, 공포에 질린 사람을 보면 불편하고 언짢은 마음이 생기는 게 보통입니다. 이렇게 우리의 감정은 다른 이의 감정 상태에 민감하게 반응합니다. 마치 울림판처럼 다른 사람의 감정이 우리 안에 비슷한 감정을 일으키는 거지요. 그래서 이 현상을 정서공명(감정공명) 혹은 정서감염(감정감염)이라고도 합니다.

정서공명이란, 한 사람의 감정이 다른 사람 속에도 똑같은 감정을 일으키는 것이 마치 물리학에서 말하는 공명 현상과 닮았다고 해서 붙인 이름입니다. 정서감염이란, 한 사람의 감정이 다른 사람의 감정으로 전염된다는 뜻입니다. 가족을 잃은 큰 슬픔을 느끼는 사람을 만났을 때, 나 역시 슬프고 안타까운 마음을 가지게 되면서 그 사람의 정서를 공유하게 되는 것입니다. 기쁨, 화남, 슬픔, 즐거움 모두 사람과 사람 사이에서 공명을 일으키게 되지요.

경우에 따라서 다른 사람이 웃는 것을 보면서 우울해거나, 슬퍼하는 것을 보면서 통쾌한 느낌이 들 수도 있습니다. 아마 그 다른 사람이 이미 아는 사람이고, 그동안의 만남에서 좋지 않은 기억을 가졌을 때 그럴 것입니다. 드물기는 하지만 전혀 모르는 사람임에도 괜히 어긋나는 감정을 느낄 수도 있습니다. 그런데 어긋난 감정이 솟는 경우도 잘 살펴보면 정서공명이 먼저 일어났다는 사실을 알 수 있습니다. 내가 싫어하는 사람이 슬퍼하는 것을 보면서 통쾌함을 느낀다고 가정해 보면, 이때 내 속에서는 다음과 같은 심리가 진행됩니다. '저 사람의 슬픔을 내가 느껴 보니 참 슬프다. 그런데 이런 슬픔을 내가 싫어하는 저 사람이 느끼니 참 통쾌하다'는 식입니다. 다시 말해, 처음에는 상대방이 느끼는 슬픔을 접하고 자신도 슬픔을 느끼는데 '저 사람은 내가 싫어하는 사람'이라는 판단을 거친 다음에 슬픔이 통쾌함이라는 감정으로 바뀌는 것입니다. 앞의 슬픔은 1차 감정, 뒤의 통쾌함은 2차 감정이라고 합니다. 그러므로 모종의 판단 과정을 거치기 전에 처음 느끼는 1차 감정은 정서공명이라 말할 수 있습니다. 아이러니한 것은 1차 감정을 강하게 느낄수록(정서공명이 강할수록) 2차 감정역시 강해진다는 점입니다. 상대방의 슬픔에 깊이 공감할수록 나중에 통쾌한 느낌 역시 커집니다. 제대로 미워하려면 더 깊이 공감해야한다니, 사람의 마음은 참 복잡합니다.

앞서 소개했던 '눈먼 청년'과 더불어 두 가지 이야기를 통해서 공감이 일어날 때 어떤 느낌이 나타나는지 좀 더 자세히 살펴봅시다.

망나니 아들

망나니로 소문난 아들을 둔 할아버지가 있었습니다. 어느 날, 아버지는 잘 알고 지내던 스님이 계신 깊은 산속으로 망나니 아들을 보냈습니다. 사람을 만들어 보려고 보낸 것이지요. 아들로부터 편지를 건네받은 스님은 아무 말 없이 아들에게 저녁을 차려 주었습니다. 저녁을 먹인 뒤에는 발을 씻으라며 대야 가득 물을 떠다 주었습니다. 그리고 잠자리를 펴 준 뒤 편히 쉬도록 하였습니다. 이렇게 좋은 대접을 받은 아들의 눈에서는 주르륵 눈물이 흘렀습니다. 언제 야단을 치나 불안한 마음으로 눈치를 살피던 아들은 한마디 말도 없이 시중을 들어주는 스님에게 감동한 것입니다. 아들은 마음이 따뜻해지면서 눈물이 솟아올랐습니다.

(박성희, 『인간관계의 필요충분조건』, 2014, p. 296)

공감을 받으면 우리 안에 따뜻한 느낌이 솟습니다. 망나니 아들은 스님이 야단을 치고 훈계를 하는 대신 자기 마음을 제대로 헤아려 준다는 생각이 들어서 마음이 따뜻해졌습니다. 맨날 야단을 맞아 돌덩이처럼 단단해졌던 마음이 스님의 공감 어린 행동에 그냥 녹아 버린 거지요. 그래서 자기도 모르게 눈물을 흘린 것입니다. 다른 사람이 정말로 나를 이해한다는 사실을 알아차리면 마음이 이렇게 따사로워집니다. 한 번 자신의 경험을 돌아보세요. 주위 사람으로부터 진심으로 이해받은 적이 있나요? 그때 어떤 느낌이 들었나요? 아마도 상대방이 정말로 나를 이해하고 있구나 하는 마음을 알아차리는 순간 마음이 따뜻해졌을 것입니다.

삼천갑자 동방삭이

동방삭이가 고갯길을 넘다가 넘어졌습니다. 그런데 사람들의 말에 의하면, 그 고개에서 넘어지면 3년밖에 못 산다는 것이었습니다. 동방삭이는 그 말을 믿고 두려움에 떨 수밖에 없었습니다. 그러던 중 어떤 사람이 나타나서 말하길, "한 번 넘어져서 3년 산다면 두 번 넘어지면 6년, 세 번 넘어지면 9년, 넘어지면 넘어질수록 오래 산다는데 무슨 걱정이람?" 이 말을 들은 동방삭이는 갑자기 기운이 솟아 단숨에 그 3년 고개로 달려갔습니다. 그러고는 꼭대기에서부터 데굴데굴 굴렀습니다. 구르고 또 구르고 동방삭이는 신이 나서 흥얼흥얼 콧노래까지 부르며 굴렀습니다.

(박성희, 『인간관계의 필요충분조건』, 2014, pp. 297-298)

　　공감적으로 이해를 받음으로써 고민하던 문제를 해결할 수 있는 실마리를 찾았을 때, 우리는 안도감과 희열감을 동시에 느끼게 됩니다. 이러지도 저러지도 못하는 곤란한 상황에 처해서 고민에 고민을 거듭하고 있을 때 누군가가 나타나, 내가 빠져 있는 함정에 공감하면서 돌파구가 될 수 있는 길을 열어 주면 갑자기 눈앞이 확 트입니다. 이때 그동안 어리석게도 괜한 걱정을 했다는 안도감과 문제를 해결할 수 있다는 희열감에 몸을 떨게 됩니다. 한 번 넘어져 3년밖에 못 산다고 불안에 떨던 동방삭이가, 그런 논리라면 넘어질수록 오래 살 수 있다는 공감적 해석을 들었을 때 얼마나 반가웠을까요? 그래서 동방삭이는 갑자기 기운이 솟아 넘어졌던 3년 고개로 달려가서 흥얼흥얼 콧노래까지 부르며 구르고 또 굴렀던 것이겠지요.

공감의 반응으로서 '망나니 아들'에서는 따뜻한 느낌을, '삼천갑자 동방삭이'에서는 안도감과 희열감을, 앞서 살펴보았던 '눈먼 청년'에서는 희망의 느낌을 경험하였습니다. 이와 같은 느낌은 따로따로가 아니라 복잡하게 얽혀서 함께 일어나는 현상입니다. 공감적으로 이해를 받을 때 아마도 이 느낌들을 동시에 경험할 가능성이 많습니다.

사람과 사람 사이에서 공감이 일어나는 느낌은 상당히 좋은 감정입니다. 서로를 감싸는 따뜻한 느낌도 그렇고 든든함, 희망, 안도감, 희열감, 일체감, 연대감, 뿌듯함, 통찰한 듯한 느낌이 모두 그렇습니다. 이 긍정적인 느낌들은 공감을 하고 공감을 받는 사람들을 아주 단단히 묶는 힘이 있습니다. 쉽게 무너지지 않는 신뢰감이라고 말할 수 있겠지요. 일단 이런 신뢰감이 생기면 상대방에게 마음을 활짝 열고 진솔하게 자신의 이야기를 털어놓는 일이 아주 자연스럽게 이루어집니다. 그러다 보면 이런저런 문제가 해결되기도 하고 생각이 바뀌기도 하며 자신을 새롭게 알아 가기도 합니다. 일종의 성장 경험을 하는 거지요. 심리학자들은 이런 관계를 '촉진적인 인간관계'라고 하면서 전문 용어로 '라포(rapport)'라 부릅니다.

'이해'로 나타나는 공감

공감(共感)은 함께 느낀다는 말입니다. 그래서 공감하면 곧 느낌에 주목하게 되지만 공감이 느낌으로만 구성되어 있는 것은 아닙니다. 공감에는 느낌 이외에 '이해'라는 기능이 들어 있습니다. 그래서 상담자들은 공감이라는 말 대신 '공감적 이해'라는 말을 즐겨 씁니다. 어

떤 이는 '감정 이입적 이해'라는 말을 쓰기도 합니다. 공감을 '함께 느낌으로 이해함' 또는 '감정을 개입시킨 이해'라고 보는 것인데, 이 두 용어 모두 공감의 느끼는 기능과 이해하는 지적 기능을 아우르고 있습니다. 그렇다면 느끼는 기능과 이해하는 기능이 어떻게 아우러지는가에 따라 공감이 펼쳐지는 양상은 아주 다양할 것입니다.

상대방을 거울처럼 반사하는 생리적, 직감적 공감 반응에서 이해하는 기능의 역할은 상대적으로 작습니다. 어떤 경우에는 이해 기능이 전혀 작동하지 않은 채 느낌으로만 반응할 수도 있습니다. 하지만 사람의 내면에서 전개되는 생각이나 심리 과정을 공감하려 할 때, 이해하는 지적 기능은 매우 중요합니다. 얼마나 정확하게 상대방을 이해하느냐에 따라 공감의 정확성이 결정되기 때문입니다. 공감의 오류, 다시 말해 상대방을 잘못 공감하거나 공감 자체가 어려워지는 경우가 생기는 것은 바로 상대방을 이해하는 지적 기능이 제대로 작동하지 않아서 그렇습니다. 따라서 공감을 잘하려면 상대방의 심리 과정을 잘 따라갈 수 있는 지적 기능을 꼭 갖추어야 합니다. 상담자들이 이해력을 높이기 위한 지적 훈련을 마다하지 않고 또 다양하고 풍부한 인생 경험을 쌓으려는 이유가 여기에 있습니다. 결국 누구나 공감적으로 이해하고 행동하는 방식을 구체적으로 배워야 하는 것이지요. 보다 정확하고 세련된 공감 능력은 그냥 생기는 것이 아니라는 점을 기억해야 합니다. 세련된 공감 능력을 지니기 위해서는 공감적 이해가 일어나는 과정을 자세히 살펴보면서, 이를 바탕으로 공감 능력을 향상시키는 구체적인 방법을 숙지할 필요가 있습니다.

3. 공감 정복 6단계

공감은 하나의 능력입니다. 공감이 일어나는 과정을 잘 이해하고, 각 단계별로 실천하는 방법을 꾸준히 배우고 익힌다면 공감은 누구나 충분히 정복할 수 있습니다.

지금부터 공감이 일어나는 과정을 총 6가지 단계로 구분하여 소개하도록 하겠습니다. 공감을 정복하기 위한 6단계의 세부적인 내용은 이어지는 각 장에서 차근차근 살펴볼 수 있습니다. 우선 공감 정복 6단계의 전체적인 내용을 간략하게 살펴보면서 공감을 정복하기 위한 첫걸음을 함께 내딛어 보려고 합니다.

'공감'이 일어나는 과정 및 실천 단계

'공감'이 일어나는 과정 및 실천 단계					
1단계	2단계	3단계	4단계	5단계	6단계
마음 비우기	상대방의 언어 이해하기	상대방의 논리 이해하기	상대방의 욕구 파악하기	상대방의 성장동기 드러내기	공감적으로 표현하기

<1단계> 마음 비우기

'마음은 무엇인가를 담는 그릇'이라는 말이 있습니다. 채우기를 좋아하는 마음의 특성을 지적한 것입니다. 공감이 일어나기 위해서는 가장 먼저 마음을 비워야 합니다. 왜냐하면 공감이 일어나기 위해서는 상대방의 말을 잘 들어주어야 하는데, 이때 먼저 내 마음이 들을 준비가 되어 있어야 하기 때문입니다. 만일 마음에 이미 다른 것이 채워져 있다면 새로운 것을 받아들일 수가 없습니다. 그러므로 다른 사람의 말을 받아들이려면 우선 내 마음을 깨끗하게 비워야 합니다.

마음을 비우기 위해서는 일단 마음이 대화를 나누는 '지금 여기'에 머물러야 합니다. 대화를 나누면서 어제 일어났던 데이트를 생각하거나, 이번 달에 받게 될 성과급을 떠올리고 있다면 상대방의 말이 온전히 들어올 수가 없습니다. 그러니 올곧게 상대방의 말에 집중해야 합니다. 그다음, 상대의 말을 들으면서 그 내용에 대해 평가하고 해석하는 일을 멈추어야 합니다. '김 과장님이 바쁘다고 하는 말은 분명 거짓말일 거야. 평소에도 일을 하기 싫어서 둘러대는 것을 많이 봤거든.' '영준이가 오늘도 또 지각이구만. 아마 어제도 늦게까지 게임해서 그랬겠지 뭐.' '박 부장은 상무한테 잘 보여서 빨리 승진하려고 저렇게 행동하는 거겠지.'와 같은 종류의 생각을 멈추라는 말입니다. 그런데 이것이 잘 되려면 세상을 바라보는 자신의 시각이나 판단 기준을 잠시 접어둘 필요가 있습니다. 마치 기준이 없는 사람처럼 자신을 내세우지 않은 채 상대방의 말에 귀를 기울이는 거지요. 전문가들은 이를 '내적 준거틀의 작동 중지'라는 말로 표현합니다. 이렇게 마음을 비우게 되면 상대방의 말이 쏙쏙 잘 들어올 겁니다.

<2단계> 상대방의 언어 이해하기

자신의 마음을 비우고 나면 상대방의 말을 듣고 이해하는 단계로 넘어갑니다. 상대방의 언어를 이해하기 위해서는 자신의 귀가 아닌 제3의 귀로 들어야 합니다. 제3의 귀로 듣는다는 것은 아주 특별한 것이 아닙니다. 어차피 상대방의 마음을 읽어내려면 그가 하는 말에 집중하는 수밖에 없습니다. 물론 언어 이외에 다양한 얼굴표정과 몸동작으로 표현되는 메시지에도 주의를 기울여야 하겠지만 언어가 공감적 이해로 안내하는 가장 핵심적인 통로라는 점을 잊지 말아야 합니다.

상대방의 말을 제대로 이해하려면 무엇보다도 상대방이 사용하는 낱말의 참뜻을 알아야 합니다. 정확한 공감적 이해를 하려면 그만큼 상대방이 사용하는 낱말의 의미, 그 낱말에 담겨 있는 사적 분위기 등을 정확하게 파악하여야 합니다. 그렇게 해야 상대방이 전개하는 논리를 따라잡는 일이 비로소 가능해집니다. 사용하는 낱말에 대해 정확히 이해하며 듣기 위해서는 말하는 이에게 과감히 물어볼 수 있어야 합니다. 아무리 보편타당한 사항이라도, 아무리 잘 알려진 내용일지라도, 그가 거기에 어떤 의미를 두고 있는지, 어떻게 해석하고 있는지를 확인하고 넘어가야 합니다. 특히 어떤 문제 상황과 직결되어 있다고 보이는 낱말 하나하나를 정밀하게 검토해야 합니다.

우리는 모두 다르게 생겼고 우리의 경험도 모두 다릅니다. 그러므로 같은 낱말을 쓰더라도 서로 다른 말을 하고 있을 가능성이 높습니다. 그럼에도 마치 우리가 모두 같은 것처럼 '나'로 미루어 '너'를 다 알 수 있다는 듯 아는 체하고 넘어가는 게 보통 우리들이 사는 방식입니다. 나의 말이 상대방의 말과 다를 수 있다는 것을 이해하지 못하면 생활 속에서 여러 가지 곤란을 겪을 수 있겠지요. 상대방의 언어를 분명하게 이해하지 못할 때, 온갖 오해와 갈등이 싹트게 되는지도 모릅니다. 우리는 상대방이 나와 다르다는 사실을 인정하고 상대방이 쓰는 낱말의 의미를 정확하게 이해하는 작업에 에너지를 모을 필요가 있습니다.

<3단계> 상대방의 논리 이해하기

사람들이 전개하는 논리에는 나름대로의 개성이 들어 있습니다. 타고난 천성이 다를 뿐 아니라, 경험하며 성장하는 환경이 다르기 때문에 사고를 진행하는 방식에 커다란 개인차가 나타납니다. 사실이 그런데도, 일반적으로 사람들은 다른 사람들이 자신과 다르게 생각할 수 있다는 점을 별로 의식하지 않고 지냅니다. 그러다가 다른 사람이 자신과 다르게 생각한다는 것을 발견하면 이상하고 생뚱맞게 여깁니다.

앞에서 이야기한 '낱말의 참뜻을 파악하는 것'과 상황이 똑같지요? 문제는 사람들이 자신과 유사하게 생각할 거라는 검증되지 않은 가정이 사실상 다른 사람을 이해하는 데 걸림돌로 작용한다는 점에 있습니다. 관계가 시작될 때부터 '서로 다르다'는 인식이 깔려 있으면 상대방이 전개하는 논리에 주의를 기울이고 상대방을 이해하려고 노력할 것입니다. 반면에 '서로 같다'는 전제에서 출발하면 상대방이 자기와 다르게 생각하는 것이 이상하게 여겨지고 상대방을 자신과 같아지도록 만들기 위해 '억지'를 쓰게 됩니다. 바로 이 점이 공감적 이해와 사뭇 다릅니다.

공감적 이해는 '나와 같아지라'고 상대방을 몰아가지 않고 상대방이 전개하는 논리를 있는 그대로 존중하며 충실히 따라가는 것입니다. 나의 입장에서 보면 이해할 수 없는 논리이지만 상대방의 입장에서 보면 충분히 끄덕일 수 있는 논리를 이해해 보는 것입니다. 상대방의 입장에 서서 그 논리를 따라가 보는 경험은 내 입장에서 미처 보지 못한 새로운 관점을 경험할 수 있게 합니다.

<4단계> 상대방의 욕구 파악하기

상대방을 공감적으로 이해하려면 말의 내용을 이해하는 일도 중요하지만, 도대체 저 말을 왜 하는지, 저 말을 통해 얻으려고 하는 것이 무엇인지 아는 것이 중요합니다. 이것은 상대방의 욕구를 파악하는 일입니다. 상대방이 말하기 전에 이미 마음에 깊이 자리하고 있는 근본욕구를 이해하는 거지요. 평소 우리는 자신의 욕구를 살피는 데에는 많은 관심과 노력을 기울이지만, 상대방의 욕구를 살피는 일에는 무덤덤한 모습을 보게 됩니다. 상대방의 욕구를 파악한다는 것은 그 사람과의 관계를 형성하는 데에 매우 중요한 부분입니다.

근본욕구는 크게 두 가지로 나뉩니다. 하나는 필요한 것이 모자라서 생기는 결핍욕구, 다른 하나는 더 발전하고 싶은 성장욕구입니다. 결핍욕구는 채워 주면 사라지고, 성장욕구는 채울수록 더 추구하게 됩니다. 그런데 잘 살펴보면 결핍욕구와 성장욕구는 따로 떨어진 것이 아니라 밀접하게 연관되어 있습니다. 그러니까 결핍욕구가 충족되면 곧바로 성장욕구가 일어납니다. 따라서 상대방의 욕구를 이해하려고 할 때 이 두 가지 측면에서 바라볼 필요가 있습니다. 우선은 상대방이 지닌 결핍욕구가 무엇인지 살펴보고 이를 분명하게 파악하는 노력이 필요합니다. 상대방이 무엇을 필요로 하는지 분명하게 파악하는 것은 상대방과 공감적인 관계를 형성하는 데 바탕이 됩니다.

\<5단계\> 상대방의 성장동기 드러내기

앞서 결핍욕구가 충족이 되면 성장욕구가 일어난다고 했습니다. 성장욕구는 성장동기라고 표현할 수 있습니다. 상대방의 성장동기를 발견하면 상대방이 진정으로 원하는 속마음을 알 수 있습니다. 상대방의 성장동기를 발견하는 것은 상대방을 제대로 이해하기 위한 공감의 필수적 요소입니다. 상대방의 성장동기를 발견하여 있는 그대로 드러내게 되면, 상대방 역시 '나'를 이해하는 공감을 경험하게 됩니다. 즉, 성장동기를 드러내 주는 일은 사람과 사람 사이의 '공감'이 발생하게 하는 일입니다.

서로 간의 공감은 깊은 신뢰와 사랑을 비롯한 인간관계에 더욱 긍정적으로 작용하게 됩니다. 상대방의 성장동기를 이해하면서 공감적으로 반응하는 구성원들이 속한 조직과 단체는 당연히 결속력이 높아지고, 공동의 목표를 달성하는 데 협력하게 됩니다. 결국 상대방의 성장동기를 드러내는 과정은 상대방과 자신이 함께 변화하고 성장하는 기회를 제공하게 됩니다.

\<6단계\> 공감적으로 표현하기

공감은 여러 가지 방식으로 표현됩니다. 그중에서 말로 표현하는 공감은 아주 중요합니다. 말이 즉각적인 소통 수단으로서 사람의 속내를 잘 드러내 주기 때문일 겁니다. 아무리 내가 상대방의 말에 공감을 해도 이를 말로 표현하지 않는 한 상대방은 내 마음을 제대로 알기 어렵습니다. 따라서 공감을 잘하는 사람은 그 표현에도 능숙할 필요가 있습니다.

미국의 상담학자들은 공감적 표현을 '~하니까(해서), ~구나(군요)'라는 형식으로 정리해놓았습니다. 그러니까 뒤의 '~'에는 상대방이 가졌을 법한 느낌, 감정, 동기, 행동을 말하고, 앞의 '~'에는 그렇게 하는 이유와 근거를 들며 말하는 것입니다. 이를테면, '이 대리, 아까 김 부장이 잔소리를 해서, 기분이 안 좋구나.' '박 과장, 그동안에 열심히 노력했는데 승진에서 탈락해서, 속이 많이 상하겠네.'와 같은 식입니다. 이렇게 공감적 표현은 크게 두 부분으로 나눌 수 있는데 그중에서도 뒷부분, 즉 상대방의 느낌, 감정, 동기, 행동을 언급하는 부분이 대단히 중요합니다. 이걸 잘해야 공감적 표현을 잘한다는 소리를 들을 수 있습니다.

공감적 표현의 뒷부분은 다시 두 가지 유형으로 나눌 수 있습니다. 하나는 상대방의 말 속에 표현된 느낌, 감정, 동기, 행동을 있는 그대로 잘 드러내주는 말이고, 다른 하나는 한 걸음 더 나아가 그 속에 감춰져 있는 소망과 바람, 성장동기 등을 들추어내는 말입니다. 앞의 것을 기본수준의 공감이라 한다면 뒤의 것은 심화수준의 공감이라 말할 수 있습니다. 하지만 심화수준의 공감이 기본수준의 공감보다 더 나은 것이라고 생각하면 큰 오해입니다. 이 두 가지는 대화 상황에 따라서 적절하게 적용되어야 할 대화 유형임을 기억해야 합니다.

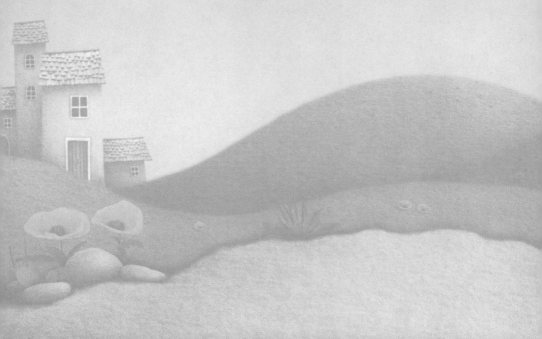

02

공감 정복 1단계

마음 비우기

1. 마음 비우기의 의미

'마음은 무엇인가를 담는 그릇'이라는 말이 있습니다. 우리가 흔히 그릇에 무엇인가를 담으려면 그 그릇이 비워져 있어야 하듯이 우리 마음에도 무엇인가를 담으려면 비어 있어야 합니다. 만일 그릇이 비워져 있지 않으면 새로운 것을 담지 못하거나 담는다 하여도 원래 있었던 내용물 때문에 혼합되어 새로운 내용물을 제대로 담지 못하는 결과를 초래합니다. 우리가 가지고 있는 생각이나 감정, 확신 등은 다른 사람들이 하는 말을 온전히 듣고 그들의 마음을 제대로 이해하는 데 방해가 될 수 있습니다. 공감을 위해서는 우선 자신의 마음을 비우는 작업이 필요하므로 이 장에서는 '마음 비우기'에 대해 이야기하고자 합니다.

동화로 열어가기

선승과 찻잔

솔솔 바람이 부는 깊은 산속에서 누군가 밤을 깎아 바위 위에 놓아 주자 다람쥐가 날쌔게 쫓아와 두 손으로 밤을 감싸고 맛있게 먹기 시작했습니다. 입을 오물거리며 맛나게 먹는 다람쥐의 모습을 물끄러미 바라보며 흐뭇한 미소를 짓다 돌아서는 사람은 바로 훌륭한 가르침으로 유명한 선승이었습니다. 그는 산으로 자신을 찾아오는 사람들에게 수련을 통해 얻은 인생의 도를 깨우쳐 주며 살아가고 있었습니다.

그런데 선승을 찾아온 모든 사람들이 가르침을 받고 돌아가는 것은 아니었습니다. 가르침을 받고 잘 돌아가는 사람도 있었지만 대부분의 사람들은 그냥 돌아가기가 일쑤였지요. 다들 그 이유가 궁금했지만 왜 그런지는 아무도 알 수가 없었습니다.

그러던 어느 날 가르침을 받고자 한 방문객이 선승을 찾아왔습니다. 선승과의 만남을 기다리며 그는 속으로 선승을 만나면 정말 대단한 선승인지 시험을 해 봐야겠다는 생각을 하고 있었습니다. 먼저 와 있는 사람 곁으로 간 그는 이렇게 묻기 시작했습니다.

"이곳에서 얼마나 기다리셨습니까?"

"저는 벌써 이틀째 이러고 있습니다."

"스승님은 정말 대단한 분이십니까?

"글쎄요, 스승님을 뵙고 나오는 사람들의 표정만 봐서는 알 길이 없습니다. 아주 밝은 표정으로 나오는 사람도 있지만, 어두운 표정으로 나오는 사람도 많답니다. 사람들 표정만 보아도 재미가 있기는 합니다."

"아, 그래요. 도대체 어떤 스승이신지 더욱 궁금해지네요."

"하지만 조심하세요. 사람의 마음을 훤히 들여다볼 수 있으니까요."

"설마요. 사람 마음이 어디 보이는 것입니까?"

"소문이 그래요. 사람 마음을 꿰뚫고 있으니 다들 그 앞에서 벌벌 떠는 거 아니겠습니까?

"어쨌든 빨리 뵙고 싶네요."

어렵게 면담이 허락된 자리에서 방문객은 선승을 보자 자신의 생각은 감춘 채 말했습니다.

"스승님께 가르침을 받고자 방문했습니다. 저에게 깨달음을 주시기 바랍니다."

그러자 선승은 "먼 길 오느라 수고하셨습니다. 피곤하실 테니 우선 차나 한잔 하시지요."라며 차를 준비했습니다.

향긋한 차향이 방을 가득 채우며 차가 끓는 동안 방문객은 그 자리에서 이런저런 말을 늘어놓기 시작했습니다.

"스승님, 저는 가족들과 사이가 안 좋습니다. 형제들이 저를 꺼리는 것 같습니다. 그런데 이유가 뭔지 알 수가 없네요. 이 고민을 좀 해결해 주셨으면 좋겠습니다."

아무 말 없이 선승은 바라보기만 했습니다.

"스승님, 제 어머니는 제가 빨리 결혼하기를 바라시는데 저는 그럴 마음이 없습니다. 성공을 하고 난 다음에 결혼을 했으면 합니다. 어머니를 어떻게 설득할 수 있을지도 좀 알려 주셨으면 합니다."

여전히 아무 말 없이 듣고만 있던 선승은 차가 잘 달여지자 방문객의 찻잔에 역시 아무 말 없이 차를 따랐습니다.

자기 말에 도취되어 떠드는 방문객의 이야기를 묵묵히 들으면서 선승은 계속 차를 따랐습니다.

그런데 차가 잔을 가득 채우고 넘쳐도 선승은 계속 차를 따르고 있었습니다. 차는 찻잔에 흘러 넘쳐서 방석까지 흥건히 적셨습니다. 이야기에 정신이 팔려 있던 방문객은 깜짝 놀라 선승을 만류하며 물었습니다.

"스승님, 지금 차가 넘치고 있습니다. 어찌 자꾸만 따르시는 겁니까?"

그때서야 선승은 차 따르기를 멈추더니 드디어 방문객에게 말문을 열었습니다.

"이 넘쳐흐르는 찻잔과 마찬가지로 그대의 마음은 너무 많은 것으로 가득 차 있습니다. 내가 아무리 좋은 가르침을 준다 해도 그대의 머릿속에서는 내 가르침이 들어갈 자리가 없는 것 같습니다. 찻잔에 담기지 못하는 물처럼 다 넘쳐 버릴 것입니다. 그러니 이제 하산하시지요."

(인터넷에 나오는 일본의 '다꽝도사' 이야기 각색)

'마음을 비운다'는 것의 의미

가르침을 받겠다고 선승을 찾아온 방문객은 선승에게 뭔가 들으려는 자세를 취하지 않고 자기 고민, 자기 계획 등 자기 이야기만 늘어놓고 있습니다. 더구나 선승을 시험해 보려는 생각까지 하고 있었습니다. 하지만 선승은 그에게 특별한 말을 하지 않고 그저 묵묵히 차만 따르고 있습니다. 드디어 차는 찻잔을 채우고 넘쳐흐르기 시작했습니다. 당황한 방문객이 선승을 만류하자 선승은 그에게 "흘러넘치는 찻잔과 그대의 마음이 마찬가지다."라는 일깨움을 줍니다.

'마음은 무엇인가를 담는 그릇'이라는 말이 있습니다. 채우기를 좋아하는 마음의 특성을 지적한 것인데 무엇인가를 채우려면 마음은 비워져 있어야 합니다. 만일 마음에 이미 다른 것이 채워져 있다면 새로운 것을 제대로 받아들일 수 없습니다.

선승의 가르침은 공감에 앞서 우리가 깨달아야 할 일깨움입니다. 우리는 수시로 다른 사람의 이야기를 들어야 하는 상황에 처하지만 사실 우리 마음에는 너무 많은 것들이 가득 차 있어서 다른 사람의 이야기가 들어올 틈이 없을 때가 많습니다. 다른 사람의 이야기가 들어올 틈이 없는데 어찌 그 사람의 마음을 함께 느끼며 나누는 공감을 할 수 있겠습니까?

찻잔이 넘쳐흐르듯이 우리 마음에 뭔가가 가득 차 있으면 다른 사람의 이야기도 그저 넘쳐흘러 버리고 말 것입니다. 누군가의 이야기를 듣고 있기는 했는데 그가 무슨 이야기를 했는지 기억조차 잘 나지 않는 경험들이 있을 것입니다. 이런 경우가 바로 나의 마음에 가득 찬 무엇 때문에 다른 사람의 이야기를 담지 못한 경우입니다.

그러나 내가 하는 말을 누군가가 제대로 듣지도 않고 그냥 흘려버린다면 우리는 그 사람에게 더 이상 나의 이야기를 하고 싶지 않을 것이고, 그와 좋은 관계를 유지하기도 어려울 것입니다. 마찬가지로 내가 다른 사람의 말을 정성껏 듣고 마음에 담아 공감해 주지 않는다면 그는 나에게서 멀어질 것입니다. 따라서 공감을 통해 다른 사람과의 좋은 관계를 유지하기 위해서는 우선 마음을 비우는 것이 필요합니다.

그렇다면 마음을 비운다는 것의 의미가 무엇이고, 과연 우리 마음에서 무엇을 비워야 하는지를 구체적으로 알아보도록 하겠습니다.

네 말이 맞다

황희 정승에 대해 다음과 같은 유명한 일화가 있습니다. 어느 날 집 안에 있는 여종들이 서로 싸우다가 한 여종이 와서 황희에게 호소하였습니다.

계집종 A: 계집종 B와 다투었는데 그 계집종은 매우 간악합니다.
황희: 네 말이 맞다.
이번에는 계집종 B가 와서 역시 계집종 A가 나쁘다는 것을 설명하였습니다.
황희: 네 말이 맞다.
곁에서 이를 지켜보던 황희의 아들이 못마땅한 말투로 말하였습니다.
아들: 어찌 아버지께서는 이 말도 옳고 저 말도 옳다고 하십니까?

황희는 역시 이렇게 대답했습니다.

황희: 네 말도 맞다.

이 이야기는 언뜻 보면 판단력이 흐려서 오락가락하는 황희 정승의 줏대 없는 모습, 또는 작은 일에 별로 신경을 쓰지 않는 대범한 모습을 보여 주는 일화라는 생각이 들게도 합니다. 다 맞는 말일 수 있지만 조금 다르게 생각해 봅시다.

이 사람이 저 사람을 이해한다는 말은 이 사람이 저 사람의 마음에 있는 뜻을 잘 파악한다는 말입니다. 다시 말해 저 사람의 마음자리에 있는 내용을 이 사람이 있는 그대로 알아챈다는 뜻입니다. 그러기 위해서는 두 가지 방법을 쓸 수 있습니다. 하나는 나의 마음자리를 지키면서 상대방으로부터 흘러나오는 다양한 표현방식에 주의를 기울이는 일이고, 다른 하나는 아예 저 사람의 마음자리로 들어가서 저 사람이 되어 보는 일입니다. 마치 저 사람인 것처럼 느끼고, 생각하고, 행동해 보는 것입니다. 전자가 보통의 이해방식이라면 후자는 공감적 이해입니다. 공감적 이해를 잘하려면, 우선 자신의 마음을 비워 두어야 합니다. 그리고 저 사람 안으로 뛰어 들어가 열심히 그 마음자리에서 울려 나오는 소리를 들어야 합니다. 저 사람 말의 옳고 그름, 아름답고 추함, 좋고 싫음에 대한 판단을 일단 접어 둔 채 온전히 그 사람과 하나 된 입장을 취할 수 있어야 합니다(박성희, 2009, pp. 100-102).

우리는 공법 1

베네딕트 수도원에서 있었던 일입니다. 사람 좋은 수도원 원장님은
계율을 어기는 일부 수도사들 때문에 골치를 썩고 있었습니다. 어느
날 몇몇 수도사가 수도사들이 먹어서는 안 되는 고기와 포도주를 구
해 왔습니다. 원장님에게 들킬 것을 염려한 수도사들은 창고에 있던
포도주통을 비우고 그 속에 들어가서 고기와 술을 먹기 시작했습니
다. 이 소식을 들은 원장님이 달려와 술통 안을 들여다보니 흥청망
청 떠들며 놀던 수도사들이 놀란 얼굴로 원장님을 쳐다봤습니다.

(박성희, 『수용』, 2012, p. 158).

참으로 난감한 일이 아닐 수 없습니다. 계율을 어기고 고기와 술을
신나게 먹다 들킨 수도사들도 당황스럽겠지만 이들을 직접 대면하게
된 원장님도 당황스럽고 난감하기는 더하면 더했지 덜 하지는 않았
을 것입니다. 더구나 계율을 어긴 수도사들을 지도해야 하는 입장에
있는 원장님의 입장에서 어떻게 할 수 있었을까요? 여러분 같으면 어
떻게 했을지 궁금합니다. 다음 이야기를 확인하기 전에 여러분이라
면 어떻게 했을지를 먼저 생각해 봅시다. 그리고 원장님이 어떻게 했
을지 다양한 방법들을 추측해 봅시다. '그 자리에서 훈계한다' '바로
위원회를 소집하여 처벌한다' '계율을 어겼으니 인정 사정 봐 줄 것도
없이 수도원에서 쫓아낸다' '스스로 나가도록 기회를 준다' '반성문 정
도만 받고 용서해 준다' 등 여러 이야기가 나올 수 있을 것입니다. 이
제 이어지는 이야기를 소개하겠습니다.

원장님은 환한 미소를 지으며 통 속으로 들어갔습니다.

"오, 형제들이여! 이 맛있는 음식을 나만 빼고 다 먹어 치울 생각이었습니까? 야속합니다. 나도 형제들과 함께하겠습니다."

이렇게 말하며 원장님은 뻘쭘하니 서 있던 수도사들과 먹고 마시며 유쾌한 시간을 보냈습니다.

그다음 날 원장님은 교회에서 부원장 앞으로 나아가 몸을 부들부들 떨며 어젯밤 있었던 일을 고백하고 용서를 빌었습니다. 물론 함께했던 수도사들이 빤히 보는 앞이었지요.

"부원장님, 사랑하는 형제들 앞에서 저의 죄를 고백하겠습니다. 저는 어제 술통 속에 들어가 육식과 음주를 함으로써 베네딕트 수도회의 법도를 어기는 죄를 저질렀습니다. 그러니 죄에 합당한 벌을 내려 주소서. 지금 이 자리에서 벌을 받는 것이 이다음에 주님 앞에서 죗값을 치르는 것보다 훨씬 나을 것입니다."

결국 원장님은 처벌을 받은 후에 자기 자리로 되돌아갔습니다. 그러자 전날 술통에서 원장님과 함께 있었던 수도사들도 하나 둘 자리에서 일어나 원장님과 똑같은 고백을 하며 처벌을 받았습니다.

(박성희, 『수용』, 2012, pp. 177-178).

수도사들은 전혀 예상 밖의 원장님의 행동을 보면서 아마 신나게 밤을 보냈을 것입니다. 원장님이 그렇게 수도사들과 함께 먹고 마시는 것으로 끝났다면 우리에게 주는 교훈은 없었을 것입니다. 하지만 원장님은 다음날 부원장 앞에서 계율을 어긴 것에 대해 솔직하게 고백하고 그에 합당한 처벌을 받았습니다. 수도사들은 원장님과 똑같은 고백을 하고 처벌을 받으면서 마음의 변화를 느꼈을 것입니다.

공감이라는 것이 사실 필요한 일이기는 하지만 쉬운 일은 결코 아닙니다. 분명 원장님은 계율을 어겨서는 안 된다는 것을 알고 있고, 본인은 계율을 잘 지키며 살아왔을 것입니다. 그러나 일부 계율을 어기는 수도사들을 대할 때 그는 자신의 생각이나 화가 나는 감정을 내세우지 않았습니다. 오히려 그들과 함께 함으로써 그들 자리, 즉 계율을 어기는 자리에 스스로 들어가는 행동을 취했습니다. 그러나 그렇게 해서 그들의 죄를 물어 주는 것이 아니라 본인의 잘못을 고백하고 벌을 받는 부끄러움을 감내함으로써 젊은 수도사들에게 깊은 깨달음의 기회를 주었습니다.

우리가 앞에서 생각해 보았듯이 원장님이 그 순간 취할 수 있는 방법은 여러 가지가 있었습니다. 그러나 원장님은 결코 수도사들을 훈계하지도, 설득하지도 않았고, 더구나 처벌하지도 않았으며 오히려 자신을 비우고 그들을 있는 그대로 받아들이는 길을 선택한 것입니다. 비록 자신이 계율을 어겨 처벌을 받는 부끄러운 길을 선택했지만 그로 인해 수도사들이 깨달아야 할 바를 제대로 깨우치는 기회를 줄 수 있었습니다. 이것이 바로 마음을 비우고 상대방을 받아들이는 공감의 힘이라 할 수 있습니다.

마음은 무엇인가가 담겨져 있는 그릇과 같다 하였습니다. 이 그릇에 담긴 것을 비우지 않는다면 다른 무엇도 담지 못할 것입니다. 우리는 동화를 통해 그리고 예화를 통해 마음을 비운다는 것이 무엇인

지 그리고 왜 마음을 비워야 하는지 생각해 보았습니다. 그렇다면 구체적으로 무엇을 비워야 할까요?

무엇을 비워야 하나

생각 비우기

짚신 장수, 우산 장수

한 어머니에게 두 아들이 있었습니다. 한 아들은 짚신을 팔고 다른 아들은 우산을 팔았습니다. 이 어머니는 날마다 걱정이었습니다. 비가 오는 날에는 짚신을 파는 아들이 어려울까 봐 걱정이고, 날씨가 좋은 날에는 우산을 파는 아들이 어려울까 봐 걱정이었습니다. 해가 나는 날 짚신을 파는 아들의 가족들이 놀러왔습니다. 손주가 할머니 품으로 달려들며 "할머니, 날씨가 좋으니 우리 냇가로 놀러 가요." 하자 할머니는 벌컥 화를 내며 "어떻게 이런 날 놀러 간단 말이냐? 나는 네 작은 아버지 걱정으로 머리가 아플 지경인데……"라는 것이었습니다.

비가 오는 날, 우산 파는 아들이 우산을 많이 팔아 싱글벙글하며 집에 들어서자 어머니는 또 역정을 내며 이렇게 말했습니다.

"너는 네 형의 짚신이 팔리지 않는데 그렇게 웃고 다닐 수 있는 거냐?"

이래도 걱정, 저래도 걱정…… 걱정하느라 할머니랑 놀러 가고 싶은 손주의 소망도, 돈을 많이 번 아들의 기쁨도 함께하지 못하고 말았습니다.

('짚신 장수, 우산 장수' 이야기 각색)

'짚신 장수, 우산 장수' 이야기는 우리가 어린 시절부터 들어 온 이야기입니다. 이 어머니는 날마다 걱정만 하느라 다른 사람의 마음을 미처 헤아리지 못합니다. 얼마든지 생각만 비우면 되는데 말입니다. 그러나 이런 어리석음을 우리 역시 수시로 저지르고 있습니다. 아이가 아프면 직장에서도 이 걱정을 하느라 동료들의 말이 제대로 들리지 않는 경험을 하였을 것입니다. 어제 싸운 여자 친구와 어떻게 화해를 해야 할지 고민인 박 팀장에게 이 대리의 프레젠테이션 발표를 걱정하는 말이 제대로 들리겠습니까? 어디 그뿐입니까? 우리 마음속에 들어 찬 욕심 또한 우리로 하여금 다른 사람들의 말에 귀를 기울이지 못하게 합니다. 박 과장은 승진이 제법 빠른 편입니다. 이번에도 다른 동기들을 제치고 가장 빨리 부장으로 승진을 하기 위해 동분서주하고 있습니다. 이런 박 과장에게 동료가 와서 "나 어젯밤 술을 너무 많이 마셔서 머리가 잘 안 돌아가는데 이 서류 좀 검토해 줘." 하면 박 과장은 어떻게 반응하겠습니까? 다급한 동료의 마음이 제대로 헤아려지기 어려울 것입니다. 한편, 우리는 그저 지난 과거의 일을 추억하며 그 생각 속에 빠져 있을 때도 있습니다. 예를 들면, 어제 회식 자리에서 나누었던 이야기들, 며칠 전 가족들과 함께 놀러 갔다 온 관광지, 재미있게 본 영화, 아침 출근길에 들었던 노래 등이 머릿속에 차 있는 경우도 있습니다.

우리는 생각의 숲속에서 살고 있습니다. 정말 꺼내보면 어쩜 이렇게 많은 생각들이 내 머릿속에 뒤죽박죽 차 있는지 생각의 주인인 자신도 놀랄 지경입니다. 이런 생각들이 정리되어 비워지지 않는다면 우리는 다른 사람들의 이야기를 제대로 들을 수 없습니다. 무슨 소리냐? 날마다 다른 사람의 이야기 속에서 살고 있는데 하시는 분도 있을 것입니다. 맞습니다. 듣기는 듣습니다. 그러나 건성으로 듣는 경우가 많습니다. 진정으로 다른 사람의 이야기를 들으려면 나의 생각들, 즉 고민, 염려, 욕구 등이 비워져야 가능한 것입니다.

감정 비우기

감정 파이

아침에 지하철을 타고 출근을 했습니다. 오늘따라 사람이 너무 많아 지옥철이 따로 없었는데 짜증내며 내리다가 그만 가방을 두고 내린 것이 아니겠습니까? 당황하며 가방을 찾으러 다시 지하철을 타고 가는 사이에 시간은 계속 흘렀습니다. 끊임없이 울리는 휴대폰 발신음 소리…… 동료 직원 J의 왜 빨리 안 오느냐는 다급한 소리입니다. '앗, 오늘 아침에 만나서 회의 자료를 검토하기로 했는데 이런, 이런' 미안한 마음에 사정 이야기를 했더니 늘 그렇게 덜렁대느냐며 뭐라 합니다. 슬슬 화가 나면서 '아니, 그럴 수도 있지. 지는 얼마나 차분해서'…… 막 회사 현관을 들어서는 데 예쁜 여사원이 반가워하면서 인사를 합니다. '예쁜 사람은 뭐가 달라도 다르다니까? 혹시 나를 좋아하나?' 혼자 싱글벙글거리며 행복한 상상을 하는 것도 잠시, 간부회의 갔다 나오시는 과장님을 복도에서 딱 마주쳤습니다. 어쩌나 놀랐던지…… 아무 소리 안 하고 들어가는 과장님을 따라 들어가니 여러 사원들 앞에서 핀잔을 줍니다. 수치스러움에 쥐구멍이라도 찾고 싶은데 실실 웃고 있는 동료 직원 J가 정말 얄미웠습니다. 그다음 순간 과장님 왈 "우리 부서가 오늘 간부 회의에서 칭찬을 받았어요. J씨가 아주 꼼꼼하게 서류를 잘 정리해 준 덕분이야. 고마워." 나의 마음은 부글부글 질투심에 불타올랐습니다.

(남윤미 창작)

우리의 삶은 감정으로 가득 차 있습니다. 파이의 조각들처럼 다양한 감정들이 우리 마음을 쉴 새 없이 오고 갑니다. 위 사례는 직장인이 아침에 한 시간 정도면 충분히 겪을 수 있는 감정 조각들입니다. 이런 감정들이 소화되지 않은 채 마음에 차 있으면 우리는 이 감정들 때문에 이성적으로 생각하기도 어렵고 더구나 다른 사람의 이야기를 제대로 듣고 귀 기울이기도 어렵습니다. 화가 나 있는데 신입사원이 와서 뭔가 질문을 한다면 그 사원의 다급함이나 답답함이 제대로 느껴질 리 만무합니다. 나는 아이가 대학에 입학해서 날듯이 기쁜데 동료가 와서 상사로부터 스트레스 받는 이야기를 하면 "괜찮아, 괜찮아. 그런 일로 뭘 기분 나빠 하고 그래." 하면서 대충 넘어갈 수도 있습니다. 상대방의 말이 아닌 마음을 공감하려면 우선 우리의 감정들을 비우는 작업이 필요합니다.

확신이나 신념 비우기

도끼를 잃어버린 사람

어떤 사람이 도끼를 잃어버렸다. 그리고는 훔쳐간 사람이 이웃집 아들이라는 생각이 들었다. 의심이 생겨난 뒤로 그의 행보를 살펴보니 자신을 피하는 듯 보이고 도끼를 훔쳐간 것이 분명해 보였다. 안색을 살펴보아도 도끼를 훔쳐간 것이 분명해 보이고 말투를 보아도 도끼를 훔쳐간 것이 분명해 보였다. 그의 동작이나 태도를 보아도 그렇고 그 밖의 그가 하는 모든 것을 보아도 도끼를 훔치지 않았다고 볼 수가 없었다. 그러던 어느 날 산골짜기에서 일을 하다 잃어버린 도끼를 찾았다. 집으로 돌아와 이웃집 아들을 다시 살펴보았다. 그의 동작이나 태도로 보아 어느 하나라도 도끼를 훔칠 사람으로 보이지가 않았다.

(http://www.jnsanlim.co.kr에서 발췌)

중국 도가의 사상가인 열자의 〈설부편〉에 나오는 이야기입니다. 자신이 옳다고 믿는 확신이 사람으로 하여금 어떤 오류를 범하게 하는지를 잘 보여 주는 내용입니다.

우리는 살아가면서 알게 모르게 많은 확신 또는 신념들을 갖고 있습니다. 위 예화에서처럼 확신은 엉뚱한 결과를 초래할 수 있으며 상대방의 입장을 전혀 고려하지 못하고 행동하다 인간관계를 어렵게 만들 가능성이 있습니다. 또한 우리가 알게 모르게 갖고 있는 많은 신념들이 수시로 다른 사람을 제대로 이해하지 못하도록 방해할 수 있습니다. '모든 일을 완벽하게 해내지 않으면 안 된다.'는 신념이 있는 사람은 덜렁대는 사람의 이야기가 모두 핑계처럼 들릴 수 있습니다. '잘못된 것은 바로 잡아야 한다.'는 신념을 가진 사람은 다른 사람의 잘못을 바로잡아 줄 때 상대방이 느끼는 수치심을 미처 모를 수 있습니다. '아파도 참아야 한다.'라는 신념을 갖고 있는 사람은 사정이 생겨 조퇴를 요청하는 직원의 사정을 헤아리기 어려울 수 있습니다. '시간을 지켜야 한다.'는 신념이 있는 사람은 늦은 시간 귀가하는 아내가 왜 늦게 귀가하게 되었는지는 아랑곳하지 않고 그저 늦게 들어온 것만을 갖고 몰아세울 수 있습니다.

이처럼 확신이나 신념은 다른 사람을 이해하고 어울리는 과정에서 걸림돌이 될 수 있습니다. 그러므로 아무리 좋은 확신이나 신념을 갖고 있다 하여도 다른 사람을 대할 때는 그 확신이나 신념을 내세우지 말고 상대방을 있는 그대로 봐주는 태도가 필요합니다.

2. 마음 비우기 전략

공감을 위해 마음을 비워야 한다는 사실을 아는 것으로 끝내면 의미가 없습니다. 실제로 어떻게 마음을 비워야 하고, 또 비울 수 있는지 구체적인 방법들을 알고 이를 실천하여 마음을 비우는 것이 중요합니다. 이 장에서는 마음을 비우기 위한 여러 가지 전략들을 소개하고자 합니다. 일상생활에서 적용할 수 있는 명상법

과 글쓰기, 그리기, 이야기 등 표현을 통한 마음 비우기 방법들이 소개되어 있으니 본인에게 맞는 방법들을 선택하여 실천해 보면 좋겠습니다.

동화로 열어가기

파란 운동화 하얀 마음

1학년 교무실에서 전화가 왔습니다. 약간 격양된 목소리가 수화기 너머로 들려왔습니다.

"선생님 반에 김기정이라고 있죠?"

"네. 기정이 저희 반 맞습니다. 무슨 일이신가요?"

"우리 반 아이가 새로 산 파란색 메이커 운동화를 신발장에 넣어 두었는데 없어졌어요. 아이들이 3학년 기정이가 와서 가져가는 것을 보았다고 하는데 선생님이 담임이시니 기정이한테 이야기를 해 주세요. 제가 기정이한테 물어보았더니 자기가 안 가져갔다면서 왜 죄 없는 사람 의심하느냐고, 이런 학교 그만두고 말겠다고 오히려 큰소리를 치고 갔어요. 이거야 원 훔쳐간 아이 눈치까지 봐야 하다니……."

"네, 알겠습니다. 제가 기정이와 이야기를 해 보겠습니다."

전화를 끊고 나서 기정이와 이야기 나눌 생각을 하니 막막하기만 했습니다.

기정이는 어려서 어머니를 여의고 아버지마저 교도소에 들어가는 바람에 친척집을 전전하며 성장한 아이였습니다. 그나마 친척집에서 지낼 때는 어리기도 했고, 순하게 말도 잘 들었으나 아버지가 출

옥한 후 사춘기에 접어들면서 거칠어지기 시작했습니다. 가출이 잦아지고, 돈이 필요하면 동급생이나 후배들의 돈을 뺏는 일이 많아지면서 문제아로 인식되어 버렸습니다.

그러나 가출을 할망정 학교는 꼬박꼬박 나왔으며, 그나마 학교생활을 잘하려고 하던 중에 이런 일이 생긴 것입니다.

"기정아, 아침에 일찍 나왔네."

"선생님, 사실은 어제 밤새 돌아다녔어요."

"아니, 밤새 거리를 돌아다녔다고?"

"네, 집에 들어가면 또 아빠한테 맞을 것 같아서 그냥 밖에서 돌아다니다 학교로 바로 왔어요."

기정이랑 학교 근처 분식점에 갔습니다. 몇 끼를 굶었는지 기정이는 내가 앞에 앉아 있는 것은 의식도 하지 않은 채 먹고 또 먹고 또 먹었습니다. 기정이의 안정적인 생활을 위해 기정이를 키워 준 고모도 찾아가 보고, 아버지도 만나 보았으나 노력하기로 약속만 할 뿐 기정이의 생활은 별반 나아지지 않았습니다.

그래도 나름대로 버티며 마음을 잡고 지내보려는 의지를 갖고 있었는데 그런 기정이에게 신발을 왜 가져갔느냐고 물어볼 수도 없고, 그렇다고 그냥 덮고 지나갈 수도 없고, 고민이 이만저만이 아니었습니다. 잠시 후 기정이가 교무실로 씩씩거리며 들어왔습니다.

"선생님, 저 이런 학교 때려칠래요. 저보고 신발을 훔쳐갔대요. 완전 도둑으로 몰아요. 저는 안 가져갔거든요. 선생님도 제 말 못 믿으시죠?"

"아니야, 기정아, 기정이가 안 가져갔다고 하면 안 가져간 거지. 근데 기정아, 그 신발을 찾지 못하면 그 아이 부모님도 가만 계시지는 않을 것 같아. 범인 찾는다고 조사하겠지. 그런 과정에서 네가 곤란해질까 봐 선생님은 그게 너무 걱정이 돼."

"그래도 제가 안 가져갔단 말이에요."

"그래, 네가 안 가져갔어도 네가 찾아줄 수는 있을 것 같은데. 기정이가 그 신발을 찾아주면 너도 편해지고 신발 주인도 신발을 찾았으니 너한테 고마워하지 않을까? 어때? 기정이가 한 번 찾아주지 않을래? 파란색 운동화야."

씩씩거리던 기정이는 잠시 생각을 하더니 알겠다고 하면서 나갔습니다.

다음 날 이른 아침, 교무실 문을 연 기정이가 나에게 'V'자 표시를 하면서 씩 웃더니 문을 닫고 가버렸습니다. 잠시 후 1학년 교무실에서 연락이 왔습니다.

"선생님, 우리 반 아이 신발 찾았어요. 아침에 와보니 신발장에 놓여 있더라고요. 괜히 기정이만 의심해서 미안했어요. 기정이에게는 제가 따로 사과를 할게요."

나는 그제야 기정이의 'V'자 의미를 알 수 있었습니다. 기정이의 하얀 마음이 1학년 아이의 파란 운동화를 신발장에 곱게 넣어 두고 온 것입니다.

(남윤미 창작)

마음 비우기가 필요한 이유

도난 사고는 학교나 가정에서 수시로 일어나는 일이지만 처리하기가 쉽지 않습니다. 누가 가져갔는지 모르는 경우도 그렇지만 가져간 사람을 알 경우에도 곤란하기는 마찬가지입니다. 누가 가져갔는지 모를 경우 잘못하면 아이를 도둑으로 오해하여 크게 상처를 줄 수도 있고, 또 누가 가져갔는지 알 경우 이를 드러내면 그 아이는 계속 도벽이 있는 아이로 낙인 찍혀 친구들이나 자녀들 사이에서 신뢰를 잃고 소외되거나 스스로 눈치를 보느라 힘든 생활을 할 수도 있기 때문입니다. 도벽이 있는 아이들 중에는 물론 정상적인 가정의 아이도 있지만 해체된 가정이나 편부, 편모 가정 또는 조손가정에서 성장한 아이들일 경우도 많습니다. 특히 어려운 가정에서 성장한 아이일수록 사랑을 갈구하기 때문에 더욱 도벽이 있을 수 있고, 이러한 행동이 드러날 경우 진심으로 자신을 보듬고 지지해 줄 부모가 없기 때문에 더욱 심한 혼란과 상처 속에서 비행의 길을 갈 수도 있습니다.

기정이는 바로 이런 어려운 가정에서 성장한 아이입니다. 1학년 아이의 신발을 기정이가 가져간 것을 본 아이들도 있고, 기정이가 아니라고 우겨도 결국 잘못이 드러날 수밖에 없는 상황입니다. 담임선생님은 기정이에게 왜 신발을 갖고 갔느냐고 물어볼 수도 있고, 야단을 칠 수도 있고, 아예 아버지한테 연락하여 사실을 알릴 수도 있었습니다. 기정이가 아니라고 우기면 학생생활 규정에 따라 조사하여, 잘못이 드러나면 처벌을 받게 할 수도 있고, 심하면 경찰에 신고할 수도 있는 일이었습니다.

기정이는 사람들이 자신을 의심한다며 경계를 하고 담임선생님을 대합니다. 이럴 때 기정이 담임선생님은 자신의 생각, 감정, 확신이나 신념 등을 모두 내려놓았습니다. 그리고 온전히 아이의 마음자리로 들어갑니다. 욕심이 나서 신발을 훔치기는 했으나 이게 드러나기 직전인 지금 이 순간 아이는 얼마나 초조하고 불안하겠습니까? 담임선생님은 바로 기정이의 이 마음을 헤아리고 부드럽게 말합니다.

"그래, 네가 안 가져갔어도 네가 찾아줄 수는 있을 것 같은데 기정이가 그 신발을 찾아주면 너도 편해지고 신발 주인도 신발을 찾았으니 너한테 고마워하지 않을까? 어때? 기정이가 한번 찾아주지 않을래? 파란색 운동화야."

이 말은 경계를 하고 있던 기정이의 마음을 무장해제시켰고, 다음날 아침 이른 시간에 아무도 모르게 신발을 돌려주었습니다. 선생님께 와서 아무 말 없이 'V' 표시를 보이고 간 기정이의 모습에서 마음을 비우고 아이의 마음자리로 내려가는 것이 얼마나 문제를 따뜻하게 해결할 수 있는지 알 수 있습니다.

(남윤미 창작)

명상으로 마음 비우기

우리는 수시로 '마음을 비운다'는 말을 사용합니다. 중요한 시험을 앞두고 긴장하고 있는 사람에게 '마음을 비워. 그래야 실력 발휘를 제대로 할 수 있어.'라고 말한 경험이 있을 것입니다. 정치인들은 선거 유세에 나와 '저는 국민들을 위해 마음을 비웠습니다. 국민들을 위한 정치를 하겠습니다.'라는 말로 한 표를 호소합니다. 열심히 일하다 병이 난 사람도 '내가 그동안 너무 일만 한 것 같아. 병이 난 후에야 깨달았어. 이제 마음을 비우고 살아야겠어. 나도 모르게 욕심을 너무 부린 것 같아.'라는 말로 자기 병에 의미를 부여합니다.

그러나 '마음을 비운다'는 것은 결코 쉬운 일이 아닙니다. 자신의 생각이나 감정, 신념은 삶에서 나온 결과물들이기 때문에 이미 삶의 일부가 되어버린 것들입니다. 더구나 다른 사람을 위해 나의 것들을 버리고 비우라는 것이 어찌 편하게 들릴 수 있겠습니까?

'마음을 비운다'는 것은 쉽지 않은 일이지만 앞의 이야기에서 본 것처럼 다른 사람의 입장을 헤아리고 공감하기 위해 꼭 필요한 일이기도 합니다. 따라서 마음 비우기의 전략들을 배우고 실천하다 보면 자연스럽게 다른 사람에게 공감하고 인간관계를 원만하게 해 나가는 일이 보다 수월할 것입니다.

명상이란

다른 사람의 말을 잘 듣고 공감하려면 무엇보다 먼저 마음이 깨끗하게 비워져 있어야 합니다. 마음에 다른 것이 차 있으면 상대방의 말이 잘 들어오지 않기 때문입니다. 마음을 비우려면 일단 마음이 대화를 나누는 '지금-여기'에 머물러야 합니다. 대화를 나누면서 어제 일어났던 데이트를 생각하거나 저녁에 있을 파티를 떠올리고 있다면 상대방의 말이 들어올 수가 없습니다. 그러니 올곧게 상대방의 말에 집중해야 합니다. 그다음, 상대의 말을 들으면서 그 내용에 대해 평가하고 해석하는 일을 멈추어야 합니다. '저 말은 거짓말일 거야' '으흠, 어려서 아버지한테 받은 상처 때문에 남자들을 멀리 피하는구먼'과 같은 종류의 생각을 멈추라는 말입니다. 그런데 이것이 잘되려면 세상을 바라보는 자신의 시각이나 판단기준을 잠시 접어 둘 필요가 있습니다. 마치 기준이 없는 사람처럼 자신을 내세우지 않은 채 상대방의 말에 귀를 기울이라는 것입니다. 전문가들은 이를 '내적 준거 틀의 작동 중지'라는 말로 표현합니다. 이렇게 마음을 비우기만 하면 상대방의 말이 쏙쏙 들어올 것입니다.

그렇다면 구체적으로 어떻게 마음을 비울 수 있을까요? 마음을 비우는 대표적인 방법으로 명상 또는 참선을 추천할 수 있습니다.

석가모니는 보리수 아래에서 깊은 명상에 잠겨 깨달음에 도달하였습니다. 이 명상이 몇 세기 후에 선불교의 대표적인 수행방법인 참선으로 발달했습니다. 참선은 본래 마음을 고요히 하여 자기를 깨달아 가는 과정 전체를 일컫는 말인데, 오늘날에는 불교인들뿐만 아니라 일반인들의 성찰 방법으로도 활용되고 있습니다.

명상은 마음을 고요히 하고 특별한 주제에 대해 그 의미를 찾아보고 음미하거나, 정신을 맑게 하여 몸과 마음을 깨끗하게 하는 활동이라 할 수 있습니다. 명상의 방법과 내용은 다양하여 각자의 취향에 따라 선택하여 사용할 수 있는데 어떤 방법이든 명상을 제대로 잘하면 마음이 안정되고 자기 삶을 객관적으로 바라볼 수 있는 능력이 생깁니다.

명상이나 선을 하는 방법은 크게 집중하는 방법(사마타)과 관찰하는 방법(위빠사나)으로 나눌 수 있습니다. 여기서는 집중 명상과 관찰 명상에 속하는 기법을 간략히 소개하고자 합니다. 이 밖에도 얼마든지 다양한 기법들을 찾아 활용할 수 있습니다(박성희, 2009, pp. 142-143).

◆ **명상이나 선을 하기 전 몇 가지 고려할 사항** ◆

1. 명상을 하는 사람이 명상 수행에 대한 열의를 가지고 있어야 한다.
2. 명상 중에 나타나는 여러 가지 현상을 설명해 줄 인도자가 있어야 한다. 여의치 않으면 책이나 인터넷의 정보를 참고하되, 본인이 할 수 있는 방법들을 활용하는 것이 좋다.
3. 명상을 지속할 수 있도록 주변 환경이 조용해야 한다.
4. 일정한 시간에 명상할 수 있어야 한다.
5. 척추를 곧추세우는 자세도 중요하다.

집중 명상하기

평소 여러분들의 집중력은 어떠한가요? 잠시만 자신을 살펴보아도 얼마나 집중이 안 되고 있는지를 알 수 있을 것입니다. 자신에게 주어진 업무를 처리하는 때를 잠시 떠올려봅시다. 온전히 업무에 또는 대화에 집중하고 있습니까? 아니면 수시로 드나드는 다양한 생각이나 분산된 시선으로 인해 분주한 자신을 발견하게 됩니까?

집중 명상은 숨을 들이쉬고 내쉬는 것부터 시작해서 자신의 신체에서 느껴지는 느낌이나 감정, 생각, 의식 등을 순수하게 주의 집중하는 것입니다. 평소 생활 속에서 이를 경험하기 어려우니 우선은 시간과 장소를 정해 놓고 집중 명상을 경험해 본 후에 차츰 생활 속에서도 적용해 봄이 좋을 것입니다. 집중 명상이 가능해지면 다른 사람의 이야기를 들을 때도 집중해서 듣는 것이 가능해질 것입니다. 간단한 호흡 명상법과 응시 명상법을 소개하고자 합니다(박성희, 2009, pp. 143-144).

[간단한 호흡 명상법]

1. 바닥이나 의자에 정돈을 하고 앉는다.
2. 손뼉을 세 번 강하게 친다.
3. 두 손을 36번 집중하며 비빈다.
4. 양 손을 벌렸다 합쳤다 36번 반복하는데 이때 양손을 완전히 붙이지 말고 약간 사이를 띄운다. (우주의 기운을 모은다는 생각으로 하면 좋다.)
5. 양손 사이에서 따뜻함, 찌릿찌릿함, 뻑뻑함 등이 느껴지면 제대로 잘하고 있는 것이다.

6. 양손에 모아진 기를 온 몸에 넣어 준다는 생각으로 자신을 사랑하면서 온몸을 쓸어 준다. 두 번 반복하는데 이때 역시 손이 몸에 완전히 닿지 않도록 살짝 뗀다.

7. 두 손을 모아 턱 밑에 대고 눈은 지그시 감은 채 천천히 숨을 내쉰다.

8. 다시 숨을 들이쉬면서 자신의 호흡에 집중한다.

9. 처음에는 심호흡을 세 번 정도 반복하고, 점차 늘려 나간다.

[응시 명상법]

1. 먼저 응시할 대상을 선택한다. 인공물이건 자연물이건 바라보기 편하고 작은 대상이면 된다. 꽃, 돌, 조개껍질, 식물, 자갈, 동전, 작은 장식품 등과 같이 간직하기 쉬운 물건이면 좋다.

2. 명상할 자리를 찾아 허리를 곧추세우고 편안히 앉는다.

3. 선택한 물건을 정면에 놓는다.

4. 편안히 이완된 상태에서 천천히 그리고 길게 여섯 번 호흡한다.

5. 명상을 시작한다. 눈을 깜빡거리지 말고 선택된 대상을 또렷이 응시한다. 다른 생각을 섞지 말고 마치 강력 본드가 된 것처럼 그 대상에서 시선을 떼지 않는다.

6. 천천히 진행되는 호흡에 맞추어 속으로 들숨 때는 '이것'이라 말하고 날숨 때는 '지금'이라 말한다. 내면에서 진행되는 이 만트라는 선택된 대상에 대한 집중력을 높여 준다.

7. 한눈을 판다고 깨닫는 순간 즉시 선택된 대상에 주의를 집중하고 '이것, 지금'을 생각한다. 설사 한눈을 팔았다고 해서 자책하

거나 실망할 필요 없다.

8. 자세를 그대로 유지하고 깨어 있는다.

9. 첫 2주 동안은 매일 10분간 명상한다. 그 후에는 점차로 시간을 늘려 나가도 좋다.

10. 명상을 멈추고 천천히 일상으로 돌아온다.

11. 전체 과정이 익숙해지면 짧은 시간이라도 최소 하루에 한 번 명상하는 습관을 들인다.

관찰 명상하기

숲속에서는 산을 볼 수 없습니다. 산을 보기 위해서는 숲에서 빠져 나와야만 볼 수 있습니다. 이처럼 나로부터 빠져 나와 내가 무엇을 하고 있는지 보고 알아차리는 것, 그것을 관찰 명상이라고 합니다. 일상에서는 마음과 몸이 밀착하여 움직이기 때문에 내가 무엇을 하고 있는지 바라보는 것이 쉽지 않고 잊고 지낼 때가 많습니다.

예를 들면, 식사 시간을 떠올려 봅시다. 지금 내가 먹고 있는 이 음식이 나와 한 몸을 이룰 음식임을 의식하며 천천히 나의 입에서 느껴지는 맛과 질감을 음미하면서 음식과 하나가 되어 가고 있습니까? 아니면 먹는 과정에는 아무 관심도 없이 그저 먹으면서 말하고, 생각하고, 듣고, 보고 합니까? 누군가와 같이 식사를 한다면 그 사람과의 이야기에 신경 쓰면서 음식은 습관적으로 입에 집어넣을 뿐 별 의식을 안 할 가능성이 높습니다. 만일 혼자 밥을 먹으러 갔다고 상상해 봅시다. 이때에도 음식 맛을 느끼고 관찰하며 먹을 수 있습니까? 아니면 주변의 밥 먹는 사람들이 어떤지, 혹시라도 혼자 밥 먹는 나를 이상하게 생각하는 것은 아닌지? 같이 밥 먹으러 가자고 했던 P가 갑자기 약속을 어긴 것이 속상하다든지 기타 오만 잡생각 때문에 밥이 어디로 들어갔는지도 모르게 집어넣고 있는 것은 아닌지요?

관찰 명상을 위해서는 잠시라도 자신을 관찰하는 시간을 갖는 것이 필요합니다. 자신을 객관적으로 관찰하는 것이 가능해지면 상대방의 이야기를 들으면서 객관적으로 관찰하는 것도 가능해지기 때문에 마음 비우기를 통한 공감에 한걸음 더 가까이 갈 수 있습니다. 여기서는 걷기 동작 관찰법을 소개하고자 합니다(박성희, 2009, pp. 144~146).

[걷기 동작 관찰법]

1. 걸음을 걸으며 걷는 움직임을 따라 마음을 챙겨 본다. 혹 다른 생각이 들어 잠시 흩어져도 신경 쓰지 말고 다시 돌아와 걸음걸이를 챙긴다.
2. 보통 걸음걸이로 걸을 때 '왼발 앞으로, 오른발 앞으로, 왼발 앞으로, 오른발 앞으로……' 하며 마음을 챙기면서 걷는다.
3. 느린 걸음걸이로 걸을 때 '왼발 들어 앞으로 옮겨 내려놓음, 오른발 들어 앞으로 옮겨 내려놓음……' 하며 마음을 챙기면서 걷는다.
4. 빠른 걸음걸이로 걸을 때 '왼발, 오른발, 왼발, 오른발, 왼발, 오른발……' 하며 마음을 챙기면서 걷는다.
5. 뛰어갈 때 '좌, 우, 좌, 우, 좌, 우……' 하며 마음을 챙기면서 뛴다.
6. 발을 움직여 걸음을 걸을 때마다 이렇게 마음 챙기는 연습을 한다.

표현으로 마음 비우기

쓰기를 통한 마음 비우기

쓰기는 누군가를 대상으로 할 수도 있지만 특별한 대상을 두지 않고 자신의 마음을 비워내는 데 아주 적절한 방법입니다. 그저 생각나는 대로 자신의 마음을 기록하다 보면 그 마음들이 객관화되어 고민이나 걱정 기타 잡념들을 바라보고 정리해 가는 데 도움이 됩니다. 공감을 위해 우리가 마음을 비운다는 것은 다른 사람의 이야기를 경청하기 위해 우리 마음에 자리를 마련하는 것이므로 평상시 쓰기의 습관을 통해 마음을 정리하고 객관화시키는 것도 좋고, 그게 어렵다면 마음이 복잡할 때에라도 잠시 앉아서 낙서처럼 아무거나 써지는 대로 써보는 것도 도움이 될 것입니다.

[일기 쓰기]
어린 시절 방학이 되면 어김없이 주어진 과제가 있었습니다. 바로 일기 쓰기입니다. 그날그날 일기를 써야 하지만 개학 무렵 한 달간의 일기를 한꺼번에 몰아 써 본 기억이 있을지 모르겠습니다. 이런 추억 때문인지 사람들은 일기 쓰는 것을 썩 좋아하지 않습니다. 그런데 일기를 꾸준히 쓰는 사람들은 그 장점을 잘 누리고 있습니다. 일단 그날그날의 기록을 통해 자신의 삶을 기록해 둘 수 있으며, 자신의 변화 과정을 눈으로 확인할 수도 있고, 특히 복잡했던 마음을 일기장에 적어둠으로써 마음에서 덜어내는 일이 가능합니다.

일기 쓰기는 그냥 하루 일과를 적어도 좋지만 감사 일기, 감정 일기, 관계 일기, 고민 일기, 희망 일기 등 주제를 정해 놓고 쓰는 것도 좋습니다.

[편지 쓰기]

요즘에는 메일이나 문자 등 '쓰기'를 수단으로 다른 사람들과 마음을 나누는 것이 가능하기 때문에 평소 이런 습관이 되어 있다면 수시로 마음을 덜어내는 것이 어렵지 않은 일입니다. 특히 관계가 불편해진 사람에게 직접 말로 풀어가기가 어려울 때는 자신의 마음을 편지 형식에 담아 보내면 도움이 될 수 있습니다. 또한 고마운 사람이나 미안한 사람에게도 편지로 마음을 나누다 보면 마음이 한결 가벼워지는 것을 느낄 수 있을 것입니다. 이러한 경험들이 쌓이다 보면 마음 비우기는 큰맘 먹지 않아도 저절로 잘 이루어질 것이며 다른 사람의 마음자리로 가서 공감하는 일이 훨씬 수월해질 것입니다.

[수필 쓰기]

수필은 전문적인 수필가만 쓸 수 있는 것이 아닙니다. 어떤 주제를 놓고 짧게라도 글을 써보면 그 주제에 대한 자신의 생각이 정리되고 적어도 그 문제 때문에 다른 사람과 감정적으로 얽히지는 않을 것입니다.

예를 들면, 민감한 문제인 승진을 주제로 자신은 어떻게 생각하고 있는지 적어 봅니다. 무작정 승진을 하고 싶어 하거나 승진하지 못하

는 자신에 대해 부정적인 생각을 하고 있을 때에는 승진이라는 주제로 다른 사람이 나에게 이야기를 해 올 때 그의 이야기가 제대로 들리지 않고 예민하게 반응할 수 있습니다. 그러나 승진이라는 주제로 수필을 써보면 이 문제를 객관화할 수 있기 때문에 다른 사람과 이 일로 이야기를 나눌 때 그 사람의 이야기가 훨씬 잘 들리고 공감하는 것이 가능해집니다.

다른 주제들도 이런 식으로 글을 쓰면서 자신의 생각을 정리하고, 객관화시켜 놓으면 다른 사람의 이야기를 들을 때 자신의 감정이나 생각이 뒤섞여 혼란스러워지는 일을 줄일 수 있습니다.

그리기를 통한 마음 비우기

쓰기가 부담스러울 경우에는 그리기로 자신의 마음을 표현할 수 있습니다. 그리는 행위는 인간의 본능입니다. 인간은 아주 어려서부터 쓰기를 시작하기 전 그림으로 자신을 표현했습니다. 이 그림 그리기가 부담스러워진 것은 그림을 볼 사람을 의식하여 잘 그려야 한다는 생각과 함께 다른 사람의 그림과 비교하면서 자신의 그림이 잘못되었다는 생각이 들어오면서부터입니다. 그리기는 배우지 않아도, 재능이 없어도 그냥 편하게 자기 마음을 표현할 수 있는 방법이며 그리기를 통해 마음 비우기를 할 수 있습니다.

[자유화 그리기]
말 그대로 종이 한 장을 놓고 그리고 싶은 대로, 마음 가는 대로 그

려 보는 것입니다. 과연 지금 내 마음은 무슨 그림을 그려 낼까, 궁금하지 않으신가요? 그림을 그리기 전 앞에서 말한 '간단한 호흡 명상하기'를 활용하면 더 도움이 될 것입니다.

1. 책상 위를 정돈한다.
2. 자신이 그리고 싶은 크기의 종이(A4 용지나 도화지, 작은 종이 등 마음대로)와 연필 또는 색연필, 크레파스, 물감 등 원하는 그리기 도구를 준비한다.
3. 간단한 호흡 명상을 한다.
4. 마음이 가는 대로 종이 위에 그림을 그린다.
5. 그려진 그림을 보면서 자신의 마음과 대화를 나눈다.
   무엇을 그렸나? 느낌이 어떤가? 무엇을 더 그려 넣으면 좋겠나? 등

[직장화 그리기]

직장생활이 즐겁고 행복한 사람도 있겠으나 어떤 사람들은 스트레스를 받고, 지친 상태에서 어쩔 수 없이 고삐 끌려가는 기분으로 직장생활을 하고 있을지 모릅니다. 이러한 직장생활에 대해 불만은 많으나 정확히 뭐가 불만인지 직장생활에 대한 내 마음이 어떤지에 대해서는 별로 생각해 보지 않았을 수도 있습니다. 그냥 관리자의 비위를 맞추고, 동료들 사이에서 뒤처지지 않으려 노력하고, 후배들에게 무시당하지 않으려고 목에 힘주면서 진정한 '내'가 아닌 모습으로 지내고 있는 것은 아닌지 돌아보고 직장에서의 나의 모습을 정확히 그

려 보는 시간을 가져 봅시다. 이는 특히 직장에서 마음을 비우고 동료들이나 후배들과 공감하는 데 도움이 될 것입니다.

1. 책상 위를 정돈한다.
2. 자신이 그리고 싶은 크기의 종이(A4 용지나 도화지, 작은 종이 등 마음대로)와 연필 또는 색연필, 크레파스, 물감 등 원하는 그리기 도구를 준비한다.
3. 간단한 호흡 명상을 한다.
4. 직장 장면을 그리고, 자신을 포함하여 그리고 싶은 사람들을 그려 넣는다.
5. 그려진 직장화를 보면서 자신의 마음과 대화를 나눈다.
   어떤 장면인가? 누가 등장했나? 이들은 나에게 어떤 의미가 있나? 이들을 생각할 때 어떤 감정이 드나? 이곳을 떠올리면 마음이 어떤가? 등

이야기를 통한 마음 비우기

쓰기나 그리기가 대상 없이 혼자 할 수 있는 마음 비우기 방법이었다면 이야기는 대상이 있는 방법입니다. 혼자 마음을 비우는 것도 도움이 될 수 있지만 우리는 누군가가 나의 마음을 알아주기를 바라고 누군가와 이야기를 나누고 나면 마음이 시원해지는 경험을 하기도 합니다. 여기에서는 수다와 상담 두 가지 방법을 소개하고자 합니다.

[수다 나누기]

마음 비우기란 어쩌면 마음의 배설이라 할 수 있습니다. 어떤 경로를 통해서든 내 마음에 들어온 생각, 감정, 신념 등을 속에 담아두지 않고 배설을 하는 것입니다. 그런 의미에서 수다는 아주 좋은 수단이 될 수 있습니다.

우유를 벌컥벌컥 잘 마시는 사람이 있는가 하면 마시려면 목에 걸리고 억지로 마시면 배탈이 나는 사람도 있습니다. 마찬가지로 우리 마음에도 잘 받아들이고 소화시켜서 찌꺼기가 남아 있지 않은 것들도 있지만 거부감 때문에 억지로 받아들여 소화도 못 시키고 불편하게 남아 있는 것들이 있습니다. 이러한 것들을 마음이 통하는 사람들과 모여 수다로 풀어가는 것입니다.

대상은 친구도 좋고, 가족도 좋고, 동호회 회원도 좋고, 별도의 수다 모임도 좋습니다. 오히려 더 스트레스를 받을 수 있는 사람들만 아니라면 누구라도 얼마든지 모여서 수다를 떨고 불편한 마음들을 덜어낼 수 있습니다. 특히 수다에 대해 부정적인 생각을 갖고 있거나 부정적인 경험(수다 떨다가 말이 새나가 곤란을 겪은 일 등)이 있는 사람일수록 안전한 수다 모임에서 자신의 마음을 털어놓고 가벼워지는 경험을 해 보는 것이 필요합니다. 남들에게 내 마음을 털어놓으면 안 된다고 생각하고 그저 속으로만 참아내는 사람은 그만큼 다른 사람을 위한 마음의 공간이 없기 때문에 공감이 어려울 뿐 아니라 더 나아가서는 인간관계 자체에 어려움이 생길 수 있습니다.

[상담하기]

경우에 따라서는 수다를 떨면서 쉽게 풀어내기 어려운 마음이 있을 수 있습니다. 이럴 때는 전문가의 도움을 받는 것이 좋습니다. 요즘에는 우리 사회에도 상담이 보편화되어 예전처럼 상담을 꺼리거나 불편해하지 않습니다. 그러나 상담 경험이 없을 경우에는 누구에게 상담을 받아야 할지, 무슨 말을 해야 할지 방법을 모를 수 있습니다.

상담은 정신적 지주가 되는 사람에게 조언을 얻는 것부터 병원이나 상담소 등에서 전문가를 만나 상담을 받는 방법 등 다양합니다. 집단상담 프로그램에 참여하여 도움을 받을 수도 있습니다. 마음을 비우기는 해야겠는데 도저히 혼자 힘으로는 비울 수 없는 마음에 무엇인가가 있다면 용기를 내어 상담을 받아 볼 것을 권합니다.

3. 마음 비우기 활용

공감을 위해서는 우선 마음 비우기가 필요하다는 것을 알게 되었을 것입니다. '역지사지의 자세로 마음 비우기'를 통해 상대방의 입장에서 생각해 보는 습관이 공감에 필요함을 알 수 있고, '마음 비우기 상자 활용'은 서로 서로 공감하는 자세로 상대방을 대할 수 있도록 기반을 마련하는 데 도움이 될 수 있습니다. '알아차림 명상하기'를 잘 활용하면 생각으로부터 자유로워지고 상대방을 있는 그대로 바라보는 데 도움이 될 것입니다. 제시된 상담

사례에서 마음 비우기가 어떤 역할을 하는지 이해하게 되면 마음
비우기를 자신의 생활에 적용하는 것이 훨씬 수월할 것입니다.

사례로 열어가기

기다림

영준이는 농사짓는 아버지와 정신질환으로 정상적인 생활이 불가능
한 어머니 사이에서 2남 4녀 중 장남으로 태어났습니다. 아버지는
부모님이 누구인지도 모르는 상태로 외롭게 성장한 분이고, 어머니
는 어린 시절 부친의 사망으로 인한 충격 때문에 정신질환을 앓고
있는 분입니다. 따라서 영준이를 비롯한 형제자매들은 어려서부터
어머니의 따뜻한 보살핌을 받을 수 없었으며, 아버지도 농사를 지으
며 생계를 꾸려가야 했기 때문에 자녀들의 양육에 제대로 신경을 쓸
수가 없었습니다. 영준이는 아버지를 도와 농사일을 열심히 하는 효
심을 보일 때도 있었지만, 부모님의 정신적 지지가 부족하다 보니
자연히 정을 그리워하며 지내온 성장과정에서 뭔가에 빠지면 헤어
나오기 힘든 집착의 성향을 보이고 있었습니다.

영준이의 희망에 의해 상담을 시작하였습니다. 처음 몇 차례의 상담
은 별 무리 없이 진행되는가 싶더니 어느 날부터인가 영준이는 결석
을 하며 부적응 행동을 보이기 시작했습니다. 친구들을 통해 알아
본 결과 영준이는 컴퓨터 게임에 재미를 붙여 PC방에 자주 다닌다
는 것이었습니다. 시내에 있는 PC방을 돌며 영준이를 찾기 시작했
습니다. 그러다 영준이를 만나면 분위기 좋은 곳으로 데리고 가 맛

있는 것을 사주며 영준이의 말을 들어주었습니다. 그리고 '기다린다.'라는 말을 남기고 돌아왔습니다.

그런 만남이 있고 나면 영준이는 학교에 나왔으나 며칠 지나지 않아 다시 PC방을 찾았습니다. 이러한 방황과 기다림의 과정을 거듭하면서 때로는 실망스럽기도 하고, 포기해야 하는 것이 아닌가 하는 생각이 들기도 하며 인내심에 한계를 느끼는 일들이 반복되었습니다. 한때는 정말 영준이가 학교를 그만두게 되는 것이 아닌가 하는 위기를 느끼기도 하였습니다. 주변에서 '영준이는 이제 그만 기다려야 할 것 같아.'라는 말을 들으면 낙심이 되어 정말 영준이의 손을 놓아야 하나 하는 생각도 드는 때가 있었습니다. 그러면서도 영준이가 돌아오기를 기다리고 또 기다렸습니다.

그런데 모두가 이제 정말 어렵지 않겠는가 하는 안타까운 마음을 가졌을 때 영준이가 학교로 돌아왔습니다. 결석과 출석을 번갈아 하며 학교에 제대로 안 나오기 시작한 지 석 달 만의 일이었습니다. 그동안 공들이며 기다린 것이 결코 헛수고가 아니었던 것입니다. 영준이는 컴퓨터 게임에서 손을 떼기 시작했고, 예전과는 달리 지속적으로 학교에 나오기 시작했습니다. 다시 부모님도 생각하게 되었고, 자신의 앞날을 걱정하기도 했습니다. 그리고 이제까지 별 관심을 보이지 않았던 학업에 관심을 보이며 수업 시간에도 적극성을 보였습니다. 돌아온 영준이가 학교생활에 관심을 갖도록 영준이와의 만남을 지속하면서 긍정적인 변화가 유지되도록 노력하였습니다. 특히 영준이가 영어에 관심을 보여 기초적인 영어 공부를 함께 하기로 하였습니다. 처음에는 알파벳조차 제대로 모르고 있어서 알파벳 공부부터 시작했습니다. 영준이는 집에 가서도 열심히 복습을 해 왔습니다. 비록 다른 학생들보다는 많이 뒤쳐진 실력이지만 자기 나름대로 열심히 하려는 모습을 격려해 주었습니다.

1학기 때는 수업 시간에 열의를 보이지 않아 선생님들로부터 부정적인 평가를 받았으나 2학기가 되면서부터 매사에 자신감을 가지고 적극적으로 생활하여 선생님들의 칭찬도 많이 들었습니다. 그럴수록 영준이의 생활은 예전과는 많이 달라졌습니다. 얼굴도 환해졌고, 말수도 많아졌고, 아버지도 잘 도와드렸고, 집에 일찍 들어가서 형제들과도 잘 지냈습니다. 어머니도 극진히 보살펴 드렸습니다. 학교에 오면 친구들과도 신나게 어울렸습니다. 언제 방황하던 시절이 있었나 싶게 영준이는 완전히 다른 사람이 되어 있었습니다.

물론 영준이의 상황은 변하지 않았습니다. 여전히 바쁘신 아버지, 자기 생활도 제대로 꾸려가지 못하시는 어머니, 턱없이 부족한 학습 능력, 경제적 어려움, 게임으로부터의 유혹 등은 계속되었지만 이러한 상황에 대처하는 영준이의 마음은 180도 달라지고 있었습니다.

(성화중 교사 남윤미 상담 사례)

마음 비우고 다가가기

달라질 것 같지 않았던 영준이에게 변화가 일어난 것은 과연 무엇 때문일까요? 어둠 속으로만 가던 영준이를 끌어낸 힘은 과연 무엇일

까요? 영준이의 삶의 무게를 덜어 준 역할은 과연 무엇이 해냈을까요? 앞으로 영준이는 어떤 삶을 전개해 갈까요? 이 물음에 대해 한가지로 답할 수는 없지만 영준이 곁에서 영준이의 방황과 아픔을 지켜보며 마음을 비우고 다가가 준 사람들의 마음이 한몫 단단히 했다는 것은 부정할 수 없는 사실일 것입니다.

집 나간 아들을 기다리는 아버지의 심정을 이야기하는 탕자의 비유가 성경에 나옵니다. 비록 아버지의 재산을 미리 챙겨 멀리 떠나 방탕의 세월을 보낸 괘씸한 아들이었지만 아버지는 그 아들을 하염없이 기다렸습니다. 아버지를 배신한 것에 대한 서운함도, 자식은 아버지에게 순종하며 아버지 뜻을 따라야 한다는 자식의 도리에 대한 신념도, 자식을 어떻게 키웠길래 그런 불효를 겪느냐는 주변 사람들의 비난도 아버지가 아들을 기다리는 마음을 방해하지 못했습니다. 아버지는 그저 아들이 돌아오기만을 기다리고 있었습니다. 드디어 아들이 거지꼴로 돌아와 종으로 삼아달라고 무릎 꿇었을 때 아버지는 그저 반가운 마음으로 다가가 돌아온 아들을 위해 잔치를 베풀었습니다.

마음을 비우고 다가간다는 것은 이처럼 자신의 생각, 감정, 신념 등을 내려놓고 빈 마음으로 오로지 상대방을 향하는 마음의 방향입니다. 저녁밥 지어 놓고 일 마친 자식들이 돌아오기를 기다리는 어머니, 외국 나가 있는 자식이 오기만을 기다리며 마지막 숨을 참고 있는 아버지, 결석이 잦아 학교생활을 지속하기 어렵게 된 제자가 학교에 나오기만을 기다리는 선생님의 기다림은 바로 마음을 비우고 다가가는 마음입니다. 이러한 마음은 탕자를 돌아오게 하고, 마지막으로 자

식을 보고 눈을 감게 하고, 위기의 학생이 학교로 돌아오게 하는 힘이
있습니다.

그렇다면 어떻게 마음을 비우고 사람들에게 다가갈 수 있을까요?
몇 가지 방법을 함께 나누어 보겠습니다.

역지사지의 자세로 마음 비우기

눈높이에 달린 세상

크리스마스 시즌이 다가왔습니다. 거리에는 크리스마스 캐럴이 흘
러나오고 구세군 냄비에 사랑을 전하는 사람들로 북적댔습니다. 백
화점 앞에는 산타클로스 할아버지가 지나가는 아이들을 즐겁게 해
주고 있었습니다. 들뜬 마음으로 크리스마스 분위기를 즐기고 싶어
모처럼 아들을 데리고 백화점을 찾았습니다. 그런데 한참을 돌아다
니다 아들이 옷자락을 잡고 훌쩍거리고 있어 발걸음을 멈추었습니
다. 아들의 신발 끈이 풀어져 있는 것을 발견한 어머니는 쭈그리고
앉아 풀린 신발 끈을 다시 매 주었습니다.
신발 끈을 매고 무심코 고개를 든 어머니는 깜짝 놀랐습니다. 눈앞
에는 굵은 다리와 가방 그리고 엉덩이들이 서로 밀고 부딪치면서 바
삐 움직이는 모습들로 가득했습니다. 멋있게 반짝이는 크리스마스
트리의 불빛도, 선물을 한 아름 들고 다니는 산타도, 아이의 눈을 즐
겁게 할 장난감도 보이지 않았습니다. 그저 모든 것이 어른들의 다
리와 엉덩이에 가로막혀 있었던 것입니다. 다섯 살짜리 아들의 눈높

이에서 처음으로 바라본 세상의 모습이었습니다. 놀란 어머니는 아들의 손을 꼭 잡고 집으로 돌아오면서 굳은 다짐을 했습니다. '다시는 나를 기준으로 한 즐거움을 아들에게 강요하지 말아야지!'

(박성희, 『공감』, 2009, p. 80)

이 사례는 상대방의 입장에 서서 상대방을 배려하는 모습이 얼마나 아름답고 귀한지를 잘 묘사하고 있습니다. 자기중심적일 때는 전혀 보이지 않던 세상이 입장을 바꿔 놓고 역지사지하니까 새롭게 열리고 있습니다. 이것이 바로 공감이 하는 역할입니다. 우리는 생활 속에서 자기 입장만을 생각하느라 상대방의 입장을 고려하지 않고 대하는 경우들이 있습니다. 그런데 그러고 나면 일이나 인간관계가 더 꼬이는 경험을 하게 됩니다. 상대방의 입장에 서서 한 번쯤 생각해 보면 좋았을 텐데 말입니다. 이제 역지사지가 필요한 상황에서 어떻게 마음을 비울 수 있는지 사례를 통해 살펴보겠습니다.

정연 씨는 밤새 준비한 계획서를 제출했다가 직장 상사에게 '이렇게밖에 할 수 없느냐'는 말을 듣고는 기분이 몹시 상했습니다. 너무 마음이 상해서 화장실에 가 한참을 울고 나오는데 복도에서 동료들이 자기네끼리 웃으며 재잘대는 모습이 눈에 거슬렸습니다. 하루 종일 기분 나쁜 상태로 지내다가 집에 왔는데 시골에서 시부모님이 올라와 계셨습니다. 정연 씨는 아무 말도 못하고 방으로 들어갔습니다.

⋮

방으로 들어간 정연 씨는 사전에 연락도 없이 찾아오신 시부모님이 야속하고, 그들을 반기지 못하는 자신에게도 화가 났습니다. 그래서 정연 씨는 잠시 눈을 감고 걷기 동작 관찰법으로 명상을 했습니다. 방 안에서 '왼발 앞으로' '오른발 앞으로' 하면서 발의 움직임에 집중하며 걷다 보니 마음이 가라앉았습니다. 그리고 시골에서 모처럼 올라오신 부모님의 입장에서 생각해 보았습니다. 미리 알리고 오면 부담스러울까 봐 연락을 안 하고 오셨을 수도 있고, 손주들이 너무 보고 싶으셔서 미리 알리지도 못하고 올라 오셨을 수도 있고, 또 뭔가 볼일이 있으셔서 오셨다가 들르셨을 수도 있는데 자기 입장만 생각하고 기분 나빠 했던 것이 반성이 되었습니다. 그래서 천천히 옷을 갈아입은 정연 씨는 밝은 표정으로 나가 시부모님께 인사를 드리고 함께 즐거운 시간을 보낼 수 있었습니다.

(남윤미 창작)

'마음 비우기' 상자 활용하기

염려상자

영국의 사업가 아서 랭크(Arthur Rank)는 사업이 제대로 안 되면 어쩌나 하는 고민과 걱정으로 밤낮 없이 힘든 생활을 했습니다. 확실하지 않은 미래를 내다볼 때 늘 마음이 불안하고 초조하여 뭔가 하나라도 더 해야 한다는 생각으로 열심히 뛰었습니다. 그러던 어느 날 그는 한 가지 지혜로운 방법을 생각해 냈습니다.

매일매일을 염려 속에서 힘들게 사는 것보다는 차라리 일주일 중 하루를 염려하는 날로 정하는 것이 낫겠다고 생각하고 수요일을 염려하는 날로 선택하여 〔수요일 염려상자〕를 만들었습니다. 그는 일주일 동안 염려가 생길 때마다 염려의 내용과 날짜를 종이에 적어 수요일 염려상자에 넣어 두고 그 염려는 하지 않았다가 수요일에 한 번 모아진 염려 쪽지들을 개봉하였습니다.

아서 랭크는 수요일에 그동안 적어 넣어 둔 염려쪽지를 살펴보면서 뒤적이며 정리를 하다가 참으로 놀라운 사실을 발견하게 되었다고 합니다. 쪽지에 적어 상자에 넣을 때에는 해결이 가능할지 짐작조차 할 수 없을 만큼 큰 염려거리로 생각되어 답답했던 것이 며칠이 지난 후 꺼내어 보았을 때는 그다지 답답할 만큼 큰 문제가 아닌 것으로 탈바꿈해 있었다는 것입니다.

(blog.naver.com/morning1950에서 발췌)

이 사례에서 우리는 아서 랭크의 지혜를 배울 수 있습니다. 우리 마음속에도 각종 염려, 걱정, 지나 온 과거사, 잡념 등 다양한 것들이 들어 있습니다. 이러한 것들이 우리 마음속에 있다고 하여 해결이 되는 것도 아니고 오히려 일이나 인간관계에 방해가 될 가능성이 높습니다. 그러므로 우리도 이런 뒤죽박죽된 마음을 비우는 작업을 평소에 할 수 있다면 좋을 것입니다.

김 과장은 고민이 많습니다. 부서 직원들이 최근 들어 사이가 서먹서먹해진 것입니다. 이를 해결해 보려고 회식 자리를 만들어

보았지만 오히려 취중 진담이라고 서로에 대한 불만만 이야기하는 바람에 사이가 더 나빠졌습니다. 이 상태로 가다가는 서로 협력해서 추진해야 할 프로젝트를 기한 내에 성공적으로 완성할 수 없을 것 같습니다. 그렇다고 일에만 몰두하자고 할 수도 없는 일이고 묘안이 없을까 하다가 다음과 같은 방법을 생각해 냈습니다.

⋮

김 과장은 사무실 한편에 '마음 비우기' 상자를 마련하였습니다. 그리고 부서 직원들에게 언제든 자기 마음을 덜어내고 싶을 때는 내용을 종이에 적어서 이 상자에 넣으라고 권하였습니다. 처음에는 별 반응이 없었으나 김 과장이 먼저 솔선하자 한둘씩 따라 하기 시작했습니다. 물론 '마음 비우기' 상자는 비공개를 원칙으로 하였으며 일정한 날이 되면 같이 파쇄를 하기로 하였습니다. '마음 비우기' 상자에 무슨 내용이 들어가는지는 알 수 없으나 직원들은 가벼운 마음으로 일을 하게 되었고, 서로에 대해서도 불편했던 마음들이 사라지기 시작했습니다.

(남윤미 창작)

알아차림 명상하기

귀뚜라미 소리

휴일 오후 거실 소파에 앉아 있는데 어디선가 귀뚜라미 소리가 들리기 시작했습니다. 나른한 오후에 들리는 귀뚜라미 소리는 마음을 평온하게 해 주었습니다. 그래서 귀뚜라미 소리에 귀를 기울이며 평온

한 상태를 유지하나 싶었는데 어느 틈엔가 '귀뚜라미는 어쩌면 저렇게 쉬지도 않고 계속 울어댈 수 있을까?'라는 생각을 시작으로 하여 '저렇게 균일하고 일관성 있기는 참 힘든 일이지.' '사람은 저렇게 하기가 어렵지.' '그렇게 꾸준하게 나를 찾아오던 동창 도정이도 요즘은 변했잖아.' '근데 그 친구는 잘 사나? 결혼은 했는지 모르겠네.' 등등 생각이 끼어들어 마구 내달립니다.

(박성희, 『나의 '지금'에게 길을 묻다』, 2015, pp. 43-44)

이 사례에서 우리는 생각이 우리 삶에서의 체험을 알아차리는 것을 방해하고 있음을 알 수 있습니다. 귀뚜라미 소리를 듣고 알아차리려는 순간 바로 생각이 끼어들면서 귀뚜라미 소리는 의식에서 사라져버립니다. 마찬가지로 우리는 다른 사람과 대화를 할 때 처음에는 그들의 말에 집중하려고 하지만 어느 틈엔가 다른 생각이 꼬리를 물고 이어지면서 상대방의 이야기에 집중하지 못할 때가 있습니다. 특히 자녀들이나 다른 가족들과 이야기를 나눌 때 그들이 하는 이야기에 온전히 귀를 기울이지 못하고 우리 나름의 경험이나 생각을 내세워 엉뚱한 결론을 내리고 사람들을 대하는 경우가 있습니다. 이럴 때 알아차림 명상을 하는 것이 필요합니다.

조용한 곳에 자리를 잡고 고요하게 머물면서 나에게서 일어나는 여러 체험을 놓치지 않고 알아차리는 연습을 하는 것입니다. 문제는 명상을 하는 동안 생각이 가만히 있지 않는다는 것입니다. 생각은 꼬리에 꼬리를 물고 이어지며 다른 체험을 숨기고 가로막습니다. 게다가 억지로 생각을 털어내려고 애를 쓰면 쓸수록 생각은 더욱 기승을 부리며 달라붙습니다. 이럴 때는 생각 지켜보기가 도움이 됩니다. 생각이 자기 페이스대로 이어지게 하면서 그렇게 이어지는 생각을 관찰자가 되어 지켜보는 것입니다. 재미있는 것은 생각에 관심을 갖고 꾸준히 지켜보면 생각이 서서히 꼬리를 감추고 줄어든다는 점입니다. 명상이 익숙해지면 일상생활을 하면서도 명상을 할 수 있습니다.

명중이가 지각을 했습니다. 벌점을 주려고 하는데 명중이 눈이 퉁퉁 부어 있는 게 뭔가 심상치 않은 일이 있었던 것 같습니다. 담임인 조 선생님은 명중이가 우는 이유를 물어보았으나 명중이는 말도 못하고 서럽게 울기 시작했습니다. 명중이를 보고 있자니 답답하여 명중이의 눈물을 그치게 하려고 애를 썼습니다. '명중이는 분명 심각한 일이 있는 것 같은데 어떻게 하면 좋지?' '명중이가 이렇게 우는데 그 이유도 모른다는 것은 담임으로서 관심 부족이 드러나는 거야. 빨리 명중이의 눈물을 그치게 하고 이유를 알아내야 해.' '우리 애도 잘 우는데 명중이처럼 학교 가서 이러면 어떻게 하지?' '오늘 집에 가서 아이 담임선생님한테 전화를 해 봐야겠네.'

⋮

생각이 꼬리를 무는 중에 조 선생님은 잠시 자신의 감정과 생각을 알아채는 명상을 해 보았습니다. 아이가 우는 것에 대해 상당히 답답해하며 어떻게 해서든 아이의 눈물을 그치게 하고 싶어 하는 데다 자기 아이까지 걱정하고 있는 자신을 발견했습니다. 그러는 순간 초조했던 마음이 가라앉고 명중이에게 다시 집중할 수 있게 되었습니다. 명중이 옆에서 조용히 울음을 그치기를 기다리던 조 선생님은 이렇게 말했습니다. "명중이가 슬픈 일이 있구나. 그 이유를 말하고 싶을 때 말해도 돼. 선생님이 기다려 줄게."

(남윤미 창작)

마음 비우기 사례

마음 비우기가 필요한 상황

오 과장 사례

오 과장은 최근 들어 직장생활에 흥미를 잃었습니다. 불과 얼마 전까지만 해도 상사에게 인정을 받기 위해 자신이 해야 할 일, 안 해도 될 일 가리지 않고 밤낮으로 일을 해 왔습니다. 어디 그뿐인가요? 특히 술을 좋아하는 부장의 비위를 맞추느라 늦은 밤까지 대작을 하며 그의 하소연을 다 들어주고, 집까지 안전하게 모셔다 드리기가 벌써 몇 해째입니다. 나름대로 인정도 받았고, 또 일을 하면 별로 어렵지 않게 술술 잘 풀리기도 했습니다.

과장자리까지 올라와 제법 목에 힘도 주게 되었고, 부하 직원들까지 챙기느라 힘들기는 했지만 좋게 평가해 주는 말을 들으면 으쓱해지는 게 잘 살고 있다는 생각이 들었습니다. 그런데 웬일인지 최근 들어서는 일에 의욕도 없고, 사람들이 보기 싫어지고, 우울하기도 합니다. 누가 말을 걸면 자신도 모르게 짜증이 나고 회식에 나가도 시큰둥합니다.

오늘은 점심을 먹고 들어왔는데 과 직원들이 자기네끼리 커피를 마시고 있는 게 눈에 거슬려 한 마디 했습니다. 나를 슬슬 피해 자리로 돌아가는 그들의 모습이 나를 왜 이리도 처량 맞게 만드는지……. 이제 겁도 나고 뭘 어찌해야 좋을지 모르겠습니다. 그러면서도 남들에게는 이런 나의 모습을 보이기 싫어서 오히려 안 그런 척하며 지냅니다.

(남윤미 창작)

오 과장의 모습은 우리 자신의 모습일수도 있고, 동료의 모습일 수도 있으며 우리의 과거, 혹은 미래의 모습일 수도 있습니다. 또한 지금 나의 상사의 모습일지도 모릅니다. 오 과장은 이 상태로 가면 업무 처리에도 문제가 생길 수 있고, 잘 닦아 온 인간관계에도 금이 생길 수 있습니다. 오과장의 입장에서 마음을 비운다면 무엇을 비워야 할까요? 그의 생각, 감정, 확신을 중심으로 나열해 보겠습니다.

[오 과장의 마음에 담긴 것들]

• 생각—'나는 예전에 꽤 괜찮은 사람이었다' '밤낮으로 일하면서 성과가 좋았다' '상사들에게도 나는 최선을 다했다' '부하직원들도 나를 좋아해 주었다' '최근에 나는 일이 잘 안 풀리고 있다' '사람들과의 관계도 불편하다' '자기네끼리 커피를 마시는 직원들을 보니 나를 생각해 주지 않는 것 같았다' '내가 한마디 했다고

나를 피하다니 내가 너무 심했나 하는 생각이 든다' '이러다가 직장생활을 제대로 못하게 되는 게 아닌가 하는 생각이 든다' 등

• 감정—'일하기 싫다' '사람들이 싫다' '우울하다' '짜증이 난다' '시큰둥하다' '섭섭하다' '처량 맞다' '겁이 난다' '당황스럽다' 등

• 확신—'일은 완벽하게 처리해야 한다' '상사에게 맞추는 것이 최선이다' '인정을 받아야 한다' '부하 직원들도 나를 좋아해야 한다' '사람들은 나를 챙겨줘야 한다' '잘못되면 안 된다' '남들에게 약한 모습을 보여서는 안 된다' 등

마음을 비우지 않은 결과

현재 오 과장의 마음에 있는 생각과 감정 그리고 신념들을 찾아보니 위와 같습니다. 마음속에 이러한 것들을 담아 둔 상태로 사람들을 대하게 되면 오 과장은 과연 다른 동료들의 마음을 제대로 듣고 이해할 수 있겠습니까? 오 과장은 이 상태대로라면 다양한 일들을 겪을 수 있습니다. 우리들의 상상력을 동원하여 결과를 예측해 보도록 하겠습니다.

[오 과장에게 생길 수 있는 일]

1. 자신에게 처리할 일이 주어지면 다른 사람에게 미룰 수 있다.
2. 부하 직원이 업무와 관련하여 상의를 하러 오면 짜증을 낼 수 있다.
3. 사람들이 모여서 이야기하는 것을 보면 자기 얘기를 하는 것이 아닌가 하고 의심할 수 있다.

4. 부장이 농담을 하면 편하게 받아들이지 못하고 자기에게 불이 익을 줄까 봐 불안해할 수 있다.

5. 병이 날 수 있다.

6. 일을 하더라도 실수를 할 수 있고, 실수를 지적하면 크게 낙심할 수 있다.

7. 한 번도 써 보지 않았던 사직서를 써서 주머니에 넣고 다닐 수 있다.

8. 사람들이 밥 먹으러 가자는 소리를 안 하면 기분 상할 수 있다.

9. 사람들이 하는 말을 오해해서 듣고 화를 낼 수 있다.

10. 자신의 마음에만 신경을 쓰게 되어 다른 사람들의 마음을 헤아 리지 못하니 인간관계가 껄끄러워질 수 있다.

마음 비우기 활용하기

우리가 마음을 비운다는 것은 쉽지 않은 일입니다. 그러나 마음속 에 담겨진 생각, 감정, 신념 등은 우리의 직장생활을 더 곤란한 상황 으로 몰고 갈 수 있으며 특히 인간관계에서 큰 방해거리가 될 수 있습 니다.

오 과장의 사례에서 보았듯이 사람은 한순간에도 정말 많은 생각 과 감정과 신념 등을 마음속에 담고 살아갑니다. 긍정, 부정의 것들 이 뒤섞여 있기는 하지만 이러한 것들이 마음속에 차 있으면 다른 사 람의 말을 통해 전해지는 마음은 내 마음에 들어오지 못하고 허공을 돌다 사라지고 말 것입니다.

만일 오 과장이 자신의 마음을 비우고 직장생활을 돌아본다면 어

떤 상황으로 바뀔 수 있을까요? 우리들의 상상력을 총동원하여 생각해 봅시다.

[마음을 비운 오 과장의 변화된 일상]

1. 자신에게 처리할 일이 주어지면 자신이 할 일과 아닌 일을 구분하여 처리한다. (예전처럼 다 하거나 최근처럼 남에게 미루지 않는다.)

2. 동료 직원이 업무와 관련하여 상의를 하러 오면 잘 응해 줄 수 있다. (이때 또 짜증이 난다면 마음 비우기 전략으로 비운 후에 다시 만날 수 있다.)

3. 자연스럽게 사람들 사이에 들어가 같이 이야기를 나누거나 그냥 편하게 이야기를 하도록 두고 지나갈 수 있다.

4. 부장이 농담을 하면 농담으로 편하게 받아 넘길 수 있다.

5. 아픈 곳이 있을 수 있으나 치료를 위해 노력하거나 건강을 위해 노력한다.

6. 일을 할 때 실수를 할 수는 있으나 실수에 대해 낙심하기보다는 수정한다.

7. 사직서는 써 볼 수 있으나 크게 영향을 받지는 않는다.

8. 사람들이 밥 먹으러 가자는 소리를 안 하면 자기가 먼저 말한다. 혹시 혼자 밥을 먹게 되더라도 잘 먹는다.

9. 사람들이 하는 말을 이해해서 듣기 위해 귀를 기울인다.

10. 자신의 마음에 신경을 쓰더라도 다른 사람과 이야기를 나눌 때는 상대방에게 집중하여 듣고 공감해 줌으로써 좋은 인간관계를 유지한다.

03

공감 정복 2단계

상대방의 언어 이해하기

1. 상대방이 사용하는 낱말의 참뜻 이해하기

우리는 생활하면서 내가 전하고자 하는 의도와 다르게 나의 의도가 전달되거나, 나 자신도 다른 사람의 의도와는 다르게 이해하여 서로 오해가 생기곤 하는 경험들을 합니다. 이처럼 상대방이 전하고자 의도하는 언어를 제대로 잘 이해한다는 것이 결코 쉬운 일은 아닙니다. 이번 장에서는 상대방이 의도하고자 하는 내용을 있는 그대로 잘 이해하는 것에 대해 알아보고자 합니다. 상대방의 언어를 잘 들으면서 상대방이 하고자 하는 의도가 무엇이고, 핵심적인 용어는 무엇인가를 파악할 수 있다면, 상대방의 입장에서 적극적인 공감을 할 수 있습니다.

동화로 열어가기

달과 공주

옛날 어느 나라에 어린 공주님이 왕과 왕비의 사랑을 듬뿍 받으며 아름답고 건강하게 잘 자라고 있었습니다. 그러던 어느 날 공주는 하늘 높이 금빛을 내며 떠 있는 달을 보고 불현듯 그 달을 가지고 싶은 마음이 들었습니다. 그리하여 공주는 부모님께 달을 따다 달라고 보채기 시작하였고 왕과 왕비는 공주에게 달은 따올 수 없는 것이라고 열심히 타일렀습니다. 그러나 공주는 들은 체 만 체 여전히 달을 따다 달라고 조르고 또 졸랐습니다. 공주가 쉽게 물러서지 않자 왕은 유명하다는 학자들을 불러들이고, 의원도 불러들이는 등 공주의 고민을 해결해 주려고 온갖 노력을 다하였습니다. 하지만 그들은 모두 한결같이 공주에게 달은 따올 수 없는 것이라고 말하였습니다.

"공주님, 달은 너무 멀리 있어서 가까이 다가갈 수도 없습니다. 달을 따온다는 것은 불가능합니다." "공주님, 달은 너무 커서 가까이 갔다 하더라도 따올 수는 없습니다." "공주님, 달에 대해 너무 많이 생각하셔서 병이 든 것 같습니다." "제발 더 이상 달 생각을 하지 마십시오." 하지만 공주는 그들이 하는 말에 콧방귀를 뀌며 달을 따다 달라고 하며 자신의 뜻을 굽히지 않았습니다. 달을 따다 달라는 요구를 들어주지 않자 공주는 식음을 전폐하며 굶기 시작했습니다. 왕과 왕비는 타이르고 어르곤 했지만 공주는 식사를 하지 않아 서서히 말라가기 시작했고 점차 건강이 안 좋아졌습니다. 이때 공주와 친하게 지내던 광대가 나타났습니다. 앞뒤 전후 사정을 잘 알고 있는 광대는 공주를 만나 몇 가지 질문을 했습니다.

"공주님, 달은 어떻게 생겼나요?" "달은 동그랗게 생겼지 뭐." "그러면 달은 얼마나 큰가요?" "바보, 그것도 몰라? 달은 내 손톱 만하지, 손톱으로 가려지잖아." "그럼 달은 어떤 색인가요?" "달이야 황금빛이 나지." "알겠어요, 공주님. 제가 가서 달을 따올 테니 조금만 기다리세요." 달이 어떻게 생겼는지? 얼마나 큰지? 어떤 색인지 질문을 통해 공주가 원하는 것을 알게 된 광대는 왕에게 공주가 원하는 달이 무엇이었는지 아뢰고 손톱 크기만 한 동그란 황금 구슬을 만들어 공주에게 가져다주었습니다. 식사를 안 하면서까지 그렇게 원하던 달을 손에 넣은 공주는 뛸 듯이 기뻐하였습니다. 매우 행복해하는 공주를 바라보며 광대는 슬그머니 걱정이 되기 시작했습니다. 달을 따왔다고 하였는데, 마침 보름인 오늘 밤 달이 다시 뜨면 공주가 뭐라고 할까 염려가 되었기 때문입니다. 그래서 광대는 공주에게 다시 질문을 했습니다.

"공주님, 달을 따왔는데 오늘밤 또 달이 뜨면 어떻게 하지요?" "이런 바보, 그것을 왜 걱정해. 이를 빼면 새 이가 또 나오지? 그것과 같은 거야. 달은 하나를 빼오면 또 나오게 되어 있어. 그리고 달이 어디 하나만 있니? 달은 호수에도 떠있고 강에도 떠 있고 물 컵에도 떠 있고 세상 천지에 가득 차 있어. 하나쯤 떼어 온다고 문제될 게 없지." "듣고 보니 그렇네요! 달은 여러 군데에 있으니 하나쯤 떼어 온다고 문제가 되지 않을 것 같네요. 공주님은 역시 똑똑하세요." 그후 공주는 원하는 달을 가지게 되어 더 이상 굶지 않고 밥도 잘 먹게 되었으며 건강을 되찾았습니다.

(박성희, 『동화로 열어가는 상담 이야기』, 이너북스, 2007)

상대방의 핵심용어 의미 파악하기

　상대방을 이해하는 첫 단계는 상대방이 말하는 의미를 정확하게 파악하는 것입니다. 그 첫 번째 과제는 상대방이 사용하는 어휘의 참뜻을 밝히는 작업입니다. 즉, 사용되는 낱말들에 대해 정확히 이해하는 것이 중요하다는 것입니다. 이를 위해선 아무리 보편타당한 사항이라도, 아무리 잘 알려진 내용일지라도 말하는 사람이 그에 대해 부여한 의미가 무엇인지, 어떻게 해석하고 있는지 확인하고 넘어가야 할 것입니다. 특히 어떤 문제 상황과 직결되어 보이는 낱말들은 하나하나 정밀하게 검토되어야 합니다. 예를 들어,『공감』(박성희, 2009)의 책 내용 중 저자가 수업시간 학생들에게 '엄마' 하면 처음 떠오르는 이미지가 어떤 것인지 물어봤을 때, 따뜻한, 푸근한, 부드러운, 안기고 싶은, 편안한 등 긍정적인 이미지를 떠올리는 학생이 많았지만 잔소리, 쌀쌀맞은, 불편한, 차가운, 무서운, 신경질 등 부정적인 이미지를 떠올리는 학생들도 제법 있었습니다. 드물기는 하지만 원망스러운, 다시 보고 싶지 않은, 멀리 도망가고 싶은 등 아주 혐오스러운 이미지를 떠올리는 학생들도 있었습니다. 이처럼 저 사람의 엄마와 나의 엄마가 똑같다는 가정에서 벗어나 어떤 개인적인 의미를 가지고 있는지 확인하는 것은 중요합니다. 우리는 상대방이 나와 다르다는 사실을 인정하고 상대방이 쓰는 낱말의 의미를 정확하게 이해하는 과정에 에너지를 모을 필요가 있습니다.

달과 공주에서 상대방의 언어를 이해하는 광대의 방법은 무엇인가

> 공주에게 몇 가지 질문을 함. 달이 어떻게 생겼는지? 얼마나 큰지? 어떤 색인지?
>
> ⋮
>
> 공주가 생각하는 달 모양의 손톱 크기만 한 동그란 황금구슬을 만들어 공주에게 줌
>
> ⋮
>
> 보름에 또 달이 뜨는 것을 염려한 광대에게 공주는 달은 호수에도, 물 컵에도 떠 있으며 세상에 온통 가득 차 있어 하나쯤 떼어와도 문제가 안 된다고 함

이처럼 공주에게 광대가 질문을 하며, 공주가 생각하는 달이 무엇인지를 접근하였기에 공주가 원하는 의도를 파악할 수 있었습니다. 우리는 상대방과 이야기를 나눌 때, 학자나 의원들처럼 자신의 사고틀을 가지고 상대방의 이야기를 듣고 있지는 않은지 스스로에게 물어봐야 할 것입니다. 내 사고의 틀에 있는 옳고 그름으로 상대방의 언어를 이해하면서 공감에 이르고자 하는 것은 참으로 어려운 일이기 때문입니다.

달과 공주의 예화는 상대방을 공감하기 위해 상대방이 사용하는 어휘의 참뜻을 아는 것이 얼마나 중요한지를 잘 보여 주는 사례입니다. 왕과 왕비, 학자나 의원들 모두는 한결같이 공주가 말하는 '달'을

자신들이 생각하는 '달'과 같은 것으로 판단하였습니다. 따라서 공주가 생각하는 달에 대한 생각은 확인하지 않은 채 자신들이 생각하는 '달'이라고 판단하여 공주의 '달'에 대한 진단과 처방을 하는 모습을 보여 주고 있습니다.

결국 왕과 왕비, 학자나 의원들은 모두 달에 대한 자신의 입장을 바탕으로 공주를 설득하려는 태도를 보일 수밖에 없었습니다. 정확한 공감적 이해를 위해서는 상대방이 사용하는 낱말의 의미, 낱말에 담겨 있는 개인적 맥락 등을 정확하게 파악하여야 합니다.

구체화와 명료화

상대방이 전하고자 하는 핵심 용어를 잘 이해하고 파악하는 것은 매우 중요합니다. 핵심적인 용어가 무엇인지 이해하여 상대방 의도가 무엇인지 파악할 수 있다면, 상대방의 입장에 들어가 적극적인 공감을 할 수 있습니다.

숨겨진 아름다움

옛날 옛날에 한 나라에 외눈을 가진 임금님이 살고 있었습니다.

임금님에게는 한 가지 고민이 있었는데, 얼굴의 한 눈이 외눈으로 찌그러진 모습을 가지고 있었답니다. 외눈을 가진 임금님은 죽기 전에 자신의 모습을 초상화로 남기고 싶은 마음을 가지고 있었습니다.

비록 자신의 모습이 외눈이지만, 임금님은 멋진 모습으로 초상화에 남겨지길 원하고 있었지만, 화가들에게 말할 수는 없었답니다.

임금님은 많은 상금을 걸고 자신의 초상화를 그리기 위해 이름난 화가들을 모두 불러 모았습니다. 많은 상금에 이름난 화가는 물론이고 이웃 나라의 화가들까지 임금님의 초상화를 그리기 위해 모여들었습니다.

하지만 임금님을 만난 화가들은 임금님의 모습에 당황할 수밖에 없었습니다. 임금님의 모습은 흉하게 일그러진 한쪽 눈 때문에 몹시 보기 싫었고, 이것은 임금님의 면전에서 초상화를 그려야 하는 화가들에게는 몹시 곤욕스럽고 난처한 일이였습니다. 그래서 어떤 영악한 화가는 임금님의 노여움을 사지 않으려고 두 눈을 모두 성하게 그렸습니다. 또 다른 화가들은 임금님의 모습을 그대로 외눈을 있는 그대로 그렸습니다.

이렇게 완성된 초상화를 살펴보던 임금님은 화를 내며 버럭 소리를 질렀습니다. 두 눈을 모두 그린 초상화는 거짓된 모습 같아 백성을 속이는 것 같아 싫었고, 실제의 모습을 담은 초상화는 너무나 보기 흉해서 백성들에게 보여 주기가 싫었던 것입니다.

"나라에서 가장 이름난 화가들만 불러 모았는데도 내 마음에 드는 초상화 하나 못 그리다니…….".

"아무리 이름난 유명한 화가라고 해도 그들의 솜씨는 분명 형편없음에 틀림없어."라며 임금님은 속상한 마음으로 시간을 보내고 있었습니다.

그러던 어느 날 속상해하는 임금님 앞에 한 젊은 화가가 나타났습니다. 젊은 화가는 선뜻 임금님 앞으로 다가와 이야기하였습니다.

"임금님, 아무리 빼어난 외모를 가진 사람이라 해도 반드시 한 가지 단점은 있고, 아무리 못생긴 사람이라도 그 사람만의 아름다움이 숨어 있기 마련입니다. 제가 보았던 임금님의 숨은 아름다운 모습을 찾아내어 초상화를 그리려 노력하였습니다."라고 말하며 조심스럽게 그린 임금님의 초상화를 내밀었습니다.

그 초상화를 본 임금님은 흐뭇해하며 사뭇 떨리는 목소리로 감탄하였고, 초상화를 들여다보며 눈물을 글썽거렸습니다. 초상화에는 미소를 띤 옆모습의 임금님 초상화였습니다. 성한 눈 쪽에서 그린 미소 띤 임금님의 옆모습은 아주 진지하고 온화한 모습으로 그려진 임금님의 초상화였습니다.

백성들에게 임금님은 초상화를 통해 인자하고 온화한 모습으로 기억될 것입니다.

(김인경 엮음, 『축복을 기다릴 때 읽는 책』, 혜문서관, 1997)

위의 동화에서 임금님은, 두 눈이 모두 있는 초상화는 마치 거짓된 모습인 것 같아서 싫었고, 한 눈이 외눈인 모습은 보기가 흉해서 싫어했던 것입니다. "나라에서 가장 이름난 화가들만 불러 모았는데도 내 마음에 드는 초상화 하나 못 그리다니…… 그대들의 솜씨는 분명 형편없음에 틀림없어."라고 임금님이 한 말의 의미가, "유명한 화가들이 그림을 정말 못 그리는구나."는 아니었을 겁니다. 거짓되지는 않지만 멋진 자신의 모습을 남기고 싶은 임금님은 화가들에게 나를 멋지고 잘생기게 그려달라는 말을 직접적으로 할 수 없었을 것입니다.

젊은 화가는 이러한 임금님의 말에 담긴 의도를 이해하여 임금님이 흡족해하고 만족스러워하는 초상화를 그린 것입니다.

물론 다른 화가들은 잘 그린 초상화를 보여 주었는데도, "임금님이 괜히 트집을 잡는다."고 생각할 수 있고, "외눈인데 어떻게 하라는 거야."라고 생각할 수도 있습니다. 실제의 모습대로 그린 화가들이나, 외눈을 성하게 그린 화가들은 상대방의 의도나 마음은 생각하지 않고, 들려오는 말 그대로 상대방의 언어를 듣고 자신의 틀에 맞추어 이해한 것이지요.

"오늘 몇 시에 올 거야?"라든가. "오늘 무슨 날인지 알지?" 하고 부인이 물으면 "퇴근하고 7시쯤 올 거야."라고 대답하거나, "왜 그래?"라고 말할 때가 종종 있습니다. 돌아오는 부인의 대답은 눈치 없다는 핀잔뿐입니다. 이러한 까닭은 부인의 생일이거나 결혼기념일에 부인이 직접 말하기는 쑥스러우니 자꾸 질문을 하거나 돌려서 말하는 것이기 때문입니다.

"그냥 생일이라고 하면 되잖아?"라고 말하지만, 내 생일을 내가 말하기는 쑥스럽기도 하고, 상대방이 날 챙기고 알아주길 기대하는 마음도 있을 것입니다.

언어가 소통을 위한 수단임을 고려하면, 상대방이 말하는 의도가 무엇인지 관심을 가지고 들어줄 때 공감이 이루어지는 것이지, 단어의 뜻으로 의미를 그대로 받아들이기만 한다면 공감적 소통은 어렵습니다.

공감적 소통을 위해서는 상대방의 핵심용어 의미를 이해하기 위한 구체화와 명료화가 필요합니다. 먼저, 구체화란 상대방이 표현하는 내용을 정확히 아는 것으로 상대방의 메시지 중 불분명하고 불확실한 부분이나 애매모호해서 혼란을 주는 부분, 말하는 이의 고유한 지각이 반영되어 선뜻 이해하기 어려운 부분들을 정밀하게 확인하는 방법입니다. 구체화는 말하는 이로 하여금 자신의 체험내용과 내면세계를 명확히 드러내어 표현함으로써 듣는 이의 이해를 돕는 핵심 기술입니다. 즉, 말하는 이가 사용하는 언어내용의 정체를 듣는 이가 구체적으로 확인하는 기술입니다.

예) 송 과장: "권 대리는 성격이 나랑 맞지 않아."
이 과장: "권 대리의 성격 어떤 부분이 안 맞는 것 같아?"

여기서 송 과장이 권 대리와 성격이 맞지 않는다는 것이 정확히 무슨 뜻인지 성격이 거칠어서 싫다는 것인지, 일처리가 마음에 안 든다는 것인지, 직장 동료를 대하는 태도가 못마땅하다는 것인지 구체적으로 확인하는 것이 구체화입니다. 특히 감정과 정서를 표현하는 어휘들은 개인에 따라 엄청나게 다른 의미를 내포할 수 있으므로 철저한 구체적 검색이 필요합니다.

명료화는 메시지의 전후 문맥을 분명히 하기 위한 기술로 상대방의 대화내용을 분명히 하고 상대방이 표현한 바를 정확히 지각하였는지 확인하는 대화기술입니다. 상대방이 전달하는 속뜻을 잘 이해하지 못했을 때 상대방이 표현한 내용을 보다 정교하게 이해하려 할 때 또는 자신이 들은 내용의 정확성 여부를 직접 점검하고 싶을 때 명료화 기술을 사용할 수 있습니다.

전후 관계가 불명료한 경우 '그것이 정확하게 무엇을 뜻하는 거지요?' '방금 말한 그 두 가지가 어떻게 연결되는지 잘 모르겠습니다.'라는 질문을 통해 상대방의 언어를 정확히 이해하기 위한 노력이 필요합니다. 명료화 기술은 중간 중간 사실을 확인함으로써 검증되지 않은 가정과 추리에 의해 섣부른 결론에 도달하지 않도록 돕는 역할을 합니다.

명료화 기술을 효율적으로 활용하기 위한 네 가지 단계를 살펴보면 다음과 같습니다.

1. 말하는 이가 언어적, 비언어적으로 표현한 실제 메시지의 내용을 확인한다.
2. 말하는 이의 메시지 중 애매한 부분, 혼란스런 부분, 더 확인할 부분을 찾아낸다.
3. 명료화해야 할 내용을 적당한 말로 표현한다.
4. 말하는 이의 반응을 듣고 관찰함으로써 명료화의 효과를 평가한다.

예) 과장님: "김 대리, 이번 인사고과에 그거 반영 되니까 주의해서 점수 잘 받아 봐."
김 대리: "어떤 것에 더 주의를 기울이면 될까요?
과장님: "동료평가가 들어간다네."
김 대리: "인사고과와 동료평가가 어떻게 연결되는 것일까요?"

과장님: "동료 사이에서 소통이 잘 되는지가 업무에도 영향을 미치니 승진할 때 평가 요소가 된다고 하네. 동료들한테 미리 잘 해두면 좋은 점수를 받을 수 있을 거야."

상대방의 언어 이해를 위한 다양한 접근방법

상대방의 언어 이해하는 방법-경청 태도 기르기

지금부터 '경청' 게임을 해 보겠습니다. 책상 위에는 A4 용지와 필기구만 있으면 됩니다. 사실 이 게임은 다음의 설명해 주는 내용을 들으면서 그림을 그려 보는 활동입니다.

종이 가운데에 주먹만 한 원(동그라미)이 있습니다. 원의 왼쪽 앞에는 이등변삼각형이 그려져 있는데, 이등변삼각형의 밑변이 원의 왼쪽과 맞닿아 있습니다. 즉, 옆으로 누워 있는 삼각형 모양이 되겠습니다. 원 안에는 다시 조그마한 원이 원의 왼쪽 부분에 그려져 있습니다. 처음에 그렸던 원 아랫부분에는 옆으로 누워 있는 달걀 모양의 타원이 그려져 있습니다. 타원 안쪽의 오른쪽에는 이등변삼각형이 그려져 있는데, 이번에는 오른쪽으로 누워 있는 모양입니다. 마지막으로 타원의 아랫부분에는 직선 2개가 서로 약 5cm 간격을 두고 떨어져 있는 상태로 아래를 향해

약 3cm 정도 내려가 있습니다. 각 직선의 끝에는 'ㅅ'이 맞닿아 있습니다. 이제 그만 하겠습니다. 그림을 완성하였습니까? 정답은 다음과 같습니다.

정답을 맞히셨습니까? 정답처럼 오리 모양을 그린 분도 있지만 많은 경우 전혀 다른, 또는 비슷하지만 오리는 아닌 그림을 그리고 황당해하실지 모르겠습니다. 학생들과 함께 이 활동을 해 보면 열 명 중한 명 정도 맞힐까 말까입니다. 대부분은 엉뚱하게 그려진 자기 그림을 보고 놀라곤 합니다. 하지만 이 게임을 다른 방법으로 하면 많은 아이들이 답을 맞힙니다. 일방적으로 설명해 주는 것이 아니라 아이들로 하여금 궁금한 점을 질문하게 하는 것입니다. 그러면 정답을 맞힐 가능성이 훨씬 높아집니다.

우리는 대화를 하면서 상대방의 말을 그저 내 생각대로 이해하면서 받아들이는 것이 아니라 궁금한 점을 물어보면서 명확하게 이해하는 과정이 필요합니다. 그래야 오해 없이 상대방의 말을 알아듣고 공감의 길로 갈 수 있습니다.

상대방의 언어 이해하는 방법-오해 줄이기

혜지와 민주는 서로를 단짝친구라고 믿고 있는 중학교 여학생들입니다. 현재는 다른 중학교에 배정받아 다니고 있어 자주 만나지는 못하지만, 6년 동안 같은 초등학교를 다니며 어울렸기에 둘 사이에서 연락을 서로 주고받는 것이 어색하거나 어려운 편은 아닙니다. 어느 날 혜지에게서 민주에게 카톡이 왔습니다.

혜지: 민주야	15:25
민주: ㅇㅇ	15:26
혜지: 오늘 바쁜 일 있어?	
나 너무 심심해서 그러는데 오늘 시간 되면	
같이 영화 보러 갈까 해서. 6시, 시간 괜찮아?	15:28
민주: 영화? 괜찮아.	17:31
혜지: 알겠어.	17:33

이와 같은 대화가 오고 간 후 혜지는 친한 친구라고 생각했던 민주에게 실망하였습니다. 무엇이 문제였을까요?

역시 민주는 혜지와 대화를 주고받은 후 영화관에 6시까지 도착하여 혜지를 기다리고 있었으나 혜지가 모습을 보이지 않자 자신과의 약속을 지키지 않은 모습에 화가 났습니다. 더욱이 민주는 오늘 해야 할 일이 많았지만, 혜지가 심심하다는 말을 듣고 집을 나섰던 상황입니다. 왜 혜지는 영화관에 나타나지 않았을까요?

제시된 대화문에서 민주는 "영화? (나 시간) 괜찮아."라고 긍정의 의미로 짧게 답하고 있지만 혜지는 "영화?(완곡한 사양의 의미로) 나 괜찮아, 안 볼래.)의 의미로 해석하였기 때문에 오해가 발생한 상황입니다. 이와 더불어, 민주는 혜지와 문자를 곧바로 주고받다가 영화관에 함께 가자는 문자에는 2시간이 지난 다음에야 답을 한 상황으로 혜지 입장에서는 민주의 "괜찮아"를 '영화관에 가고 싶어 하지 않는다.'의 의미로 생각할 수 있습니다. 또한 혜지 역시, 민주에게 다시 한 번 "괜찮아"의 의미를 물어보거나, 민주 역시 메시지를 종료하기 전, 혜지에게 구체적인 약속장소와 시간을 물어보는 태도가 서로를 위해 필요했음을 알 수 있습니다.

상대방을 고려하지 않고 자신의 입장에서 표현하는 것, 상대방이 당연히 알 것이라고 생각하고 말하고 행동하는 것, 상대방이 이해할 수 있게끔 충분히 설명하였다고 자부하는 것, 상대방도 마땅히 나와 같은 방식으로 생각하고 말할 것이라고 하는 모든 것들이 오해를 불러오는 자기중심적인 사고임을 깨달아야 하며, 공감을 위해서는 상대방의 입장에서 언어를 이해하고 표현하는 자세가 필요합니다.

내가 버린 선물

미국의 한 학생이 간절한 말투로 아버지께 애원했습니다.

"아버지, 대학 입학 기념으로 차 한 대를 사주셨으면 합니다."

"오냐, 그러려무나."

한참 생각하던 아버지는 아들에게 기꺼이 차를 사주겠다고 약속했습니다.

드디어 대학 기숙사로 떠나는 날이 되었습니다.

"틈틈이 읽거라. 그리고 빌립보서 4장 19절 말씀은 꼭 읽어 보도록 해라."

아들은 아버지가 내미는 성경책을 받아들면서 섭섭한 마음을 감추려고 안간힘을 써야 했습니다. 약속한 자동차는 사주지 않고 대신 딱딱한 성경책을 내미는 아버지가 정말이지 야속했던 것입니다.

기숙사에 들어선 아들은 화가 난 나머지 구석에 성경책을 내던져 버렸습니다. 읽어보기는커녕 쳐다보기도 싫었던 것입니다.

시간이 지나 마지막 방학을 보내기 위해 집으로 돌아온 아들은 몇 년 전 섭섭했던 마음을 아버지에게 솔직히 털어놓았습니다.

"그땐 정말 아버지께서 너무하셨어요. 저랑 약속하신 차는 사주시지 않으시고 빌립보서 4장 19절만 읽으라고 하시다니요."

"그래 섭섭했단 말이지. 그럼 내가 준 성경책은 어디에 있느냐?"

아버지의 얼굴은 굳어 있었고 아들은 기숙사 방구석에 쑤셔 박아 두었던 성경책을 가져와 아버지께 내밀었습니다.

"얘야. 빌립보서 4장 19절을 읽어 보아라."

아들은 어이없다는 듯 시키는 대로 술렁술렁 성경책을 펼쳤습니다. 그 순간 아들의 얼굴이 붉게 달아올랐고 아버지는 착잡한 표정을 지으며 앉아 계셨습니다. 빌립보서 4장 19절이 있는 책갈피에는 차 한 대 값이 충분한 수표 한 장이 끼워져 있었던 것입니다.

(이진복, 『아이들에게 들려주는 감동글 99가지』, 느티나무, 1999)

아버지는 대학 진학을 위해 집을 떠나는 아들이 대학생활을 하며, 성경을 가까이 해서 바르게 살기를 바라는 마음을 갖고 있었습니다. 그래서 성경책의 빌립보서 4장 19절에 자동차를 구입할 돈을 넣어 놓고, 아들이 기꺼이 성경책을 읽어 주기를 바라는 마음으로 성경책을 선물로 주었습니다. 그러나 아들은 아버지의 의도는 전혀 생각하지 못하고, 자동차 선물을 원하는 자신에게 '성경책 읽기'를 권하는 아버지의 말씀이 전혀 들려오지 않은 것입니다. 즉, 아들은 아버지의 말씀에서 자신이 듣고 싶은 말이 나오지 않자 섭섭한 마음에 성경책은 거들떠보지도 않았습니다. 오해가 가져 온 결과를 알 수 있겠지요?

우리는 생활하며 서로 상대방의 이야기를 집중하지 않고 자신이 듣고자 하는 말만 듣거나 자신의 의도나 생각대로 해석을 하는 경향을 가지고 있습니다. 제대로 된 공감을 위해서는 상대방의 언어 의도를 이해하고자 하는 노력과 연습이 필요합니다.

상대방의 언어 이해하는 방법-흑백논리에서 벗어나기

다음 이야기를 보고 물음에 답해 보세요.

> 〈이야기 내용〉
>
> 한 상인이 상점 안의 전깃불을 껐을 때 한 남자가 나타나 돈을 요구했습니다. 주인이 금전등록기를 열었습니다. 그 금전등록기에 들어 있던 것이 꺼내어졌고 그 남자는 재빨리 사라졌으며 이는 한 경관에게 즉시 통보되었습니다.

◆ **이야기에 관한 설명입니다. 위의 이야기 내용과 일치하면 ○, 잘 모르겠으면 △, 틀리면 ×표 해 보세요.**

1. 주인이 자기 상점 전깃불을 껐을 때 한 남자가 나타났다.
2. 그 강도는 남자였다.
3. 금전등록기를 연 남자는 주인이었다.
4. 상점 주인이 금전등록기에 들어 있던 돈을 꺼내 가지고 달아났다.
5. 누군가가 금전등록기를 열었다.
6. 돈을 요구한 남자가 금전등록기에 들어 있던 것을 꺼내 가지고 달아났다.
7. 금전등록기에 돈은 있었으나 이야기 내용에는 그 액수를 밝히지 않았다.
8. 그 강도는 주인의 돈을 요구했다.

9. 이야기의 내용에 나오는 사람들은 오직 세 사람뿐이다. 즉, 상점주인, 돈을 요구한 남자 그리고 경관.
10. 이야기 중 다음 내용은 사실이다. 어떤 사람이 돈을 요구했다. 금전등록기가 열렸으며 그 안에 있던 것이 꺼내어졌으며, 한 남자가 상점 밖으로 달아났다.

답을 해 보셨나요? 정답을 맞혀 보겠습니다. 1번 문항 '주인이 상점 전깃불을 껐을 때 한 남자가 나타났다'가 과연 맞는 말일까요? 틀린 말일까요? 이야기 내용에서는 주인이 전깃불을 껐다는 이야기는 나오지 않습니다. 다만 한 상인이 전깃불을 껐다고 나옵니다. 이야기에서 한 상인은 주인일 수도 있고 다른 사람일 수도 있습니다. 따라서 우리가 들은 이야기만으로는 주인이 전깃불을 껐는지 다른 사람이 껐는지 알 수가 없습니다. 따라서 답은 △입니다. 2번 문항 '그 강도는 남자였다' 이것은 답이 무엇일까요? 역시 △입니다. 이야기에 강도는 나오지 않습니다. 돈을 요구한 사람이 강도일 수도 있지만 다른 사람일 수도 있습니다. 10개의 문항 중 5번만 ○이며 나머지 문항은 모두 △입니다. 제시된 이야기에서는 정확히 알 수 없기 때문입니다.

이 이야기는 우리가 어떤 이야기를 들을 때 얼마나 오해하며 들을 수 있는가를 알게 해 주는 이야기입니다. 이 이야기는 '종업원이 상점 안의 전깃불을 껐을 때 주인이 와서 그 날 수입을 달라고 요구했습니다. 금전등록기에 있다고 하자 주인이 금전등록기를 열었습니다. 그 금전등록기에 들어 있던 돈을 꺼내 주인은 재빨리 나가면서 한 경관에게 자신을 보호해 달라고 요청하였다'는 이야기도 될 수 있습니다.

가출했다 돌아온 아들이 돈을 요구해서 아버지가 돈을 주고는 경찰에게 아들이 집에 왔으니 찾지 않아도 된다고 통보한 이야기일 수도 있습니다. 우리는 어떤 이야기를 들었을 때 '이거 아니면 저거다'라는 흑백논리에 의해 그 이야기를 나름대로 해석해서 들을 때가 있습니다. 이러한 오류를 범하지 않도록 주의해야 상대방의 이야기를 제대로 이해하고 공감할 수 있습니다.

2. 사례로 살펴보는 상대방의 언어 이해하기

우리는 일상 속 대화에서, 자신의 편견이나 생각의 틀에 의해 나의 방식으로 상대방의 대화를 해석하고 있는 모습을 보게 됩니다. 이때 우리는 상대방의 언어에 담겨 있는 생각이나 의도를 전혀 고려하지 못하는 잘못을 범하게 됩니다. 다음에 제시되는 다양한 사례를 통하여 상대방의 언어에는 어떤 의미가 담겨 있는지, 상대방의 언어를 이해하는 것이 얼마나 공감에 중요한지 알아보도록 하겠습니다.

사례로 열어가기

몰라요
봄기운이 가득한 3월 초, 초등학교 입학생들이 고사리 손으로 선생님

이 칠판에 적어주는 '가, 나, 다, 라'를 공책에 옮겨 적고 있었습니다. 선생님은 아이들이 잘 적고 있는지 궁금하여 뒤를 돌아보았습니다. 그런데 맨 뒤에 앉아 있는 아이가 갑자기 인상을 썼습니다. 잠시 뒤 아이들은 이상한 냄새가 난다며 다들 코를 틀어막았습니다. 선생님 코에도 냄새가 들어오기 시작하였습니다.

사태를 파악한 선생님은 얼른 창문 쪽 아이들에게 환기를 위해 창문을 열라고 하셨습니다. 그리고는 엄한 목소리로 아무도 뒤를 돌아보지 말고 칠판에 있는 글씨를 적으라고 하셨습니다. 엄한 선생님의 목소리에 아이들은 다들 앞만 쳐다보고 공책에 적기 시작했습니다. 선생님은 인상을 썼던 아이에게 살며시 다가가 귀에 대고 속삭였습니다.

"집에 갔다 와."

"네, 선생님!"

아이는 바로 뛰어 나갔습니다.

얼마 후 아이가 돌아왔는데 선생님은 당황스러웠습니다. 아이가 그 옷을 그냥 입고 온 것입니다. 못 알아들었나 해서 선생님은 아이의 귀에 좀 더 가까이 대고 다시 속삭였습니다.

"애, 집에 갔다 와."

"네, 선생님"

아이는 또 뛰어 나갔습니다. '이번에는 잘 알아들었겠지.' 하며 수업을 하고 있는데 아이가 돌아왔습니다. 이번에도 그 바지를 그냥 입은 채로 말입니다. 선생님은 입이 딱 벌어졌습니다. 그래서 다시 아이에게 말했습니다.

"애, 집에 가서 바지 갈아입고 와."

"네, 알았어요."

아이는 너무도 천진한 표정으로 다시 뛰어 나갔습니다. 그리고 이번에는 새 바지로 싹 갈아입고 돌아왔습니다.

그날 저녁 아이의 엄마한테 전화가 왔습니다. 아이가 실수를 했는데 잘 처리해 주셔서 고맙다는 인사말과 함께 자초지종을 설명해 주었습니다.

집에는 할머니 혼자 계셨습니다. 아이가 와서 초인종을 누르자 할머니가 문을 열고 물었습니다.

"왜 왔어?"

"몰라요. 선생님이 집에 갔다 오래요."

"안 돼. 지금은 학교에 있어야 할 시간이야 얼른 학교에 가."

"네, 할머니!"

잠시 후 다시 온 아이에게 할머니는 묻지도 않고

"왜 자꾸 집에 오는 거야? 지금은 학교에 있어야 하는 거야. 얼른 학교로 가."

"네. 할머니!"

세 번째 온 아이에게

"아니, 왜 자꾸 집에 오는 거야?" 했더니

"선생님이 집에 가서 바지 갈아입고 오래요." 하더랍니다.

그래서 깜짝 놀라 확인하고 아이의 바지를 갈아입혀 보냈다는 것입니다.

어머니로부터 자초지종을 들은 선생님은 아이가 왜 바지를 그냥 입

은 채로 두 번씩이나 돌아왔는지 이유를 알 수 있게 되었습니다. 선
생님의 입가에 웃음이 번졌습니다.

(성화중 교사 남윤미 각색)

학교생활에서의 상대방의 언어 이해

위 이야기는 어느 초등학교 선생님이 1학년을 맡았을 때 직접 경
험한 일입니다. 아마도 1학년을 맡아 본 경험이 있는 선생님들은 비
슷한 경험을 했을 수도 있습니다. 요즘에는 어린이집이나 유치원에
서 이미 공동체 생활을 경험하고 오는 아이들이 많지만 그래도 학교
라는 낯선 곳에서 생활해야 하는 1학년 학생들의 입장에서는 뭐 하나
쉬운 일이 없을지도 모릅니다.

아이는 지금 교실에서 용변을 보았는데 집에 갔다 오라는 선생님
의 말을 액면 그대로 받아들입니다. 집에서 아이를 맞이한 할머니는
아이가 학교에 있어야 할 시간에 집에 온 것을 보고 학교에 있기 싫어
서 온 것으로 오해하고는 확인 없이 그냥 빨리 학교로 가라고 합니
다. 두 번씩이나 집에 온 아이를 보고 할머니는 얼마나 걱정이 되었
을까요? 이 걱정 때문에 아이를 제대로 살피지 못합니다. 그저 '몰라
요. 선생님이 집에 갔다 오래요.'라는 말이 무슨 뜻인지 확인도 안 하
고 아이를 다시 학교로 보냅니다.

두 번이나 다시 돌아온 아이에게 '집에 가서 바지 갈아입고 와.'라

고 좀 더 구체적으로 설명해 주자 아이는 그때서야 집에 가서 문제를 해결하고 돌아옵니다.

이런 사례는 양상만 다를 뿐이지 학교 현장에서 얼마든지 있는 일들 입니다. 예전에 있었던 이야기입니다. 입시를 앞 둔 고3 학생들이 자율학습을 준비하고 있었습니다. 지도 선생님은 학생들을 빨리 자리에 앉게 하기 위해 엄한 경고를 하였습니다.

"지금부터 자리에 앉아 있지 않은 사람은 끝나는 시간까지 교실 뒤에서 벌을 서게 된다. 30초 안으로 준비를 끝내도록……"

아이들의 움직임이 빨라졌고, 영애도 사물함에 가서 빨리 책을 갖고 오려다가 다른 책들이 우르르 떨어지는 바람에 다시 사물함에 넣어두고 오느라고 30초를 넘기고 말았습니다. 선생님은 아직 자리에 앉지 않은 영애를 보자 말한 대로 벌을 세웠습니다.

지도 선생님은 다른 학급을 지도하며 다니다가 그만 영애가 벌을 서고 있다는 사실을 깜빡 잊었습니다. 영애는 식은땀이 나고 다리에 쥐가 났지만 아무 말도 못하고 끝나는 시간까지 벌을 서야 했습니다. 친구들에게 말하고 싶었지만 조용히 공부하는 친구들을 부를 수가 없어서 그냥 참고 있다가 자율학습 시간이 거의 끝나갈 무렵 영애는 그만 쓰러지고 말았습니다. 선생님이 "끝나는 시간까지"라고 한 말은 벌을 주기 위한 말이 아니라 빨리 준비를 하라는 뜻이었을 텐데 영애는 이 말을 곧이곧대로 들은 것입니다. 이처럼 말은 듣는 사람에 따라 말한 사람의 의도와 다르게 받아들여질 수 있음을 알아야 합니다. 이제 학교에서 언어로 인해 발생하는 갈등 상황들을 살펴보겠습니다.

학생들과의 갈등

어느 수업 시간 1

김 선생님이 수업을 진행하고 있는데 원형이가 화장실에 가겠다고 하였습니다. 김 선생님은 원형이에게 얼른 다녀오라고 하면서 칠판에 필기 내용을 적고 있었습니다. 그런데 세 명의 학생들이 우르르 나갔다 들어오는 것이 아니겠어요? 김 선생님은 미리 허락을 받지도 않고 나간 학생들에게 화가 났습니다. 왜 허락도 받지 않고 나갔다가 오느냐고 지적을 하자 학생들은 선생님의 허락을 받고 나갔는데 왜 그러시냐며 오히려 억울하다는 듯 대들었습니다. 그래서 김 선생님이 내가 언제 허락을 했느냐고 하자 학생들은 분명히 허락을 받고 화장실에 갔다 왔는데 뭐라 한다며 잘못을 인정하지 않았습니다. 김 선생님은 나는 화장실 가겠다고 한 원형이만 허락했지 너희들은 허락하지 않았다고 하였습니다. 그 말을 듣자 사람 차별한다며 학생들의 반발이 더 심해졌습니다. 김 선생님은 아이들을 모두 교무실로 데려 갔습니다.

벌점을 주려는 김 선생님에게 반발하는 아이들을 보고 교감 선생님이 나서셨습니다. 그래서 함께 상황을 정리해 가기 시작했습니다.

어느 수업 시간 2

"김 선생님, 무슨 일이지요?"

"아, 글쎄 아이들이 말도 없이 나갔다 오길래 왜 허락도 받지 않고 나갔다 오느냐고 했더니 허락받고 나갔다면서 이렇게 반항을 하는 거예요."

"너희들이 선생님께 허락도 받지 않고 나갔으면 잘못했네. 허락을 받고 나가지 그랬어."

"저희들은 허락받고 나갔거든요."

"선생님과 아이들 사이에 오해가 있는 모양이네요. 차근차근 풀어 봅시다. 선생님은 허락을 안 하셨다는 거지요?"

"네, 저는 허락을 안 했어요. 그저 원형이라는 학생이 화장실이 급하다고 하여 보냈을 뿐이에요."

"아, 선생님이 원형이를 화장실에 보내신 거군요? 근데 너희들은 왜 그냥 나갔어?"

"원형이가 '선생님, 화장실 다녀와도 돼요? 할 때 선생님이 '너만 다녀와.'라고 하지 않으셨어요. 그냥 다녀와도 된다고 하셨어요. 그래서 저희들도 다녀와도 되는 줄 알았어요. 그때 선생님은 우리를 안보고 칠판에 필기만 하고 계셨거든요."

"그럼 그렇다고 말씀드리지 왜?"

"저희가 말씀 드렸죠. 선생님 허락받고 갔다 온 거라고. 근데 선생님은 원형이만 허락했다고 하면서 저희에게는 벌점을 준다고 하시는 거예요. 이런 차별 대우가 어디 있어요."

"아, 그럼 너희들은 원형이에게 화장실 다녀와도 된다고 할 때 너희들도 허락했다고 생각했구나."

"네, 원형이랑 저희가 같이 일어서 있었거든요. 선생님은 필기하느라고 저희를 안 보셨고요.."

"아, 선생님은 원형이만 화장실 가는 줄 알고 허락하셨고, 아이들은 모두 허락했다고 생각했던 거네요. 그러니 선생님은 화가 나셨고, 아이들은 억울하고 그랬겠는데요."

(새금초 교사 최준섭 사례)

화가 난 선생님도, 억울한 학생들도 모두 이해가 됩니다. 서로의 입장에서 이야기를 나누어 보니 실마리가 풀리는데 그냥 벌점을 주고 말았다면 선생님의 화도, 학생들의 억울함도 풀릴 길이 없어 사이만 점점 더 나빠졌을 것입니다.

동료 교사와의 갈등

너무도 다른 두 사람

손힘듬 선생님은 업무를 맡으면 늘 자신의 업무가 다른 사람보다는 과도하게 많아 너무 힘들다고 이야기를 하곤 합니다. 교무부 일을 하면 시간표 작성하는 것이 제일 힘들고, 그래서 다음엔 연구부에서 시험관련 업무를 하면 또 그 업무가 가장 힘들다고 자신이 유독 너무 많은 업무로 힘들어한다고 이야기를 하곤 합니다.

김활발 선생님은 그런 손힘듬 선생님이 그냥 못마땅하고 짜증스럽기만 합니다. 그런데 김화해 선생님은 그런 손힘듬 선생님을 보며, "그래 나도 그 업무할 때 너무 짜증나더라고 수고하네." 하며 위로를 해 주곤 합니다. 그런 모습이 김활발 선생님은 더 이해가 안 되는데, 김화해 선생님은 그냥 들어주라고 하곤 합니다.

손힘듬 선생님은 자신이 하는 일을 아무도 알아주지 않는 것 같아 동료들이 모이면 자신의 업무에 대한 이야기로 인정받고 자신이 하는 일을 알아주길 바라는데, 동료들이 들어주지 않으니 계속 더 이야기를 하게 되는 것입니다.

(전문상담교사 김경수 사례)

학교나 회사생활 가운데 눈에 가시처럼 거슬리는 친구 혹은 동료가 있지는 않으신가요? 그 친구가, 동료가 하는 말은 마음을 불편하게 하여, 무시하고 싶고, 피하고 싶은 경험을 예전에 겪어 본 적이 있으실지 모르겠습니다. 어쩌면 지금 함께 근무하는 동료 중에 그런 사람이 있어서 마음이 불편한 채로 근무를 하고 있을 수도 있습니다. 하지만 감정은 우리가 상대방의 언어를 이해하는 데 걸림돌이 될 수도 있습니다. 물론 위 사례 속 두 선생님 사이가 불편하면 다른 선생님들도 덩달아 불편해지며 동시에 반 학생들에게까지 부정적 영향을 줄 수 있다는 점도 명심해야 합니다.

학부모와의 갈등

왜 우리 아이한테만 그러세요

민철이는 지각도 잦고 교칙을 어겨 벌점을 많이 받는 학생입니다. 아무리 지도를 하고, 주의를 주어도 그 당시에만 잘하겠다고 하고, 돌아서면 다시 벌점 받을 일을 저지르며 정 선생님을 곤란하게 한 적이 한두 번이 아닙니다. 정 선생님은 부모님과 상의하기 위해 여

러 차례 전화를 했으나 그때마다 민철이 아버지는 엄마에게 전화를 하라 하고 민철이 엄마는 대충대충 받는 바람에 진지하게 상의 한번 제대로 하지 못했습니다. 오늘도 수업 시간에 장난을 치다 옆 친구와 시비가 붙어 싸우는 바람에 수업을 방해하여 벌점을 받았습니다. 안 되겠다 싶어서 정 선생님은 좀 단호하게 민철이 어머님을 학교에 오시게 하였습니다.

"민철이 어머님, 민철이의 행동을 고치기 위해서는 어머님이 도와주셔야 할 것 같아서 오시라고 했습니다."

"아니, 선생님, 아이가 그럴 수도 있지 그걸 하나하나 문제 삼으면 어떻게 애들이 숨을 쉬고 학교에 다니겠어요?"

"네, 저도 아이들이 그럴 수도 있다는 것은 압니다. 하지만 민철이는 좀 과하게 행동을 해서 다른 친구들에게 피해를 줍니다. 오늘도 수업 시간에 친구와 싸우는 바람에 수업을 방해……"

"우리 민철이만 잘못한 게 아니잖아요. 민철이가 괜히 그랬겠어요? 상대 아이가 먼저 잘못을 하니까 그랬겠지. 제가 그전부터 말씀 드리려다 참았는데요, 선생님은 우리 민철이만 미워하시는 거 아니에요? 민철이가 집에 와서 말하는 것을 보면 선생님이 민철이만 야단을 치는 것 같더라고요."

"아니, 어머님, 민철이만 미워하는 게 아니라 민철이가 자꾸 잘못을 저지르니까."

"참 너무 하시네요."

(전문상담교사 김경수 사례)

분명히 선생님은 공정하게 지도함에도 불구하고 "왜 우리 아이한테만 그러세요?"라는 학부모 혹은 "왜 저한테만 그러세요?"라는 학생을 만날 때면 난감하기도 하고 화가 나기도 할 것입니다. 위의 예시에서 교사는 이런 부모와 어떻게 아이 지도에 대해 상의를 하고 협조를 구할 수 있을지 답답한 상황입니다. 말이 안 통하니 그냥 돌려보낸 후 혼자 지도를 해야 하나 싶기도 하고, 아예 아이에게서 관심을 끊어야 하나 싶기도 할 것입니다.

잠시 이 말에 담긴 의미를 생각해 보겠습니다.

"왜 우리 아이한테만 그러세요?"라는 말에는 어떤 의미가 담겨 있을까요?

'우리 아이한테 뭐라 하는 것이 자존심 상한다.' '아무리 우리 아이가 잘못을 했다 해도 지적을 받으니 기분이 나쁘다.' '예전부터 이런 말을 너무 많이 들어서 이제는 이런 말 듣고 싶지 않다.' '선생님의 말에 수긍하면 우리 아이가 정말 잘못한 것이 된다. 아이를 위해 버텨주어야 한다.' '선생님이 우리 아이를 나쁘게 생각하지 않았으면 좋겠다.' 등의 생각들이 담겨 있을 것입니다.

"왜 우리 아이한테만 그러세요?"라는 언어를 이해할 때 이런 부모의 마음을 이해하고 듣는다면 갈등을 풀어갈 길을 찾을 수 있습니다. 선생님들도 부모와 협조하여 아이를 제대로 지도하고 싶은 것이지 대결 상태로 가는 것을 원하지는 않기 때문입니다. 쉬운 일은 아니겠으나 특히 아이 잘못을 지적하는 말이 부모에게는 결코 편하게 들리는 말이 아니므로 부모의 입장에서 생각하고 대화를 나누는 것이 문제 해결에 도움이 될 것입니다.

상담 사례 1

평범하게 살고 싶어요

3월 신학기가 되어 새로운 학생들을 만나게 되었습니다. 가정환경을 파악하고 새로운 학급의 아이들을 이해하기 위해 한 명씩 상담을 하고 있었습니다.

"철수는 나중에 원하는 목표를 가지고 있니?"라고 약간의 기대감을 가지고 질문을 하였는데…….

"네 전 평범하게 살고 싶어요."라는 말에 조금 실망감이 생겼습니다. '성적도 좋은 아인데, 미래에 대한 진로목표가 없는 건가?' 등등의 생각이 순식간에 머리를 스치고 지나갔습니다.

"그래? 그럼…… 뭔가 목표를 정해 보면 어떨까?"라는 질문에 나를 의아한 눈으로 쳐다보던 철수는 "저는 평범하게 살면 안 되나요?"라고 물었습니다.

철수의 질문에 오히려 '이 아이가 나한테 기분 상했나?' 하는 당황스러운 마음으로, "아니, 평범하게 사는 것이 안 되는 것이 아니라……" 하고 말을 제대로 못 잇고 있는데 철수가 이야기하였습니다.

"전 할머니도 좋지만, 다른 아이들처럼 평범하게 엄마가 해 주는 밥이 먹고 싶어요. 엄마랑 아빠가 같이 살면서 외식도 하고 그렇게 살고 싶어요."

(성화중 교사 남윤미 상담 사례)

이 사례에서 담임선생님은 학생의 진로 목표를 이야기하였으나,

학생은 다른 가족들처럼 부모와 함께 살지 못하는 자신의 상황에서 '평범한 가정생활'을 목표로 이야기하는 모습을 볼 수 있습니다. 담임 선생님의 '원하는 목표가 무언지'라는 막연한 질문이 혼동을 가져왔을 것입니다. 또한 철수가 말한 '평범'이라는 말의 의미에 대해서도 서로의 생각이 달랐습니다. 철수는 보통의 가정처럼 엄마가 해 주는 밥을 먹고 엄마, 아빠랑 같이 사는 것을 말했지만 선생님은 특별한 장래희망이 없는 아이로 해석하여 들었던 것입니다.

우리는 상대방에게 막연한 질문을 하여 엉뚱한 답을 들을 때가 있습니다. 또한 상대방의 말을 자기 나름대로 해석하여 엉뚱하게 답변할 수도 있습니다. 그러므로 상대방과 대화도중 자신의 의도가 정확히 전달되지 않았다면 좀 더 구체적으로 물어보는 것이 좋습니다. 예를 들면, "너의 진로와 관련하여 어떤 목표를 가지고 있을까?" "사회인이 되었을 때 하고 싶은 일과 관련하여 어떤 목표를 가지고 있을까?" 등입니다.

반면 상대방의 이야기를 들을 때에도 분명하게 이해가 되지 않을 시에 상대방의 의도를 묻고 확인하는 것이 좋습니다. "평범하게 사는 것은 어떤 뜻일까?"와 같이 말입니다.

상담 사례 2

향수 뿌려주세요 1

중학교 1학년인 영준이는 또래 아이들보다 발달이 늦은 아이입니다. 수업을 따라 가기도 힘들어하고 친구들과 어울리는 데에도 어려

움이 있습니다. 아이들은 영준이와 함께 놀려고 하지 않을 뿐 아니라 이런 영준이를 놀리거나 곤란하게 할 때도 있습니다. 그러나 영준이는 학교에는 꼭 나와야 한다고 생각하고 열심히 학교에 나와 생활하고 있습니다. 시험을 보는 날이었습니다. 쉬는 시간에 영준이가 상담 선생님을 찾아왔습니다. 평소에도 상담실에 자주 들르는 영준이를 반기며 물었습니다.

"영준아, 시험 보는 날이라 못 볼 줄 알았는데 왔네."

"선생님, 저 향수 뿌려 주세요."

"향수가 뿌리고 싶어서 왔구나."

선생님은 영준이가 향수를 뿌리고 싶어서 온 것으로 생각하고 살짝 향수를 뿌려주었습니다. 향수를 뿌리자 영준이는 웃으며 밖으로 나갔습니다. 나가는 영준이의 뒷모습을 보고 있다가 선생님은 깜짝 놀랐습니다.

(성화중 교사 남윤미 상담 사례)

시험 보는 날, 느닷없이 상담실에 와서 향수를 뿌려 달라는 영준이를 여러분은 어떻게 이해하셨나요? '발달이 늦은 아이라 그럴 수도 있겠구나.' '그래도 시험인데 향수 뿌리러 상담실에 오는 건 좀 너무한 거 아닌가?' '저 아이 앞으로 살아가려면 정말 답답하겠다.' '아니, 그런다고 선생님이 향수를 뿌려주다니…… 그러니까 아이가 버릇없이 행동하는 것이 아닌가?' 등 다양한 상상들이 가능합니다.

과연 영준이는 왜 향수를 뿌려 달라고 했을까요? 상담 선생님은 왜 영준이의 뒷모습을 보고 있다가 깜짝 놀랐을까요? 이야기를 이어

보겠습니다.

향수 뿌려주세요 2

"영준아, 잠깐 이리 와 볼래?"

밖으로 나가던 영준이가 다시 선생님한테로 돌아왔습니다.

"영준이 사정이 있어서 온 거였구나. 그래서 향수가 필요했구나?"

그 말에 영준이는 눈물을 뚝뚝 흘리며 울기 시작했습니다.

"급해서 화장실에 가고 싶었는데 선생님이 시험 시간에 화장실 가면 안 된다고 하셔서 말도 못하고 참다가 바지에……."

영준이는 선생님이 하라는 대로 하는 학생이었습니다. 더구나 시험 시간에는 다들 긴장하고 있으니 영준이도 그 분위기를 느꼈던 것입니다. 그래서 선생님한테 화장실 간다는 말도 못하고 바지에 실수를 하고 만 것입니다.

선생님들이 학생들을 지도하다 보면 아이가 어려운 상황에서도 자기표현을 제대로 하지 못해서 일을 더 꼬이게 만드는 경우들을 종종 접합니다. 학생들 중에는 자기표현이 잘 되는 아이들도 있지만 영준이처럼 어려운 아이들도 있습니다. 그러므로 아이들과 대화를 할 때는 아이의 말뿐만 아니라 행동, 몸짓, 표정 그리고 냄새까지도 모두 아이를 이해하기 위한 도구가 되어야 합니다.

그저 선생님이 향수를 뿌려 달라는 말만 듣고 행동으로 옮겼다면 영준이의 어려움은 해결할 수 없었겠지요. 향수라도 뿌려서 그 냄새를 없애고 나머지 시험을 보려고 했으니 영준이의 고민이 얼마나 컸을

까요? 영준이는 아이들이 눈치라도 챌까 봐 얼마나 불안했을까요? 더구나 이런 실수는 아이들 사이에 금방 소문이 퍼지기에 영준이를 아주 곤란한 지경에 빠트릴 수도 있는데 말입니다. 바로 담임선생님께 연락을 하고 영준이의 아버지를 오시라 해서 영준이는 무사히 집으로 가게 되었습니다.

상담 사례 3

어떻게 갚아요?

정호는 운동부 학생입니다. 워낙 운동에 소질이 있어 운동부 선생님의 기대와 사랑을 받으며 열심히 운동을 했습니다. 하지만 정호는 의지가 부족한 학생이고 다른 사람의 말을 잘 이해하지 못하여 다른 운동부 학생들과 갈등이 생겨나면서 운동부 생활이 싫어지기 시작했습니다. 운동부 선생님은 설득을 거듭하며 운동에 소질이 있는 정호가 운동 이외의 이유로 그만두겠다고 생각하는 것을 돌려보려고 애를 썼습니다. 그러던 어느 날 정호가 상담 선생님을 찾아왔습니다. 정호는 상당히 흥분된 상태였습니다.

"선생님, 정말 운동부 선생님한테 실망이에요. 어떻게 저한테 그러실 수가 있어요?"

"정호가 속상한 일이 있나보구나. 무슨 일인지 자세히 이야기해 봐."

"글쎄 저보고 그동안 잘해 준 걸 다 갚으래요. 제가 돈이 있는 것도 아니고 어떻게 갚아요? 그동안 사주신 거 다 돈으로 계산해서 갚아야 해요? 아휴, 저 어떻게 하면 좋아요. 선생님이 저한테 그동안 사

주신 거 많은데 그걸 다 어떻게 갚아요? 제가 운동부 그만둔다고 해
서 화가 나셔도 그렇지 선생님이 그런 말씀을 하면 안 되는 거 아니
에요? 학생한테."

"선생님이 정확하게 뭐라고 하셨는데?

"내가 그동안 잘해 주었으면 너도 갚아야지 지금 그만두면 어떻게
하냐고 하셨어요."

"아, 그 말을 정호는 그동안 잘해 주신 거를 돈으로 계산해서 갚으라
는 뜻으로 받아들인 거야?

"그런 뜻 아니에요?

(전문상담교사 김경수 사례)

정호는 운동부 선생님이 '그동안 잘해 주었으면 너도 갚아야지.'라
고 말한 것을 물질적으로 갚으라는 것으로 받아들이고 선생님한테
실망을 합니다. 선생님이 갚으라는 말의 의도를 잘못 들은 것이지요.
어른들은 알아들을 수 있는 말이어도 아이들은 오해를 할 수 있습니
다. 따라서 아이들이 오해할 수 있다는 사실을 알고 우리는 아이들에
게 우리가 한 말을 어떻게 이해했는지 확인하는 것이 필요합니다. 또
한 학생들이 언제든 다른 사람들의 말로 인해 속상하거나 기분이 나
쁘면 꼭 누군가와 그것에 대해 이야기를 해서 혹시라도 다른 뜻으로
받아들인 경우는 없는지 확인하도록 알려 주는 것이 필요합니다.

마찬가지로 우리도 다른 사람의 이야기를 들었을 때 그 뜻을 잘못
이해하고 받아들일 수 있습니다. 내가 해석한 것이 맞다고 생각하면
낭패를 볼 수도 있습니다. 그러므로 상대방의 의도를 확인하는 것이

필요할 때는 반드시 물어보는 것이 좋습니다. 당사자에게 물어보는 것이 가장 좋지만 그게 여의치 않을 때는 다른 사람에게라도 물어보는 것이 좋습니다.

위의 사례에서도 정호가 만일 상담을 하지 않았다면 운동부 선생님이 자신에게 물질로 그동안 잘해 준 것을 갚으라고 했다고 오해를 했을 수 있고, 그걸 왜곡해서 다른 사람에게 전했을 수도 있습니다. 파란 안경을 쓰고 사물을 보면 본래의 색깔이 아닌 파란색이 첨가되어 전혀 다른 색으로 보이듯 우리도 어떤 말을 들으면 자기의 색깔을 첨가해서 그 말을 들을 수 있기 때문에 오해를 할 가능성이 많습니다. 이 사실을 인식하고 누구와 대화를 하든 상대방의 언어를 상대방의 입장에서 이해하기 위해 노력해야 할 것입니다.

업무상의 정확한 용어 전달

지방자치단체 행사를 맡게 된 김실무 씨는 이번 행사를 잘해 보고자, 마음먹고 열심히 준비하여 일을 진행하고 있었습니다. 각 지자체마다의 독특한 아이디어가 매우 필요한 부분에서 어떻게 해야 할지 고민을 하고 있던 김실무 씨는 점점 어려움을 느끼며 그 지역의 독특하면서도 차별화된 것을 찾아내는 것이 쉽지 않았습니다.

상사는 김실무 씨에게 무언가 진행사항을 전달받고 싶지만, "진행이 어떻게 되고 있느냐?"고 물으면 "잘 진행됩니다."라고 큰 소리로 대답하는 김실무 씨에게 더 이상 질문도 하지 못하고 믿고 맡기게 되었습니다.

준비를 하면서 김실무 씨는 지역의 특색사업을 찾아 이를 활용하려는 데 많은 걸림돌이 있음을 알고, 다가오는 행사에서는 다른 지역 행사들과 구분되는 것이 없이 먹거리 장터나 체험 장터 등으로 행사를 하게 되었습니다. 이를 본 상사는 행사 시기가 다 되어서야 이런 보고를 하는 김실무 씨에게 너무 화가 나고 어이가 없었습니다. 결국 중간 업무보고도 제대로 하지 않고 일을 추진하다가 별다른 성과도 없이 예년과 비슷한 행사를 치르게 된 답답한 상황이 된 것입니다.

김실무 씨도 잘해 보고자 노력한 부분은 있지만, 상사가 진행되는 부분에 대한 질문을 했을 때, 진척사항이나 진행의 어려움 부분에 대한 상의가 이루어졌다면, 상사는 더 많은 경험을 가지고 있기에 도움을 줄 수 있었을 것입니다. 이와 반대로 상사는 보고를 하지 않는 부하직원에 대한 신뢰를 가지고 있기에 믿어 주는 마음도 좋지만, 지역의 큰 행사라면 더욱이 좀 더 적극적인 진행 여부에 대해서, 앞서 설명한 구체화나 명료화 등을 이용하여 알아보았다면 행사를 앞두고 화가 나는 일은 없었을 것입니다. 김실무 씨도 상사의 질문에 대해 상사가 그 질문을 하는 의도가 무엇인지 파악하기 위해 노력을 기울였다면 큰 행사를 망치는 일은 없었을 것입니다.

직장에 처음 취직했을 때 있었던 일이다. 팀장님께서 업무를 가르쳐 주시다가 휴지통을 비우라고 하셨다. 나는 휴지통을 비우기 위해 자리에서 일어나 각 책상을 돌아다니며 휴지통을 비웠다. 그런데 팀장님께서 갑자기 뭐하는 거냐고 물어보셨다. "휴지통을 비우라고 해서

비우고 있었는데요."라고 대답하니 팀장님은 답답하다는 듯 "아니, 컴퓨터 휴지통 비우라고!"라고 하셔서 참으로 당황스러운 상황이 되었다.

(전문상담교사 김경수 사례)

휴지통을 비우라는 문장 그대로의 의미와는 틀리지 않지만, 팀장님이 말씀하신 의도를 잘못 이해한 것처럼, 단어가 주는 뜻으로의 의미가 아닌 상대방이 전달하는 언어를 이해하고 의도를 파악하는 것이 무엇보다 공감에 필요합니다. 여러분은 간혹 이야기를 하면서, 단어를 잘못 알아듣거나, 비슷한 발음으로 들은 후 말의 전달과정에서 전혀 다른 의미와 의도로 전해지곤 하는 것을 경험하였을 것입니다. 우리는 회사에서 상사가 업무지시를 하였을 때 혹은 친구, 부모님과 대화를 할 때 잘못 이해한 적은 없는지? 의도를 잘못 파악한 적은 없는지 돌아볼 필요가 있습니다.

우리가 사회생활을 하며 상대방의 언어를 이해하는 것은 참으로 어려운 일입니다. 하지만 아예 방법이 없는 것은 아닙니다. 상황에 따른 맥락, 비언어적인 제스처, 어조의 강약, 말의 속도, 표정, 몸동작, 몸의 자세, 시선의 강도 등을 자세하게 보고 파악을 해 본다면 그 의도를 알 수 있습니다. 예를 들면, 같은 말인 '아'라는 단어가 비언어적인 표정 또는 상황에 따라 어떻게 달라질 수 있는지 떠올려 보겠습니다. 멋진 풍경 앞에서 우러난 감탄사로 '아~'를 외치기도 하지만, 속상하거나 절망적일 때도 탄식하듯 '아~'를 사용하기도 하고, 아파서 나오는 외마디 소리도 '아~'가 되기도 합니다.

이렇게 단어 하나가 여러 의미로 사용되듯이 아주 많은 단어들이 여러 의미로 쓰이곤 합니다. 상대방과 대화를 하며 내가 전하고자 하는 의도가 정확히 전달되도록 노력도 필요하지만, 상대방의 전하고자 하는 의도를 이해하여 공감하기 위해서는 상대방이 사용하는 언어를 잘 이해하는 것이 무엇보다 중요합니다.

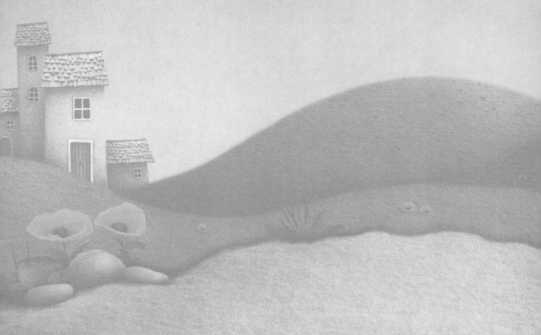

04

공감 정복 3단계

상대방의 논리 이해하기

1. 상대방 논리 이해하기의 중요성

우리는 때때로 내 마음을 알아주지 않는 친구, 동료, 가족들 때문에 많은 상처를 받기도 하고, 어려움에 처할 수도 있습니다. 마찬가지로 우리 주변의 사람들도 우리에게 자신의 마음을 알아달라고 호소할 때가 있습니다. 상대방의 논리를 따라가는 것은 그의 마음을 알아주고, 공감해 주는 길이라고 할 수 있습니다. 이번 장에서는 상대방의 논리를 이해하여 그의 입장에서 상대방의 마음을 이해해 보도록 하겠습니다.

먼저 상대방의 논리를 이해한다는 것이 왜 중요한지 동화나 고전을 통해 살펴보고 상대방의 논리를 판단하거나 설득하는 것이 아닌, 있는 그대로 수용하는 태도의 중요성을 알아보고자 합니다. 더 나아가 상대방의 논리를 이해하는 것이 일상생활에서는 어떤 모습으로 나타날지에 대하여 생각해 보도록 하겠습니다.

동화로 열어가기

파리와 남자

어느 날 한 남자가 라즈니쉬를 만나러 왔습니다. 남자는 라즈니쉬에게 괴롭다는 듯이 말을 했습니다.

"선생님, 어느 날 입을 벌리고 자는 사이에 파리가 제 뱃속으로 들어갔는데 이 파리가 죽지 않고 뱃속에서 윙윙거리며 이리저리 날고 있습니다. 제 뱃속에 살고 있는 파리 두 마리가 저를 매일 괴롭힙니다." 라고 말하는 것입니다. 이 때문에 그는 거의 미칠 지경이 되어 있었습니다.

그는 자신의 부인에게도 이 사실을 말하였다고 하였습니다. 그러자 그의 부인은 "여보, 제발 정신 좀 차리세요. 파리가 어떻게 뱃속에서 살 수 있단 말이에요. 그리고 파리가 뱃속에 들어갔다고 해도 벌써 소화가 되었을 거예요."라고 말하면서 남편이 정신이 이상해졌다며 걱정만 한다는 것입니다.

그는 여기저기 의사들도 찾아가 보았습니다. 하지만 그들은 하나같이 웃음을 터뜨리며 "그것은 당신의 상상일 뿐입니다."라고 말하면서 진지하게 대하지 않았습니다. 그러나 불행한 상상에 빠진 이 남자에게 그들의 말은 전혀 도움이 되지 못하였습니다. 왜냐하면 그는 자신의 상상 때문에 아주 생생한 고통을 느끼고 있었기 때문입니다.

찾아온 남자의 배를 만지며 라즈니쉬가 말하였습니다.

"그렇군요. 그놈들이 여기에 있습니다."

"정말입니까, 선생님?"

라즈니쉬의 말을 들은 그 남자는 매우 기뻤습니다. 그리고 라즈니쉬의 발을 만져 존경을 표시하며 이렇게 말했습니다.

"당신은 제 고통을 알아준 유일한 분입니다. 지금까지 많은 의원들을 만나보고 온갖 방법을 써 보았지만 아무런 소용이 없었습니다. 그들은 모두 똑같은 말만 되풀이했습니다. 그래서 나는 그들에게 '여보시오, 고칠 방법이 없으면 없다고 하시오. 왜 자꾸 환상에 빠져 있다고 말하면서 나를 미친놈 취급하는 겁니까?'라고 말했습니다. 그런데 이제야 제 고통을 알아주는 고귀한 분을 만났습니다. 당신은 제가 겪는 이 고통을 아시겠지요?"

"그렇습니다. 파리는 분명히 당신 뱃속에 있습니다. 그 때문에 당신은 몹시 괴로워하고 있군요. 당신은 사람을 잘 찾아왔습니다. 나는 이런 문제를 잘 다루는 전문가입니다."

계속해서 라즈니쉬는 그에게 말했습니다.

"자, 여기에 누워 눈을 감으세요. 이제 그대에게 눈가리개를 씌우고 그놈들을 꺼낼 것입니다. 입을 벌리세요. 그러면 내가 주문을 외워 그놈들을 불러내겠습니다."

그는 기뻐서 펄펄 뛰며 이렇게 말했습니다.

"진작 이렇게 해야 했습니다."

그는 매우 행복해하며 자리에 누워서 파리가 밖으로 나오기를 기다리다 잠이 들었습니다. 그를 그런 상태로 놔두고 라즈니쉬는 재빨리 집 안으로 들어가 파리 두 마리를 잡아 병 속에 넣었습니다. 사나이가 눈을 떴을 때 라즈니쉬는 병 속에 갇힌 파리 두 마리를 보여 주며 말하였습니다.

"자, 뱃속에 살면서 당신을 괴롭히던 녀석들이요."

그러자 그가 말했습니다.

"이 병을 제게 주십시오. 그 바보들에게 가서 보여 주어야겠습니다."

그러고 나서 그 남자는 이 문제로부터 완전히 회복되었습니다.

(박성희, 『공감』, 2009, pp. 48-50)

상대방의 논리를 이해하는 것이 왜 중요한가

위의 이야기에서 등장하는 남자를 보면 터무니없는 상상에 불과한 것 때문에 괴로워하고 있습니다. 하지만 직접 당하는 사람에게는 상상이든 현실이든 아무 차이가 없습니다. 누가 뭐래도 그에게 중요한 것은 현재 고통스럽다는 사실이기 때문입니다. 여러분은 일상생활에서 이 남자처럼 나만 알고 있는 고통 때문에 괴로우신 적은 없으셨나요? 나만의 고통을 다른 동료들에게 호소했을 때 그들의 반응은 어떠했나요? 반대로 여러분에게 다른 동료가 직장에서의 고민을 고백했을 때 여러분은 어떤 태도를 보였나 생각해 보세요.

공감적 이해를 위하여 중요한 것은 상대방의 내면에서 진행되는 상상, 환상, 생각 등의 논리를 이해하는 일입니다. 상대방이 아무리 터무니없고 엉뚱한 논리를 편다 해도 일단 그 논리를 잘 이해하고 공감해야 그를 돕는 방법을 찾을 수 있습니다.

사람들이 전개하는 논리에는 나름대로의 개성이 들어 있습니다.

타고난 천성이 다를 뿐 아니라 경험하면서 성장하는 환경이 다르기 때문에 사고를 진행하는 방식에 커다란 개인차가 나타납니다. 하지만 사람들은 다른 사람들이 자신과 다르게 생각한다는 것을 발견하면 이상하고 생뚱맞게 생각하는 경우가 많습니다.

사람들이 자신과 유사하게 생각할 거라는 검증되지 않은 가정이 사실상 다른 사람을 이해하는 데 걸림돌로 작용하는 경우가 많습니다. 관계가 시작될 때부터 '서로 다르다'는 인식이 깔려 있으면 상대방이 전개하는 논리에 주의를 기울이고 그를 이해하려고 노력하겠지만, '서로 같다'는 전제에서 출발하면 상대방이 자기와 다르게 생각하는 것이 이상스럽게 여겨지고 그를 자신과 같아지도록 만들기 위해 '억지'를 쓰게 됩니다. 진정한 공감적 이해는 '나와 너는 같다'고 상대방에게 강요하지 않고 상대방이 전개하는 논리를 있는 그대로 존중하며 충실히 따라가는 것입니다.

'내 뱃속에 파리 두 마리가 들어가서 날아다니고 있다'는 주인공의 생각은 사람들에게 우스꽝스럽게 보일 것입니다. 남자가 찾아다닌 모든 의사들이 하나같이 웃음을 터뜨리며 '그것은 당신의 상상일 뿐'이라고 말한 것은 지극히 당연한 반응입니다. 아마 의사들 말고도 남자가 자신의 고민을 털어놓고 도움을 받고자 한 거의 모든 사람들이 의사들과 동일하게 반응했을 겁니다.

하지만 라즈니쉬는 남자에게 그의 상상이 잘못 되었다는 말을 전혀 하지 않았습니다. 대신 남자의 논리를 인정하고 그 속에서 새로운 해결책을 찾아내려고 합니다. 남자의 논리를 요약하면, 파리가 자신의 입을 통해 뱃속으로 들어갔고, 그 파리는 여전히 살아서 이리저리 뱃속에서 움직이고 있으니, 그 파리들을 잡아내야 한다는 것입니다. 남자의 논리를 그대로 따라가면, 그의 입을 벌려 파리를 잡아서 꺼내면 됩니다. 다른 사람의 입장에서 보면 우습지만 주인공의 입장에서 보면 당연하고 정연한 논리전개인 것입니다. 라즈니쉬가 그랬듯이 상대방이 전개하는 논리를 이해하고 따라가는 것은 올바른 공감적 이해를 위해 반드시 필요한 단계입니다.

상대방의 논리 이해하기의 좋은 점

그렇다면 상대방의 논리를 이해하면서 공감하는 것이 인간관계에서 어떠한 도움을 줄까요. 성경에 나오는 '다윗 왕과 나단 선지자'의 대화를 살펴보면 상대방의 논리를 이해하며 공감하는 것이 얼마나 커다란 도움을 주는지 잘 보여 주고 있습니다.

여호와께서 나단을 다윗에게 보내시니 와서 저에게 이르되, 한 성에 두 사람이 있는데 하나는 부하고 하나는 가난하니 그 부한 자는 양과 소가 심히 많으나 가난한 자는 아무것도 없고 자기가 사서 기르는 작은 암양 새끼 하나뿐이라. 그 암양 새끼는 저와 저의 자식과 함께 있어 자라며 저의 먹는 것을 먹으며 저의 잔에서 마시며 저의 품에 누우므로 저에게는 딸처럼 되었거늘 어떤 행인이 그 부자에게 오매 부자가 자기의 양과 소를 아껴 자기에게 온 행인을 위하여 잡지 아니하고 가난한 사람의 양 새끼를 빼앗아다가 자기에게 온 사람을 위하여 잡았나이다.

다윗이 그 사람을 크게 노하여 나단에게 이르되, 여호와의 사심을 가리켜 맹세하노니 이 일을 행한 사람은 마땅히 죽을 자라. 저가 불쌍히 여기지 않고 이 일을 행하였으니 그 양 새끼를 사 배나 갚아 주어야 하리라.

나단이 다윗에게 이르되 당신이 그 사람이라. 이스라엘의 하나님 여호와께서 이처럼 이르시기를 내가 너로 이스라엘 왕을 삼기 위하여 네게 기름을 붓고 너를 사울의 손에서 구원하고 네 주인의 집을 네게 주고 네 주인의 처들을 네 품에 두고 이스라엘과 유다 족속을 네게 맡겼느니라. 만일 그것이 부족하였을 것 같으면 내가 네게 이것저것을 더 주었으리라.

그러한데 어찌하여 네가 여호와의 말씀을 업신여기고 나 보기에 악을 행하였느뇨. 네가 칼로 헷 사람 우리아를 죽이되 암몬 자손의 칼로 죽이고 그 처를 빼앗아 네 처를 삼았도다.

이제 네가 나를 업신여기고 헷 사람 우리아의 처를 빼앗아 네 처를 삼았은즉 칼이 네 집에 영영히 떠나지 아니하리라 하셨고 여호와께서 또 이처럼 이르시기를 내가 네 집에 재화를 일으키고 내가 네 처들을 가져 네 눈앞에서 다른 사람에게 주리니 그 사람이 네 처들로 더불어 백주에 동침하리라. 너는 은밀히 행하였으나 나는 이스라엘 무리 앞 백주에 이 일을 행하리라 하셨나이다.

다윗이 나단에게 이르되 내가 여호와께 죄를 범하였노라 하매 나단이 다윗에게 대답하되 여호와께서도 당신의 죄를 사하셨나니 당신이 죽지 아니하려니와 이 일로 인하여 여호와의 원수로 크게 훼방할 거리를 얻게 하였으니 당신의 낳은 아이가 정녕 죽으리이다 하고 나단이 자기 집으로 돌아가니라.

(구약성경, 사무엘 하 12장 1~11절)

위 이야기는 구약성경(사무엘 하 12장 1절~11절)에 있는 이야기입니다. 여기서 우리는 나단이 다윗을 대하는 과정을 잘 살펴볼 필요가 있습니다. 나단은 여호와의 말을 전하기 전에 먼저 다윗의 사고가 어떻게 전개되는지 양을 빼앗은 부자의 비유를 들어 확인하고 있습니다. 다윗이 자신의 입으로 부자를 비난하자, 나단은 다윗이 그 부자를 비난하기 위하여 사용한 논리 그대로를 다윗 자신에게 적용하도록 했습니다. 즉, 여호와를 앞세워 협박하거나 설득하지 않고 먼저 다윗의 논리를 확인하고 그 선상에서 다윗을 압박해 나간 것입니다.

대부분의 사람들은 상대방의 설득을 받아들이기는커녕 설득하는 사람에게 강한 반감을 갖게 됩니다. 혹시 설득당할 수밖에 없는 상황에 처해도 마음 한구석의 찝찝함을 떨치지 못하는 것이 사실입니다. 그러므로 설득은 사람을 변화시키는 좋은 방법이 아닙니다. 여러 가지 요소가 복합적으로 얽혀 있는 사람의 마음을 설득만으로 바꾸려는 것은 어리석은 짓입니다. 설득이 아닌 다윗 자신의 논리를 따랐던 나단의 이야기에 다윗으로서는 방금 자신이 한 말을 부인하지 않는 한 자기 죄를 인정하고 용서를 비는 방법밖에 없었던 것입니다.

상대방의 입장에서 논리를 이해하고 수용하기

상대방의 논리를 따라가며 공감적으로 대화하기

공감은 '나'가 중심이 아니라 '너'에서부터 시작됩니다. 즉, 나의 입장에서 상대방을 이해하는 것이 아니라 온전히 상대방의 입장에서 상대방을 이해하여야 합니다. 따라서 올바른 공감을 위하여 상대방의 논리를 이해할 때도 '나'는 상대방의 입장에서 논리를 이해하고 수용해야 합니다. 상대방의 논리를 따라가면서 공감적으로 대화를 하는 다음의 '초장왕과 신숙이'의 이야기가 이러한 예를 잘 보여 주고 있습니다.

혜전탈우(蹊田奪牛)란 말이 있습니다. 원래의 뜻은 남의 소가 내 밭을 짓밟았다고 그 소를 빼앗는다는 뜻이지만 지은 죄보다 벌이 무거운 경우를 지적하는 것으로, 좌전(左傳)에 있는 이야기입니다.

하어숙, 공녕, 의행보는 다 같이 진(陣)나라 영공(靈公)을 섬기는 대부였습니다. 하어숙은 정목공의 딸 하희를 아내로 맞았는데 그녀는 요염하고 음탕한 여자였습니다. 하어숙은 아내 하희에게서 하징서라는 아들을 낳게 되었으며 하징서가 12세 되던 해에 죽었습니다. 하희는 이때부터 아들 하징서를 스승에게 맡겨 놓고 식읍인 주림에 와서 살았습니다. 하희가 주림으로 내려오자 공녕은 하희와 만나 정을 통하였고 친구인 의행보 역시 하희와 정을 통하였습니다. 또한 공녕은 진의 왕인 영공까지 끌어들임으로써 하희를 가운데 두고 왕인 영공과 신하인 공녕, 의행보가 어우러지게 되었습니다.

어느덧 세월이 흘러 하징서는 18세가 되었습니다. 그는 건장한 청년으로 성장하여 힘이 세고 활을 잘 쏘았습니다. 어미의 행실 때문에 가슴이 아팠지만 왕인 영공 때문에 어쩔 수가 없었습니다. 영공은 하희의 환심을 사려고 하징서를 그 아비 하어숙이 맡고 있던 사마관직에 임명했습니다.

어느 날 영공은 공녕, 의행보와 즐기다가 하희 집에서 자게 되었습니다. 사마가 된 하징서는 감사의 뜻으로 영공 일행에게 성대한 잔치를 베풀어 접대하였습니다. 술기운이 오른 세 사람은 평소와 같이 노래하고 춤추며 농담을 주고받았습니다. 하징서는 그들이 노는 꼴이 보기 싫어 옆방에 물러나 있었습니다. 이때 영공이 의행보에게 "하징서가 너를 많이 닮았는데 네가 낳은 것이 아니냐?"라고 묻자 의행보가 웃으며 "서글서글한 눈이 주공을 닮았습니다."고 농을 받았습니다. 옆에 있던 공녕이 "주공과 의대부의 합작입니다. 하부인은 알 것입니다."고 말하자 세 사람은 손뼉을 치며 웃었습니다. 옆방에 있던 하징서는 이들의 추잡한 소리에 큰 모욕감을 느꼈습니다. 하징서는 앞뒤를 가리지 않고 연회석으로 뛰어들어 영공을 죽이고 세자를 임금으로 삼았습니다.

이 소식을 들은 당시 군소 국가의 패왕으로 행세하던 초나라 장왕은 군사를 일으켜 진나라의 수도로 쳐들어가 하징서를 죽임으로써 세상 사람들의 박수를 받았습니다.

장왕은 내친김에 진나라를 초나라의 군현으로 만들어 버렸습니다. 이렇게 장왕이 우쭐해 있을 때 제나라에 사신으로 가 있던 신숙시가 돌아왔습니다.

그가 장왕에게 업무 보고만 하고는 그대로 물러나려고 하자 장왕은 불쾌한 표정으로 불러 세우고는 "하징서가 무도하게도 그 임금을 시해했기 때문에 과인이 쳐들어가 그를 죽였다. 제후와 현공들이 모두 축하해 주는데 그대만 아무 말이 없으니 무슨 까닭인가?"라고 물었습니다.

이에 신숙시는 "임금을 시해한 죄는 물론 크지요. 그를 처단하신 전하의 의리는 대단합니다. 그러나 어떤 사람의 소가 내 밭을 짓밟았다고 해서 그 소를 빼앗을 수는 없습니다. 남의 소가 무단히 내 밭을 짓밟았다면 잘못된 일이지요. 그렇다고 남의 소를 빼앗는다면 지나친 처벌이 되지 않겠습니까? 제후들이 전하를 칭송하는 것은 죄지은 자를 징벌했기 때문입니다. 진나라를 이 나라의 한 고을로 만든 것은 남의 부를 탐낸 것입니다. 죄 지은 자를 징벌하면서 남의 땅까지 탐낸다면 이게 좋은 일이 되겠습니까?"라고 말하였습니다.

장왕은 고개를 끄덕이며 말했습니다.

"맞는 말이다. 과인의 생각이 미치지 못했었군. 지금이라도 돌려주면 되지 않겠는가?"

그 신하에 그 임금이라고 할까요, 장왕은 빼앗은 진나라를 즉각 원상 회복시켜 주었습니다.

(박성희, 『공감』, 2009, pp. 91-94)

앞의 이야기에서 초장왕은 자신이 한 일에 대하여 대단히 자랑스럽게 생각하고 있습니다. 초장왕이 이렇게 자신이 한 일에 대하여 자부심을 가지게 된 것은 주변의 신하들의 칭송도 큰 원인이 됐을 겁니다.

사람들은 자신이 한 일에 대하여 주변 사람들의 칭찬과 격려를 받다보면 지나치게 욕심을 부리는 경우가 종종 있습니다. 초장왕의 경우도 마찬가지입니다. 아무리 왕이 어리석고 무능하다고 하더라도 자신이 모시고 있던 왕을 시해하고 그 아들인 태자를 왕으로 삼은 하징서의 행위는 응징을 받아 마땅합니다. 하지만 그로 인하여 나라를 없애고 자신이 다스리는 초나라의 고을로 삼은 것은 지나친 응징이라고 볼 수 있습니다. 하지만 이러한 초장왕의 지나침의 잘못을 그의 위세에 눌려 어느 누구도 알 수 있게 해 주지 못했을 겁니다.

이러한 초장왕의 잘못을 신숙시는 상대방의 논리를 이해하는 공감적 대화를 통해 깨닫게 하고 있습니다. 먼저 밭을 밟은 소(예화에서는 하징서가 진나라 영공을 죽인 일)가 잘못하였다고 하여 그 주인에게서 소를 빼앗는 것(초장왕이 진나라를 초나라의 군현으로 만든 일)은 너무 지나친 응징이라는 예화를 통해 이에 동의하는 초장왕의 논리를 확인할 수 있었으며 이러한 신숙시의 태도는 초장왕의 마음을 변화시키는 중요한 역할을 하였습니다.

상대방의 입장에서 논리를 존중하며 수용하기

상대방의 입장에서 논리를 이해할 때는 자신의 논리나 생각이 아

닌 '그'의 논리를 존중해 주고 수용해 주어야 합니다. 다음의 '황태자와 소' 이야기는 상대방의 논리에 대하여 이러한 모습을 잘 보여 줍니다.

아비세나는 아랍에서 존경받는 명의였습니다. 한 번은 동료들로부터 황태자가 병이 들어 고생하고 있으니 치료를 해 달라는 부탁을 받았습니다. 황태자는 아주 위중한 상태였으며 많은 의사와 다른 사람들이 치료를 시도하였으나 모두 실패하였습니다. 백방으로 노력하다 마지막으로 아비세나에게 부탁하게 되었다고 하면서 그가 온 국민이 거는 마지막 희망이라고 동료들이 말하였습니다.

친구들의 청을 듣고 아비세나는 황태자의 병세에 관하여 물어보았습니다. 황태자는 자기가 소로 변신되어 있다고 믿고 있었습니다. 황태자는 자기가 도살되어 사람들이 요리하여 먹어야 될 것이라고 주장하였습니다. 아비세나에게 도움을 청하기 전에 이 황태자의 병을 고치기 위해서 가능한 모든 것을 시도해 보았습니다. 약물 요법, 종교 요법 또는 그밖에 동원될 수 있는 비방을 거의 모두 써 보았으나 아무런 효과가 없었습니다.

사실 황태자는 무척 국민의 존경을 받고 있었기 때문에 온 나라의 관심이 여기에 집중되었습니다. 그래서 설득도 해 보고 다른 나라에 여행을 하게도 했습니다. 심지어 폐위시키겠다고 위협도 하였습니다. 그러나 황태자의 병세는 여전하였고 몸은 점점 더 야위어갔습니다. 그리고 여전히 자기는 소이기 때문에 도살되어야 한다는 것이었습니다. 모든 사람들은 그가 소가 아니고 황태자라는 것을 인식시키려고 하였으나 언제나 허사로 끝났습니다.

아비세나는 마침내 황태자의 병상에 찾아가게 되었습니다. 그는 많은 사람들이 황태자에 대하여 하는 말을 아주 주의 깊게 들었습니다. 많은 사람들의 이야기를 듣고 그는 황태자의 입장에서 그를 이해하려고 노력하였습니다. 마침내 아비세나는 황태자에게 말하기 시작하였습니다.

"나는 이제 폐하가 소라고 하는 것과 폐하가 도살되지 않으면 안 된다는 것을 알게 되었습니다. 그러나 폐하는 너무나 말라서 지금 도저히 도살할 수 없습니다."

이 말을 들은 황태자는 살이 쪄야 된다는 너무나 당연한 말에 따라 음식을 먹기 시작하였고, 음식을 좋아하게 되었으며 마침내 몸이 튼튼하게 되었습니다. 결국에 가서는 황태자의 정신건강까지 회복되었습니다.

(박성희, 『공감』, 2009, pp. 172-174)

앞의 예화에서 다른 의원들은 왜 황태자의 병을 고치지 못하였을까요? 황태자를 고친 의원은 어떻게 하여 황태자의 병을 치료할 수 있었을까요? 먼저 황태자의 병에 대한 올바른 처방을 위하여 의원은 자신의 입장에서가 아닌 황태자가 지니고 있는 논리를 잘 파악하고자 하였습니다. 또한 파악한 황태자의 논리를 옳고 그름으로 보는 것이 아니라 황태자의 논리를 수용하면서 처방을 하였습니다. 황태자의 논리와 의원의 치료과정을 흐름도로 그려 보면 다음과 같습니다.

나는 소다

☞ 황태자의 논리

⋮

그러니까 사람들이 나를 죽여서 잡아먹어야 한다.

☞ 황태자의 논리

⋮

그런데 사람들이 나를 죽이지 않는다.

☞ 황태자의 논리

⋮

그러니까 단식을 해서 죽어 버리자

☞ 황태자의 논리

⋮

사람들은 마른 소를 잡지 않는다.

☞ 의원의 말

⋮

일단 살이 올라야 사람들이 잡아먹는다.

☞ 의원의 말을 듣고 황태자가 발전시킨 논리

⋮

살이 오르려면 음식을 열심히 먹는 수밖에 없다.

☞ 의원의 말을 듣고 황태자가 발전시킨 논리

⋮

따라서 열심히 먹자

☞ 의원의 말을 듣고 황태자가 발전시킨 논리

상대방의 논리를 확장시켜서 이해하기

때로는 상대방의 논리를 이해하고 수용하기 위하여 그것을 확장하고, 발전시킬 필요가 있습니다. 이를 통해 상대방 스스로가 자신의 논리를 객관화시키고, 그 결과 자신의 현실성 없는 주장 자체를 거두어들이게 하는 것도 훌륭한 방법이 될 수 있습니다. 다음의 '공주와 장신구' 이야기를 살펴보면 장인이 공주의 논리를 어떻게 확장시키고 발전시켜 이해하고 있는지를 알 수 있습니다.

이 이야기는 불경의 하나인 출요경(出曜經)에 나오는 이야기입니다.
옛날 한 국왕에게는 여러 명의 왕자와 한 공주가 있었습니다. 국왕은 공주를 특히 총애하여 한시도 떨어지지 않고 곁에 있게 하였습니다. 그리고 공주가 갖고 싶다는 것은 무엇이든지 구해 주었습니다. 그러던 어느 날 저녁 큰비가 내려 빗물이 땅에 흥건히 고였습니다. 그 위에 빗물이 떨어지자 여러 모양의 물거품이 생겨났습니다. 물거품은 궁궐의 불빛을 받아 마치 휘황찬란한 보석처럼 보였습니다. 그 광경에 반한 공주가 국왕에게 물었습니다.
"아버님, 저 물거품으로 장신구를 만들어 머리에 달면 정말 예쁘겠어요."
국왕은 공주의 말을 듣고 웃으면서 대답했습니다.
"애야, 저 물거품은 손으로 잡을 수 없는 것인데 어떻게 장신구를 만들 수가 있겠느냐?"
이에 공주가 말했습니다.

"몰라요. 사람들을 시켜서 만들어 주지 않으면 죽어버리고 말 거예요."

국왕은 공주의 성격을 잘 알고 있는 터라 황급히 유명한 장인들을 불러 모았습니다.

"너희들은 솜씨가 매우 훌륭해서 만들지 못하는 것이 없다고 하니, 서둘러 만들도록 하여라. 만일 만들어 내지 못하면 죽은 목숨으로 생각하라."

장인들은 국왕의 말을 듣고 어처구니가 없는지라 서로 멍하니 얼굴만 쳐다보았습니다. 그리고 이내 물거품으로 장신구를 만들 수 없는 노릇이라고 서둘러 말하기 시작하였습니다. 그런데 한 늙은 장인이 나서서 충분히 만들어 낼 수 있노라고 말했습니다.

국왕은 매우 기뻐하면서 그 사실을 공주에게 급히 전했습니다.

"물거품으로 장신구를 만들 수 있다고 하는 사람이 있으니, 직접 와서 만나도록 해라."

그 소식을 들은 공주가 늙은 장인 앞에 나타나자, 그 늙은 장인은 공주에게 말했습니다.

"공주님, 저는 하잘 것 없는 사람이라 물거품을 분간해 낼 수 없으니, 먼저 공주님께서 직접 물거품을 가지고 오시면 장신구를 만들어 드리겠습니다."

그러자 공주는 물거품을 가지고 오겠다고 나섰습니다. 그러나 물거품은 손에 대기만 하면 이내 사라져 버려 도저히 잡을 수가 없었습니다. 공주는 하루 종일 애써 보았지만 허리만 아플 뿐이었습니다. 지친 공주는 화를 내며 포기하고선 돌아서 버렸습니다. 국왕은 공주가 돌아오는 모습을 보고 물었습니다.

"그래, 물거품으로 만든 장신구는 완성되었느냐?"

공주는 자기 볼을 치면서 대답했습니다.

"전 물거품 따위는 필요 없어요. 물거품은 실제로 존재하는 것도 아니고 오랫동안 있는 것도 아니에요. 아버님께서 금으로 만든 장신구를 주신다면, 그것은 쉽게 부서지지 않을 테니 밤낮으로 머리에 꽂을 수 있을 거예요."

(진현종, 『팔만대장경에 숨어 있는 108가지 이야기』, 1997)

앞의 이야기가 다른 이야기들과 다른 것은 공주의 원래 소망이 실현되지 못해서 해피엔딩이 되지 못했다는 점입니다. 사실 공주의 소망은 실현이 불가능한 비현실적인 것이었습니다. 그러나 처음에 공주는 물거품 장신구를 갖는다는 것이 불가능하다는 사실을 인정하지 않으려 했습니다. 아버지인 국왕이 분명히 물거품 장신구는 만들 수 없는 것이라는 점을 지적하였지만 공주는 이를 받아들이려고 하지 않았습니다. 아마 공주의 지적 발달 수준(또는 경험 수준)이 그에 미치지 못했거나 또는 물거품 장신구를 갖고 싶은 욕구가 너무 강하여 왕의 말만 듣고 물러설 수 없었는지 모릅니다. 그리하여 공주는 자기 생각을 고집했고 그에 따라 여러 사람들이 당황하고 혼란을 겪습니다.

그러나 늙은 장인은 공주의 생각을 정확히 꿰뚫고 있었습니다. 다른 사람들과 다르게 늙은 장인은 자신 있게 공주가 원하는 물거품 장신구를 만들 수 있다고 말했습니다. 공주의 마음속에서는 다음과 같은 논리가 진행되었을 것입니다.

'물거품 장신구는 너무 아름답다. 그것을 갖고 싶다. 아마 솜씨 좋

은 장인은 그것을 만들어 줄 수 있을 것이다.'

이 논리를 확장, 발전시킨 장인은 다음과 같은 논리를 덧붙입니다. '공주님의 말씀대로 물론 물거품 장신구는 만들 수 있습니다. 하지만 공주가 갖고 싶어 하는 아름다운 물거품이 도대체 어떤 것인지 알아야 만들 수 있을 것 아닙니까? 먼저 공주님이 아름다운 물거품을 가져오세요. 그러면 그와 똑같은 아름다운 물거품 장신구를 만들어드리겠습니다.'

장인이 전개한 논리는 공주 자신의 논리를 연장시킨 것에 불과하므로 공주는 그에 반대할 이유를 찾을 수 없었습니다. 실제로 공주는 물거품을 가져오려고 노력하였습니다. 그리고 바로 그런 노력을 해보면서 자신의 주장이 터무니없는 것이라는 사실을 깨닫게 된 것입니다.

장인이 취한 자세는 앞의 이야기에서의 라즈니쉬나 나단의 자세와 별 다르지 않습니다. 다만, 장인은 공주의 소망을 이룬다는 것이 도저히 불가능하다는 것을 공주 스스로 알아챌 수 있도록 앞장서서 공주의 논리를 한 걸음 더 나아가도록 했을 뿐입니다.

2. 학생의 논리 이해를 통한 행복한 교실 만들기

상대방을 올바르게 공감하기 위해서는 상대방의 논리를 이해하고 수용하는 자세가 필요합니다. 이러한 상대방의 논리를 이해하고 수용하는 공감적 태도는 교사와 학생, 학생과 학생관계를 더욱 원활하게 할 뿐만 아니라 행복한 교실을 만드는 데 밑거름이 됩니다.

사례로 열어가기

나는 완벽해야 해

초등학교 6학년인 철호는 제시된 문제나 학습내용을 하나도 빠트리지 않고 완벽하게 풀거나 읽어야만 직성이 풀리는 특이한 습관을 가졌습니다. 철호는 일종의 완벽증에 시달리고 있습니다. 철호의 생각을 요약하면 이렇습니다. '나는 완벽한 사람이야. 완벽한 사람이 무엇인가를 빠뜨리고 실수를 해서는 곤란하지. 그러므로 시험 볼 때 제시된 문제는 하나도 빠트리지 말고 완벽하게 풀어야 해. 수업시간에도 하나도 빼놓지 말고 다 읽어야 해. 만일 읽지 못하고 지나가게 되면 그건 나다운 일이 아니야.'

더욱 심각한 것은 이렇게 풀거나 읽지 못하고 스쳐 지나간 수업시간이 생기면 그 시간 이후로 철호는 자신을 비난하느라 지옥 같은 하루를 보냅니다. 정말 황당하지요? 그런데도 철호는 이 생각을 버리

지 못하고 계속 집착합니다. 그러다 보니 학교에서 종종 정상적으로 수업에 참여하지 못하고 몹시 괴로워합니다.

이러한 완벽을 추구하는 철호의 모습을 교실생활에서도 쉽게 발견할 수가 있습니다. 그의 책상은 늘 깨끗하고 준비물이나 책들은 반드시 제자리에 반듯하게 자리를 잡고 있어야 합니다. 친구들이 건드려서 조금이라도 흐트러지면 난리가 납니다. 그러다 보니 같은 반의 어느 누구도 철호와 친해지려 하지 않습니다.

철호의 이러한 완벽증을 지켜보는 담임선생님은 답답하기만 합니다. 그래서 철호에게 도움을 주고자 대화도 해 보고, 수업시간에 과제를 철호에게만 적절하게 제시하여 수행해 보도록 하였습니다. 하지만 철호의 완벽증은 좀처럼 나아질 기미가 보이지 않습니다.

(죽향초 교사 김기종 각색)

아동의 논리를 이해하고 수용하는 올바른 공감적 표현하기

철호는 왜 완벽한 사람이 되려고 할까요

앞 사례의 철호는 '자신은 완벽한 사람이어야 한다.'는 생각에 사로잡혀 있습니다. 이렇게 철호가 '완벽증'에 사로잡혀 있는 이유는 무엇일까요? 사람들은 자신이 해야 할 일을 끝까지 해냈을 때 왠지 뿌듯함과 희열을 느끼면서 삶의 보람을 발견하기도 합니다. 철호도 언제인지는 몰라도 살면서 이러한 경험을 할 기회가 있었을지도 모릅니다. 이런 경험이 반복적으로 학습되어 철호의 마음속에는 '나는 무슨 일을 하던지 끝까지 해야만 돼.'라는 생각이 자리 잡고 있는지도 모릅니다.

철호의 완벽증은 가정생활에서 원인을 찾아볼 수도 있습니다. 특히 철호의 성장에 커다란 영향을 미치는 부모님의 양육태도에서 그 원인을 찾아볼 수도 있습니다. 부모님이 어렸을 때 철호에게 관대하거나 허용적이지 않고 엄격한 양육태도를 보였다면 철호는 부모님에게 인정을 받기 위하여 자신의 완벽함을 증명하기 위해 노력하였을 것이고, 이러한 노력이 지금의 완벽증의 한 원인이 되었을 것입니다.

철호의 심리적인 요인도 한 원인이 될 수 있습니다. 사람들 중에는 자신의 주변이 늘 잘 정리되어 있고 조용해야 마음이 편한 사람도 있습니다. 이러한 심리적인 면은 외부 환경이나 주위 사람들의 영향보다는 원래 그 사람이 가지고 태어난 성격일 수 있습니다.

이렇듯 철호가 보이는 완벽증은 여러 가지 원인에서 생겨날 수 있습니다. 물론 시험문제나 과제를 완벽하게 해결하려는 철호의 모습이 나쁜 것만은 아닙니다. 하지만 그것이 지나쳐 학교생활을 하는 데 어려움을 겪고 있기 때문에 문제가 되는 것입니다. 아이들의 학교생활, 특히 6학년 남자 아이들은 그 어느 때보다도 에너지가 넘치고 활동적입니다. 쉬는 시간에는 교실에서 가만히 있지를 못하고 장난치기가 일쑤고, 시간만 되면 운동장에 나가기를 좋아합니다. 이런 활동적인 아이들이 철호와 함께 사귀기를 꺼려 하는 것은 당연합니다. 물론 철호의 입장에서도 다른 아이들의 이러한 모습이 이해되지 않겠지요.

담임선생님의 입장에서도 철호는 힘든 아이입니다. 수업시간이나 시험 볼 때 철호의 모습을 보는 담임선생님은 몹시 답답할 것입니다. 더욱이 철호가 반 아이들과 잦은 다툼을 보인다면 철호의 올바른 성장을 위하여 어떤 도움이라도 주어야겠다고 생각하실 겁니다.

아동의 논리를 이해하며 공감하기

1) 여러분이 철호의 담임이라면 '나는 완벽한 사람이다.'라는 황당한 철호의 생각을 변화시키기 위하여 이런저런 노력을 할 것입니다. 우선 '설득'이라는 방법을 쓸 수 있습니다. 여러분이 철호에게 설득의 말 한마디를 건네 보세요.

   철호에게: _____

   _____

   작성 예시) 철호야, 이 세상에는 신 이외에는 어떤 인간도 완벽한 사람은 없단다. 그러므로 한두 번 정도 실수하는 것은 네가 인간이라는 것을 증명하는 거야. 너무 완벽하게 모든 것을 하려고 하면 너무 세상살이가 힘들고 스트레스를 많이 받지 않을까?

2) 또한 철호의 생각에 대하여 옳고 그름을 판단할 수도 있습니다. 철호의 어떤 생각이 잘못되었는지 지적하는 말 한마디를 건네

보세요.

　　철호야, 너의 생각은 (＿＿＿＿＿＿＿＿＿＿＿＿＿)
이 잘못되었기에 (＿＿＿＿＿＿＿＿＿＿＿)를 고쳐야 해.

　　작성 예시) 철호야, 너의 생각은 ('사람은 완벽하기 때문에 모든 일을 실수 없이 해야 하고 문제나 과제를 다 풀고 읽어야 마음이 편할 것'이라는 생각)이 잘못되었기에 (모르는 문제가 있으면 다음에 잘 풀 수 있도록 공부를 열심히 하면 되고, 이해가 되지 않는 부분이 있으면 생각을 잠시 중단하고, 자신의 자리를 약간 어지럽힐 수 있는 친구의 실수를 어느 정도는 이해하도록 마음과 행동)을 고쳐야 해.

3) 담임선생님이 아동의 현재 처한 상황에 대하여 설득이나 옳고 그름이 아닌 논리를 이해하고 존중하며 따라간다면 위의 두 예시보다 공감적인 이해에 바탕을 둔 관계가 형성될 것입니다. 선생님은 철호의 논리를 이해하고 공감하는 모습을 어떻게 보여야 할까요?

철호는 자신이 완벽해야 한다는 생각에 사로잡혀 있습니다. 먼저 이러한 철호의 생각이 황당한 게 아니라 철호 스스로에게 특별한 의미가 있을 거라는 점을 받아들이는 것입니다. 철호에게 필요한 게 아니라면 그 생각이 일어날 리가 없기 때문입니다.

철호의 생각을 나의 입장에서 보면 황당하고 병적으로 보이지만 철호가 생각하는 논리를 이해하고 접근한다면 철호의 생각이나 행동이 공감적으로 이해될 것입니다.

학생의 논리를 존중해 주는
올바른 공감적 표현 이해하기

교실은 학생들만의 공간이 아닙니다. 교사도 중요한 학급 구성원 중의 일부입니다. 따라서 학급의 분위기를 좌우하는 데 교사의 학생들을 대하는 태도가 가장 큰 영향력이 있다고 해도 과언은 아닙니다. 하지만 학교생활 중에는 교사와 학생과의 관계에서 크고 작은 갈등이 일어나기도 합니다. 이와 같은 이유로 교사 본인이나 학생들 사이에 불편하고 어색한 분위기가 조성되는 경우가 종종 있습니다. 하지만 교사가 학생을 '나'의 기준이 아닌 '학생'의 입장에서 학생들의 생각이나 행동의 논리를 이해하고 존중하며 수용해 준다면 학생들과의 관계가 매우 원만하게 될 것이며 평화롭고 즐거운 교실이 이루어질 것입니다.

교사의 지시에 불응하는 학생

예슬이는 6학년 여자아이입니다. 가정환경은 안정되어 있으며, 학습 수준은 중위권입니다. 교우관계는 맘에 드는 몇 친구에게만 친절하고 그 외 친구에게는 냉정하게 대하는 경우가 많습니다. 사춘기에 접어들어 그런지 많이 예민한 상태이고, 선생님의 훈계를 기분 나쁘게 받아들이거나 대들면서 교실 밖으로 뛰쳐나가 선생님을 매우 힘들게 하고 있습니다. 어느 날 수업시간의 일입니다.

> 선생님: "자, 이제 수업 시작할 테니 하던 것 정리하고 수업 준비하자."
>
> 예슬이: "흥얼 흥얼~"
>
> 선생님: "예슬아, MP3 그만 듣고 수업 해야지!"
>
> 예슬이: "……"
>
> 선생님: "예슬이, 선생님 좀 봐! 지금은 수업 시간이잖아. 친구들이 기다리고 있는데 계속 음악만 듣고 있으면 어떻게 해?"
>
> 예슬이: "안 들으면 되잖아요! 에이~"(밖으로 나감)
>
> 선생님: "그렇다고 교실 밖으로 나가?"

선생님은 이러한 예슬이의 행동에 당황스러웠습니다. 그래서 방과 후에 예슬이와 상담을 하게 되었습니다. 다음은 선생님과 예슬이가 상담한 내용입니다.

> 선생님: "수업시간에 네 마음대로 하면 되겠어? 네 마음대로 하고 싶으면 학교 오지 말아야겠지?"
>
> 예슬이: "(콧소리로) 흥~"

선생님: "입장을 바꿔 놓고 생각해 봐! 네가 선생님이라면 어떻겠어?"

예슬이: "왜 자꾸 저만 가지고 그래요?"

선생님: "아직 뭘 잘못했는지 잘 모르는구나. 저쪽에 서서 생각해 보는 것이 좋겠다."

예슬이: "쳇!"

선생님: "선생님을 노려보면 어떻게 하겠다는 거야?"

예슬이: (자리를 박차고 나가 버린다.)

선생님: (황당해하며) "또 나가?"

(죽향초 교사 김기종 각색)

이후 선생님께서는 예슬이가 수업 시간에 보이는 돌출 행동이나 반항적인 태도에 대해 그때그때 지적하였습니다. 방과 후에는 상담실로 불러 최대한 감정을 억제하면서 잘못된 점이 무엇인지 차분하게 설명해 주었습니다. 예민한 사춘기 때인 것 같아 크게 혼내기보다는 오히려 예슬이의 좋은 점, 장점들을 칭찬해 주고 감정이 안정된 후 잘못된 부분을 바로잡아 주려 했습니다. 하지만 예슬이의 행동에 변화는 없었고 관계만 더욱 악화되었습니다. 선생님과 예슬이의 관계를 좋게 만드는 방법은 없을까요?

선생님이 예슬이의 행동에 대한 대처방법 중 예슬이의 돌출행동에 대해 감정적으로 대처하지 않은 것, 사춘기 아동의 행동을 이해하려고 한 것, 예슬이의 장점을 칭찬해 주고, 예슬이가 안정된 상태가 되었을 때 면담을 시도한 모습은 잘한 점입니다.

하지만 교사와의 관계가 좋지 못한 원인을 파악하지 않은 점, 효과적인 칭찬의 방법을 사용하지 않은 점, 전년도 담임과의 면담은 물론 부모 상담을 통해 가정에서의 양육방법 및 행동유형을 파악하지 못한 점은 생각해 보아야 합니다. 예슬이에게는 감정조절 훈련을 시킬 필요가 있으며, 교사는 사춘기 아동의 심리를 이해하고 이에 접근하는 다양한 전략을 활용할 수 필요가 있습니다.

먼저 학생의 돌출행동에 대한 원인을 찾아보세요

학생이 갑자기 교실을 나가는 행동을 보이는 원인은 여러 가지가 있을 수 있습니다. 친구와 싸운 후 분노조절이 안 되는 경우, 선생님께 꾸지람을 들어서 기분이 나쁜 경우, 학습 훈련이 부족해 수업시간과 쉬는 시간을 잘 구별하지 못하는 경우 등입니다. 이것은 자기 통제력이나 자기 조절 능력의 부족에서 귀인한 것으로 볼 수 있습니다. 해도 되는 행동과 해서는 안 되는 행동에 대한 구별이 모호하고, 단체행동에서 지켜야 할 규율이 제대로 습관화되지 못한 경우에 많이 발생합니다.

교실을 나가는 행동의 원인이 교사에게 꾸지람을 들어서 기분 나쁜 경우라면 자신의 욕구 불만이나 불안공포에 대한 일종의 현실 도피 반응일 수 있습니다. 이러한 행동을 일시적으로 변화시키려고 섣불리 대응하거나 과잉반응을 하게 되면 오히려 행동개선을 지연시키거나 그 기회를 놓칠 수 있습니다. 일방적인 지시나 통제보다는 스스로 자기통제능력을 길러갈 수 있도록 잘할 수 있는 일을 매일 하도록

유도하면서 관심을 보이도록 합니다. 가능한 한 다양한 놀이 활동을 통해 대인 관계 기술을 익히며, 나아가 분노의 감정을 해소할 수 있는 게임(간이 볼링, 공치기 등)을 하는 것도 하나의 방법입니다.

예슬이처럼 반항적인 태도를 보이는 경우 가정에서의 양육방법에 문제의 원인이 있을 수 있습니다. 과잉보호 또는 방임 및 강압적으로 양육되었을 경우 이로 인한 내적 갈등의 표출이므로 부모가 잘못된 양육태도를 인식할 수 있도록 부모 상담을 하는 것이 좋습니다. 만일 가족 내에서 인정을 받지 못하는 경우 가정 내에서 예슬이가 인정받을 수 있도록 도와주고 학교에서도 인정받을 수 있는 기회를 제공하는 것이 효과적입니다.

학생의 논리를 존중해 주는 올바른 공감적 표현하기

1) 교사와의 관계가 좋지 못한 원인을 논리적으로 파악하기

예슬이의 경우 문제 행동에 대해서 지적하거나 훈계하는 방법으로는 아이의 마음을 열기 힘들 것입니다. 그러므로 문제행동을 일으키는 이유나, 그런 행동을 할 때 드는 생각이나 마음을 파악하기 위한 노력이 있어야 합니다. 예를 들면, 다음과 같이 질문을 통해 예슬이의 논리를 파악할 수 있습니다. "선생님이 MP3를 그만 들으라고 했을 때 어떤 느낌이었니?" "그때 왜 교실 밖으로 나갔니?" "선생님이 너만 미워한다고 행각하니?" "내가 너를 속상하게 한 점이 무엇인지 말해 줄래?"

2) 수용해 주기

교사가 예슬이의 장점에 대해 칭찬을 하는 노력을 기울였음에도 불구하고 효과가 별로 없었습니다. 예슬이처럼 교사의 훈계에 반항적 태도를 보이는 경우 행동을 조절하려고 하는 것보다 교사와의 관계 개선을 위해 수용해 주는 것이 매우 효과적입니다.

사춘기 아동의 자존심을 건드리지 않으면서 효과적으로 수용적으로 대화하는 방법은 다음과 같습니다.

- 신뢰를 담은 말: "네가 그렇게 한 데는 어떤 이유가 있을 거라고 생각해." "다른 선생님들 말로는 네가 그랬을 리가 없다고 하더라."
- 공헌, 장점 및 가치인정에 관한 말: "넌 음악 감상을 참 잘하는구나. 선생님에게 좋은 곡을 추천해 주겠니?"
- 노력과 개선을 인정하는 말: "요즘 네가 잘해 보려고 많이 노력하는 것 같구나." "네가 달라졌구나!" "어유, 정말 많이 좋아졌구나."

3) 교실을 뛰쳐나가는 대신 할 수 있는 대처 행동 찾기

화가 나거나 충동적으로 교실을 뛰쳐나가고 싶을 때 할 수 있는 대처 행동을 제공해 줍니다. 대체 행동의 예로는 숫자 거꾸로 세기, 선생님께 말씀드리고 교실을 나간 후 잠깐 자신의 화를 누그러뜨리고 교실로 다시 돌아오기 등이 있습니다.

4) 감정 조절 훈련을 통해 분노감이나 충동성 조절, 자기 통제 능력을 키워 주기

분노나 충동성, 자기 통제가 되지 않을 때 사용하는 감정 조절 훈련 중 긴장이완법을 활용하여 화를 다루는 방법은 다음과 같습니다.

① 화가 난 상황을 잠시 피한다. (밖으로 나가거나 다른 교실로 간다.)

② 심호흡을 한다.

- 숨을 들이 쉰다.
  - 어깨와 가슴이 움직이지 않도록 한다.
  - 가슴으로 숨을 쉬지 않는다.
  - 배가 볼록하게 나오도록 한다.
  - 숨을 들이 쉴 때 가급적 큰 소리를 낸다.
  - 숨을 들이 쉴 때 코로만 들이 쉰다. (입을 다문다.)
- 숨을 내뿜는다.
  - 배가 볼록하게 숨을 들이 마신 다음 멈춘다. 혹은 배가 볼록하게 숨을 들이마시고 약간만 내뿜은 다음 멈춘다.
  - 멈추는 시간은 약 2~3초간으로 한다.
  - 숨을 한꺼번에 몰아 내쉰다.
  - 숨을 몰아 내쉴 때는 입과 코를 동시에 사용한다.
  - 가급적 큰 소리로 내쉰다.
- 숨을 들이 마시고 내뿜는다.
  - 숨을 들이마시고 내뿜는 과정을 연속적으로 한다.
  - 화가 가라앉을 때까지 여러 차례 반복한다.
  - 가급적 여유를 가지고 실시한다.

③ 구구단을 눈을 감고 외운다.

④ 긴장된 근육을 이완시킨다.

- 주먹을 꽉 쥐었다 피었다 한다.

- 편안한 자세를 취한다.

- 팔과 다리를 쭉 펴면서 소리를 낸다.

- 목을 돌리며 긴장을 푼다.

- 가볍게 몸을 두드리며 긴장된 근육을 풀어 준다.

5) 교사의 훈계에 화가 날 때 진정할 수 있는 행동조절 방법 익히기

- 천천히 말하도록 한다. (천천히 소리칠 수는 없기 때문이다.)

- 숨을 깊고 길게 쉰다.

- 서 있는 경우라면 앉도록 한다. 앉는 것만으로도 분노를 가라앉
  히고 평온을 찾을 수 있다.

6) 사춘기 아동의 저항 심리를 다룬 책을 읽게 하거나 영화를 보게 한다.

3. 상대방의 논리 이해를 통한 즐거운 직장생활

직장생활을 하다 보면 같은 상황이라도 개인의 논리에 따라
다르게 이해하는 경우가 있습니다. 이러한 모습은 때때로 서로
간의 갈등이나 오해를 불러일으키는 원인이 되기도 합니다. 만일

상대방의 논리를 파악하여 상대방이 자신과 다른 선택을 할 수 있음을 이해하고 공감을 한다면 더 행복하고 즐거운 직장생활이 될 것입니다.

이번에는 동화를 통해 상대방의 논리를 파악해 보고 어떻게 대화를 통해 공감활동을 할 수 있는지 또한 행동으로는 어떻게 공감을 표현할 수 있는지 알아볼 것입니다. 이를 통해 공감적 대화나 행동표현이 직장에서는 어떻게 이루어질 수 있는지 직장생활의 사례를 살펴보고, 올바른 공감적 표현을 위한 연습을 해 보겠습니다.

동화로 열어가기

계륵

『후한서 양수전(後漢書 楊修傳)』에 나오는 이야기입니다. '계륵'은 조조로 인해 생긴 유명한 고사성어입니다. 양수는 중국 삼국시대 위나라 사람으로 재주가 뛰어나고 풍부한 식견을 가졌으며 말을 아주 잘했습니다. 양수는 조조의 주부로 일했는데 조조는 양수의 재능을 몹시 아끼고 사랑하면서도 속으로 시기하는 마음이 있었습니다.

어느 날 조조는 새로 만들어진 화원을 돌아보고 문 위에 '활(活)'자를 써 놓고 돌아갔습니다. 관리인은 조조가 무슨 뜻으로 '활'자를 써 놓았는지 고민하다가 양수에게 물어보았지요. 양수는 웃으며 말했습니다. "문(門)에다 활(活)자를 썼으니 넓을 활(闊)자가 분명합니다. 문이 넓다는 뜻이니 좁히는 게 좋을 것이오."

관리인은 양수의 말에 따라 문을 좁히고 조조에게 보고했습니다. 조조는 문을 살펴보고 관리인에게 물었습니다. "이제는 잘 어울린다. 어떻게 내 뜻을 짐작하고 문을 고쳤느냐?"

"주부 양수가 가르쳐 주었습니다."

조조는 양수의 기지를 칭찬했으나 속이 편치 않았습니다.

유비가 익주와 한중을 점령하자 조조는 대군을 이끌고 유비군 정벌에 나섰습니다. 하지만 전투는 조조에게 유리하게 전개되지 못했습니다. 조조는 군대를 돌리고 싶었으나 적에게 웃음거리가 될까 봐 이러지도 저러지도 못하고 있었습니다. 어느 날 밤 하후돈이 암호를 무엇으로 정할지 물었을 때 마침 저녁 식사로 닭갈비를 뜯고 있던 조조는 무심코 계륵(鷄肋)이라고 답했습니다. 하후돈은 돌아가 각 부대에 군호를 전달했습니다. 군호를 전달받은 양수는 소속 부대 병사들에게 짐을 꾸려 철수할 준비를 하라고 명령했습니다. 이 소식을 듣고 깜짝 놀란 하후돈은 양수를 불러 이유를 물었습니다.

"계륵은 먹으려니 맛이 없고 버리자니 아까운 것입니다. 지금 왕의 심정은 이곳을 지키자니 소득이 없고 버리자니 아까워서 마치 계륵과 같다고 생각하신 것입니다. 내일이면 철군령이 내려질 것이니 뒤에 서두르기보다 미리 해 두는 것이 여러모로 낫다고 생각하여 짐을 꾸리라 했습니다."

하후돈은 양수의 말을 듣고 감탄하며 부장들에게 철군에 대비하라고 일러 놓았습니다. 그날 밤 영내를 순시하던 조조는 하후돈의 진영에서 짐 꾸리는 것을 발견하고 깜짝 놀라 하후돈을 불렀습니다. 하후돈은 양수가 한 이야기를 자세히 아뢰고 철군령이 내려지기 전

에 준비하려는 것이라 했습니다. 조조는 속으로 몹시 놀라고 감탄했으나 한편으론 불안했습니다. 양수를 살려 두었다가 나중에 큰 문제가 될 수 있다고 생각한 것이지요. 그리하여 이 기회에 양수를 제거하려고 마음먹었습니다. 조조는 양수를 불러 물었습니다.

"무슨 까닭으로 짐을 꾸리라 했느냐?"

양수는 주저하지 않고 대답했습니다.

"계륵이라는 군호가 대왕의 뜻을 나타낸 것으로 판단하여 그 뜻을 받들어 짐을 꾸리라 한 것입니다."

조조는 화를 벌컥 내며 말했습니다.

"네가 감히 헛된 생각으로 군심을 어지럽혔으니 어찌 살기를 바라겠느냐. 이자를 끌어내 처형하도록 하라!"

그 후 얼마 지나지 않아 양수의 판단대로 조조는 소득 없이 철군하고 말았습니다.

(박성희, 『공감』, 2009, pp. 120-122)

판단하지 말고 있는 그대로 따라가기

앞의 이야기에서 양수는 조조의 마음을 제대로 읽어 내고 행동을 하였습니다. 하지만 양수의 입장에서 보면 억울하겠지만 결국에는 처형을 당하고 말았습니다. 상대방에게 공감적으로 말하고 행동하면 인간관계에서 좋은 결과를 얻어야 되는데 왜 이런 결과를 가져오게 되었을까요?

혹시 여러분도 자신이 생각하기에는 직장에서 동료들이나 상사의 논리에 따라 충분히 공감적으로 반응했는데 그 결과가 좋지 않았던 경험이 있습니까?

상대방에게 진정성을 가지고 공감하기

먼저 양수는 지나치게 앞서 나갔습니다. 조조의 마음을 공감적으로 이해한 것은 좋았으나 조조가 놀랄 정도로 빠르게 행동으로 옮기는 바람에 화를 불러들인 겁니다. 조조는 자신의 내면에서 세밀하게 흐르는 마음의 움직임을 너무나 정확하게 포착하여 행동으로 옮기는 양수에게 두려움을 느꼈을 법합니다. 상대방이 자기 속을 아주 빤히 들여다보고 있다고 느낄 때 그 심정이 어땠겠습니까? 천하를 통일하기 위해서 물불을 가리지 않고 골몰하고 있는데 그런 자기를 마치 손바닥에 올려놓고 들여다보는 부처님처럼 정확하게 읽고 있으니 어찌 마음이 불안하지 않겠습니까? 더구나 양수의 행동을 충분히 받아들일 수 있을 만큼 두 사람 사이에 탄탄한 신뢰관계가 형성되지도 않았는데 말입니다.

그러므로 상대를 이해하는 일과 이해하는 바를 표현하는 일을 잘 구분해야 합니다. 공감적으로 표현하기 전에 먼저 두 사람의 관계, 상대방의 심리상태와 나의 말을 받아들일 수 있는 준비 정도를 반드시 고려해야 합니다. 그리고 공감한 내용을 행동으로 옮기는 것은 가급적 받는 사람이 주도하게 해야 합니다.

우리는 사회생활을 하다 보면 많은 사람을 만나 여러 가지 느낌을 받습니다. 기분 좋은 느낌을 받는 만남도 있고, 뒷맛이 개운치 않은 만남도 있습니다. 만남을 통해서 느끼는 이와 같은 기분은 상대방에 대한 선호도를 결정하고 이후의 관계양상에 지대한 영향을 미칩니다. 만나서 기분 좋고 신뢰가 가는 사람에게는 마음을 열고 가까이 다가가려고 하는 반면, 무언가 꺼림칙한 느낌이 들면 마음을 닫고 일정한 거리를 두려고 합니다. 겉으로 매우 상냥하고 친절한데도 정이 가지 않는 사람들이 있습니다. 무엇이라고 꼭 집어 말할 수는 없지만, 그 사람과 만나면 기분이 찝찝하고 개운치 않습니다. 나의 비밀을 캐내려는 것 같고, 나를 이용하려는 것 같고, 무언가 숨기는 것 같고, 나를 무시하고 잘난 체하는 듯한 느낌이 들어 왠지 가까이 하고 싶지가 않습니다. 싹싹하고 상냥한 태도 뒤에 날카로운 송곳을 지닌 듯 섬뜩하고 위험한 사람이라는 느낌을 받습니다. 순수하지 못하다고 느끼는 것이지요. 전혀 진심을 싣지 않은 채 의례적으로 대한다는 느낌을 받는 만남도 있습니다. 사회적인 관례상 인사하고 아는 체 하지만 특별한 의미를 부여하지 않은 채 건성건성 대한다고 느끼는 것입니다. 상대방이 순수하지 못하다고 느끼거나, 자신을 건성건성 대한다고 느낄 때 우리는 자연스럽게 상대방과의 만남을 회피하거나 만나더라도 진실을 털어놓지 않고 자신을 보호하려는 생각을 먼저 하게 됩니다. 만남이 성장의 기회로 활용되는 것이 아니라, 살아가기 위해 필요한 사회적 의례로 전락하는 것입니다.

위의 이야기에서 조조와 양수에게 결여된 것이 바로 관계의 진정성입니다. 상대방에 대해 진심으로 관심과 흥미를 가지고 순수하고 투명하게 자신을 열고 대하려는 자세가 바로 진정성입니다. 이 진정성은 성장하는 모든 관계의 바탕이요, 자양분입니다. 진정성이 결여된 상태에서 관계의 성장을 기대하는 것은 나무에 올라 물고기를 잡으려는 것처럼 어려운 일입니다. 상대방의 논리를 이해하는 과정에서 상대에 대한 진지한 관심과 순수한 자세가 선행되어야 인간관계에서의 공감적 이해가 비로소 제 기능을 다할 수 있습니다.

상대방의 논리를 파악하고 자신과 다른 선택을 할 수 있음을 공감해 보기

상대방의 논리를 이해하고 수용하다 보면 모두 가지고 있는 생각은 다르지만 각자의 논리가 있다는 것을 알게 됩니다. 상대방과의 올바른 공감적 이해를 위해서는 각자의 논리가 자신의 논리와 다를 수 있으며 이것을 수용하고 존중해 주어야 합니다. 다음의 이야기를 통해 서로의 논리에 따라 선택하는 것이 다를 수 있다는 것을 알아보도록 하겠습니다.

지구가 멸망하게 된다면 누구를 먼저 생존시키겠는가?

누구도 원하지 않았던 제3차 세계 대전이 일어났습니다. 온 세계가 방사능과 화염에 싸여 인류의 종말이 가까워지고 있습니다. 초토화된 지구 속에서 어렵사리 열 명의 사람들이 살아남았습니다. 그런데 지구의 지하 깊숙한 곳에서 열심히 연구를 하던 과학자가 세 명이 들어갈 수 있는 캡슐을 만들었습니다. 그래서

최후의 생존자는 과학자를 포함해 열 명 중에서 세 명만이 살아남을 수 있게 되었습니다. 그렇다면 어떤 사람이 캡슐 안에 타야 할까요? 열 명 중 과학자를 제외한 아홉 명의 생존해야 하는 이유를 들어 보고 캡슐에 타야 할 세 명을 여러분이 결정해 보세요.

1) 임신 중인 변호사의 부인: 저를 꼭 태워주세요. 다른 사람과 달리 전 곧 있으면 아기를 출산합니다. 그리고 어떤 위험한 상황이 있을 때 항상 노약자나 임산부에게 양보를 해야 하는 거 아닌가요? 저를 꼭 살려 주세요. 부탁드립니다.

2) 교양 있는 여대생: 저를 꼭 태워주세요. 저는 교양이 넘치는 여자 대학생입니다. 저같이 교양 있는 사람이 인류의 3명 안에 들어가는 것은 당연합니다. 그래야만 제가 앞으로의 후손에게 제가 가진 교양을 물려줄 수 있습니다. 저를 꼭 살려 주세요. 부탁드립니다.

3) 축구선수: 저를 꼭 태워주세요. 저는 이제까지 유럽 리그에서 슛을 많이 넣어 이름을 날린 선수입니다. 저처럼 건강하고 축구를 잘하는 사람이 인류의 3인 안에 들어가는 것은 당연합니다. 그래야만 제가 앞으로의 후손에게 축구를 알려 줄 수 있어 후손들이 건강하게 살 수 있기 때문입니다. 저를 꼭 살려 주세요. 부탁드립니다.

4) 유명한 여배우: 저를 꼭 태워주세요. 저는 이제까지 유명한 영화에 여자 주인공으로 나온 영화배우입니다. 저와 같은 미모와 연기력을 겸비한 사람이 인류의 3인으로 들어가는

것은 당연합니다. 그래야만 제가 앞으로의 후손을 위해 좋은 영화를 만들어 줄 수 있기 때문입니다. 저를 꼭 살려 주세요. 부탁드립니다.

5) 의대생: 저를 꼭 태워주세요. 저는 현재 의과대학에서 의사가 되기 위해 열심히 공부하고 있는 의대생입니다 저와 같이 의학적 지식을 가진 사람이 인류의 3인으로 들어가는 것은 당연합니다. 그래야만 앞으로 누군가가 아플 때 사람의 생명을 구할 수 있기 때문입니다.

6) 저명한 역사학자: 저를 꼭 태워주세요. 저는 이제까지 전 세계의 역사를 공부한 역사학자입니다. 저처럼 각 나라의 역사를 잘 알고 있는 사람이 인류의 3인으로 들어가는 것은 당연합니다. 그래야만 제가 앞으로의 후손에게 사라져버린 지구의 역사에 대해 가르칠 수 있는 유일한 역사의 증인이기 때문입니다. 저를 꼭 살려 주세요. 부탁드립니다.

7) 올림픽 금메달리스트: 저를 꼭 태워주세요. 저는 이제까지 올림픽에서 금메달을 받아 이름을 날린 선수입니다. 저처럼 운동을 잘하고 운동에 전문가인 사람이 인류의 3인으로 들어가는 것은 당연합니다. 그래야만 제가 앞으로의 후손에게 운동 기술을 전수하고 그들을 훌륭한 운동선수로 기를 수 있는 유일한 사람이기 때문입니다. 저를 꼭 살려 주세요. 부탁드립니다.

8) 목사: 저를 꼭 태워주세요. 저는 이제까지 하나님을 알리고 전도를 많이 한 목사입니다. 저와 같이 하나님을 알고 있고

이를 알리는 목사가 인류의 3인으로 들어가는 것은 당연합니다. 그래야만 제가 앞으로의 후손들에게 하나님을 알리고 이들을 천국에 갈 수 있도록 도울 수 있는 유일한 사람이기 때문입니다. 저를 꼭 살려 주세요. 부탁드립니다.

9) 무장한 경찰관: 저를 꼭 태워주세요. 저는 이제까지 많은 도둑을 잡고 시민들의 평화를 위해 노력한 경찰입니다. 저와 같이 좋은 일에 봉사하는 경찰관이 인류의 3인으로 들어가는 것은 당연합니다. 저를 꼭 살려 주세요. 부탁드립니다.

앞의 주어진 상황을 잘 읽고 마지막 생존자를 자신의 논리대로 생각해 보기 바랍니다. 누구를 선택하든 상관없으며, 단지 그러한 결정을 하게 된 자신만의 뚜렷한 논리적인 이유가 있으면 됩니다. 자, 그러면 생존자를 선택해 보고 그 이유를 생각해 보도록 하세요.

순위	생존자	이유
1		
2		
3		

다른 사람도 여러분이 선택한 생존자를 같은 논리를 가지고 동일하게 선택할까요? 여러분은 그렇게 될 확률은 매우 낮을 것이라는 것을 잘 알고 있습니다. 그 이유는 여러분이 사람들은 각자의 논리가 분명히 존재하고 있다는 것을 알고, 각자의 논리에 의해 동일한 상황

이라도 다른 말과 행동을 할 수 있음을 이해하고 있기 때문입니다. 따라서 모든 상황에서 자신만의 논리를 소중히 여기고 앞세우기보다는 상대방의 입장에서 상대방의 논리를 존중하며 이해하는 것이 공감을 위해 필요합니다.

상대방의 논리를 파악하여 공감하기

상대방의 논리를 올바르게 파악하는 것은 공감적 이해의 바탕이 됩니다. 따라서 이러한 능력을 갖게 된 사람은 성공적인 사회생활을 해 나갈 수 있을 것입니다. 다행스럽게도 이러한 능력은 교육이나 훈련을 통해서 성장할 수 있습니다. 상대방의 논리를 파악하여 공감하기를 위한 몇 가지 방법을 소개합니다.

읽기자료를 통해 상대방의 논리 파악하여 공감하기

상대방의 논리를 파악하여 공감할 수 있는 능력을 키우기 위한 방법 중의 하나는 읽기 자료를 보면서 논리의 흐름을 연습하는 것입니다. 다음의 이야기에서 여러분은 어떻게 상대방의 논리에 따라갈지 이야기를 완성해 보세요(이원수, 손동인, 『한국전래동화집 제6권』, 창작과 비평사, 1980).

어느 날 대감 집에 아이가 없어졌습니다. 자손이 귀한 집의

도령이 없어졌으니 집안은 난리가 났겠지요. 그런데 뒷마당에서 도령이 우물 안을 쳐다보며 놀고 있는 것이 아닙니까?

어떻게 해야 저 어린 도령을 우물에 빠뜨리지 않고 무사히 데려올 수 있을까요?

"＿＿＿＿＿＿＿＿＿＿＿＿＿＿＿＿"

이런 식으로 읽기 자료를 준비해 놓고 글의 주인공이 전개했을 법한 논리를 이해하는 연습을 하는 것입니다.

좀 더 긴 읽기 자료를 통하여 한 번 더 연습을 해 보도록 하겠습니다 (박성희, 『동화로 열어가는 상담 이야기』, 2007, pp. 41-43).

이성계에게는 왕자가 여덟 있었습니다. 첫째 왕자로부터 여섯째 왕자까지는 신의왕후의 소생이며, 일곱째 왕자와 여덟째 왕자는 신덕왕후의 소생이었습니다. 그런데 세자 책봉 때, 이성계는 신덕왕후의 부탁을 받아 일곱째 왕자인 방번을 세자로 삼으려 했으나 개국 공신인 배극렴과 조준의 권유로 막내 왕자인 방석을 세자로 삼았습니다. 일이 이렇게 되자, 신의왕후의 소생인 여섯 왕자들은 방석을 시기했습니다. 그중에서도 방원은 개국 공신인 정도전이 방석과 역모를 한다는 핑계로 이들을 죽여 버렸습니다.

이런 일이 있자, 세자 자리는 둘째 왕자 영안군에게로 돌아갔습니다. 그러나 이런 형제간의 싸움이 일어나자, 이성계는 크게 마음이 어지러워, 마침내 왕위를 세자에게 물려주었으나 영안군은 두 해 뒤에 왕위를 다섯째 왕자인 방원에게 물려주었습니다.

이 사람이 바로 조선 3대 왕인 태종입니다.

한편 이성계는 태종 때문에 사랑하는 막내 왕자 방석과 개국 공신 정도전이 죽게 된 것을 생각하니, 화가 나서 참을 수가 없었습니다. 그래서 그는 어느 날 밤 몰래 한양을 떠나, 함흥 땅에 있는 자기 옛 집으로 돌아가 버렸습니다. 이런 일이 생기자 태종은 몇 차례나 사람을 함흥으로 보내어 이성계를 다시 한양으로 돌아오도록 하였으나 그때마다 이성계는 심부름 온 차사의 목을 베어 버렸습니다. 이렇게 되자 신하들도 차사로 뽑히기를 두려워했습니다. 그런데 그 뒤 박순이란 사람이 차사가 되기를 자원하여 함흥으로 내려갔습니다.

그는 함흥에 닿자 타고 온 말을 두고, 그 대신 새끼를 갓 낳은 암말 한 필을 그곳에서 구했습니다. 이리하여 박순은 어미 말과 망아지를 끌고 이성계가 살고 있는 집 근처까지 갔습니다. 그리고는 망아지를 그 근처 나무에다 매어두고, 어미 말만 끌고 이성계의 집 대문 가까이로 다가갔습니다. 그러자 어미 말은 몇 번이고 뒤를 돌아다보며 슬프게 울어댔습니다. 마침내 박순이 이성계를 뵙고 절을 하자, 이성계는 왜 말이 저렇게 우느냐고 물었습니다.

"네 전하, 소인은 이곳으로 올 때 새끼 딸린 암말을 타고 왔사옵니다. 하오나 그 망아지는 귀찮게만 굴기 때문에 아예 떼어서 저 문 밖에다 매어두고 왔사옵니다. 아마 부모 자식 간의 정은 우리 인간들과 다름이 없는지, 저렇게도 어미 말이 제 새끼를 생각하여 우는 줄로 아옵니다."

이성계는 재치 있는 박순의 마음을 꿰뚫어 보았습니다. 그러고는 아무 말도 하지 않고 한참 동안이나 앉아 있다가, 박순의 눈물을 보고는 무거운 입을 떼었다.

"_____"

이렇게 말하는 이성계의 두 눈에서도 눈물이 글썽거렸습니다.

당신이 이성계라면 어떠한 말을 했을까요?

"_____"

대화를 통해 상대방의 논리를 파악하고 공감하기

이 방법은 직접 상대방과 대화를 전개하며 논리의 흐름을 파악하는 방법으로 두 사람이 짝을 지어 한 사람은 자기 이야기를 하고 나머지 한 사람은 들어 주는 역할을 합니다. 들어 주는 사람은 상대방의 이야기를 들으며 그 안에 담겨 있는 논리를 추적합니다. 간혹 논리가 잘 연결되지 않은 부분이 있으면 말하는 이에게 물어보고 확인합니다. 예시를 살펴보겠습니다.

1학년 인영이가 어머니에게 불쑥 종이 한 장을 내밀었습니다. 거기에는 다음과 같은 내용이 적혀 있었습니다.

심부름 값 1,000원

방 청소한 값 1,000원

엄마 안마해 준 값 1,00원

아빠에게 재롱부린 값 1,000원

쓰레기 버린 값 1,000원

합 5,000원

이 글을 다 읽은 엄마는 인영이가 쓴 종이 뒷면에 이렇게 적었습니다.

> 뱃속에 넣고 열 달 동안 키운 값 무료
> 아플 때 밤새워 간호해 준 값 무료
> 지금까지 사 준 모든 장난감 값 무료
> 먹이고 입혀서 키워 준 값 무료
> 너에 대한 나의 사랑 무료
> 합 무료

인영이는 엄마가 쓴 글을 보고 눈물을 뚝뚝 흘리며 엄마에게
말했습니다.

"엄마, 사랑해."

논리를 통해 상대의 마음을 얻으려는 설득이라는 방법이 그다지
좋지는 않지만 이따금 설득에 의지해야 할 때가 있습니다. 상대가 어
떤 논리를 통해 말을 걸어올 때가 그렇습니다. 설득을 할 때 가장 좋
은 방법은 먼저 상대방의 논리를 정확하게 이해한 후 똑같은 논리를
통해 뒤집어 놓는 것입니다. 상대는 다른 논리가 아니라 바로 자신이
사용한 그 논리에 의해 되치기를 당하게 되니까 두 손을 들 수밖에 없
습니다. 단, 되치는 논리로 두 사람의 관계를 바람직하게 이끌려고
하면 상대방을 깊이 배려할 줄 알아야 합니다.

인영이의 경우가 그렇습니다. 어머니에게 용돈을 타 내기 위해 이

해타산의 논리를 들이댔는데 어머니는 이해타산의 논리를 그대로 인정하면서 인영이가 깊은 사랑을 느낄 수밖에 없는 상황으로 결론을 반전시켰습니다. 이 사건 이후 인영이와 어머니의 관계가 사랑으로 더 돈독해졌을 것은 틀림없습니다. 누군가를 설득하고 싶다면, 일단 이야기를 잘 들어 그 논리를 이해하고 그 다음에 이를 반전시킬 기회를 찾으세요. 무조건 자기주장을 앞세우면 그들은 점차 당신 곁을 떠나갈 것입니다.

상대방의 논리를 파악하고 행동으로 공감 표현하기

상대방의 논리를 파악한 후에 그와 공감하기 위해서 행동으로 표현할 수도 있습니다. 다음의 '장역 이야기'는 상대방의 논리를 파악하여 행동으로 표현한 이야기입니다.

중국 청나라 시대에 중국 고대인들의 총명과 지혜를 대화 형식으로 담은 『지낭』이라는 고서에 나오는 이야기입니다. 장역이 지방정치를 감독하는 벼슬아치가 되어 흡주에 근무할 때 일입니다. 당시 지방장관이었던 송광업은 늘 술에 취해 행패를 부리기 일쑤였고 심지어는 살인까지 저지르는 일도 있었습니다. 그렇지만 백성들은 그의 위세에 눌려 감히 어떻게 해 볼 생각을 못했습니다. 이 소식을 들은 장역은 송광업을 어떻게 처리할까 고민하고 있었습니다. 그런데 어느 날 송광업이 잔치를 열고 장역을 초대했습니다. 장역은 일부러 미리 술을 잔뜩 마시고 취한 채 잔치에 갔습니다. 장역은 송광업 앞에서 술잔을 던지고 술상을 뒤엎고 고래고래 소리를 지르며 공연히 트집을 잡고 욕을 했습니다.

송광업은 갑자기 당하는 일이라 몹시 당황하여 그냥 두고 볼 수밖에 없었습니다. 장역은 목이 쉴 때까지 욕을 하다가 비틀거리며 자리를 떠났습니다. 그다음 날부터 송광업의 태도가 완전히 달라졌습니다. 술을 마시고 행패를 부리는 일도 줄어들었고 착실하게 공무를 수행하게 되었습니다.

(박성희, 『행복한 삶을 위한 생각처방전』, 2010, pp. 226-227)

앞의 이야기에서 만일 장역이 이렇게 하지 않고 송광업을 불러들여 "술에 취해 부리는 행패를 그만두고 공무에 전념하라."라고 점잖게 타일렀다면 어땠을까요? 물론 효과가 있었을 겁니다. 감독관이 문책에 가까운 발언을 하는데 행동에 조심을 했겠지요. 하지만 장역은 그 방법보다 훨씬 더 효과가 강력하면서도 두 사람 사이의 관계에 부담이 되지 않을 방법을 찾은 듯합니다. 장역이나 송광업 모두 술에 취해 부리는 행패에 대해, 그리고 백성을 돌보는 공무에 대해 일언반구 말을 꺼내지 않고서도 충분히 뜻을 소통할 수 있었으니까요. 결국 장역은 술이 취했을 때 송광업이 할 만한 행동을 딱 한번 직접 보여 줌으로써 송광업을 변화시키는 데 성공했습니다. 모르긴 몰라도 이 사건 이후에 두 사람이 서로를 신뢰하고 따르는 마음은 많이 깊어졌을 겁니다.

살다 보면 우리도 상대방의 행동을 지적하고 피드백을 하는 경우가 많습니다. 그런데 피드백을 받고 나서 상대방이 좋아하기는커녕

오히려 상처를 입고 둘 사이의 관계가 나빠질 때도 있습니다. 뭔가 피드백을 잘못했기 때문이지요. 피드백을 할 때는 무엇보다도 상대방을 진정으로 배려하는 마음이 바탕이 되어야합니다. 아울러 두 사람의 지위, 사회적 관계, 맥락 등을 잘 고려해야겠지요. 잘만 활용하면 최근에 발달한 영상 매체들도 좋은 피드백 수단이 될 수 있습니다.

4. 실생활에 적용해 보기

　　사람마다 지니고 있는 생각이나 마음이 다르기 때문에 상대방의 논리를 정확하게 파악하고 그의 입장에서 공감하는 것이 그다지 쉽지는 않습니다. 또한 사람이라면 누구나 다른 사람의 마음을 이해하기보다는 자신의 마음을 이해받고 싶은 것이 기본적인 모습일 것입니다.

　　하지만 사회생활에서 잘 살펴보면, 우리가 상대방의 논리를 정확하게 파악하여 공감할 때 스트레스를 줄이거나 갈등상황들을 해결할 수 있는 상황들이 많이 있습니다. 이러한 상황들을 살펴보고 상대방의 논리를 파악하는 올바른 적용 방법을 생각해 보도록 하겠습니다.

사례로 열어가기

남도 나와 같아야 해

남기 씨는 직장에서 선배나 상사들을 잘 모시기로 소문이 나 있습니다. 그들의 마음을 잘 헤아려 여러 가지 일을 잘 챙겨 줄 뿐 아니라 자신에게 손해가 되는 일도 그들의 말이라면 참고 잘 견딥니다. 입사동기인 만수 씨가 남기 씨에게 "남기 씨는 어떻게 그렇게 윗사람들에게 잘할 수 있어요?"라고 물은 적이 있습니다. 남기 씨의 대답은 "그분들은 내 인생의 선배일 뿐 아니라 회사에서 오래 근무하신 분들이고 회사 발전을 위해 노력하셨기에 후배들로부터 존경을 받아 마땅하지요."라고 대답하셨습니다.

남기 씨의 말을 들은 만수 씨는 남기 씨의 이런 모습이 겉치레나 아부가 아닌 진정으로 선배나 상사들을 존경한다는 생각에 남기 씨를 매우 좋아하게 되었습니다.

그런데 남기 씨가 소속한 부서에 신입사원들이 들어오면서 문제가 생겼습니다. 선배나 상사들에게 그렇게 잘하던 남기 씨가 신입사원들을 볼 때마다 "인사하는 자세가 그게 뭐야. 출근시간에 꼭 맞추어서 와야 하나? 회사에 오는 옷차림이 왜 그래? 먼저 커피 타 먹지 말고 선배들부터 타 주면 안 되나." 하면서 신입사원들을 잡으려고 온갖 악다구니를 칩니다.

신입사원들은 이런 남기 씨 때문에 아주 괴로운 직장생활을 이어 가고 있습니다.

신입사원들이 딱해서 어느 날 만수 씨가 남기 씨에게 "남기 씨, 후배들

좀 그만 잡아요, 불쌍해 보이잖아요. 선배들한테는 그렇게 잘하면서."
라고 말하자, 남기 씨 "모르는 소리 마세요. 요즈음 신입사원들은 내가
선배들에게 했던 만큼 나를 비롯한 선배들을 잘 모시지를 못해요."
남기 씨가 보기에 이들은 윗사람을 알아볼 줄 모르는 배은망덕한 놈
들로 비쳐진 것입니다. 그러니 어떤 일이 벌어졌겠습니까? 나름대로
최선을 다했다고 생각한 신입사원들로서는 이 상황이 참으로 원망
스럽고 스트레스를 받을 수밖에 없겠지요. '후배들은 반드시 성심을
다해 윗사람을 잘 모셔야 한다.'라는 남기 씨의 절대적 생각이 자신
은 물론 한솥밥을 먹는 신입사원들의 삶을 황폐하게 만들었습니다.

(죽향초 교사 김기종 각색)

직장 상황에 적용해 보기

남기 씨가 신입사원들과 윗사람에게 양면적인 모습을 보이는 원
인은 무엇일까요? 그것은 '후배들은 반드시 성심을 다해 윗사람을 잘
모셔야 한다.'라는 생각이 마음에 자리 잡고 있기 때문입니다. 이렇게
새로운 생각은 세상을 바라보는 기존의 틀에 위협을 가하기 때문에
가능하면 멀리하고 그 존재를 인정하지 않으려는 것을 절대적 생각
이라고 합니다. '무슨 일이 있어도 반드시 ~을 해야만 한다.'고 표현
되는 절대적 생각은 일절 다른 생각의 여지를 허락하지 않습니다. 우
리말로 꼭, 반드시, 무조건 등과 같은 부사가 따라붙고 '나는 부모님
에게 꼭 인정받아야 해.' '좋은 아내라면 나한테 반드시 이렇게 해 줘

야만 해.' '무슨 일이 있어도 내가 설정한 인생목표는 꼭 달성하고 말 거야.' 이런 식의 생각이 절대적 생각입니다. 절대적 생각에 사로잡히면 예외를 잘 인정하지 않고 유연성과 융통성이 떨어져 앞뒤가 꽉 막힌 느낌을 줍니다. 그런데 알고 보면 이 절대적 생각의 대부분은 자기가 의식하지 못하는 사이에 내면에 들어와 자리 잡은 사회적인 요구와 압력들입니다. 그러니까 지금 현재 나의 욕구와 필요를 충분히 반영하지 못할 가능성이 많습니다. 절대적 생각을 따르면서도 마음 한편이 불편하고 답답한 것은 이런 이유 때문입니다.

상대방의 논리를 따라가며 올바르게 공감하기

아마 신입사원들에게 모질게 대하는 남기 씨도 이런 '절대적 생각' 때문에 마음이 편치는 않을 것입니다. 이런 남기 씨의 모습에 대하여 신입사원들이 그의 논리를 따라간다면 어떤 결과가 나올까요? 여러분이 다음의 표를 완성해 보세요.

사례에서는		논리를 따라가 보면	
남기 씨의 논리는	(절대적 생각) 후배들은 반드시 성심을 다해 윗사람을 잘 모셔야 한다.	남기 씨의 논리는	(절대적 생각) 후배들은 반드시 성심을 다해 윗사람을 잘 모셔야 한다.
신입사원들의 반응은		논리를 따라간 신입사원들의 반응은	
결과는	서로 마음이 편치 않다	결과는	

사례에서는		논리를 따라가 보면	
남기 씨의 논리는	후배들은 반드시 성심을 다해 윗사람을 잘 모셔야 한다.	남기 씨의 논리는	후배들은 반드시 성심을 다해 윗사람을 잘 모셔야 한다.
신입사원들의 반응은	남기 씨는 원망스럽고 스트레스를 많이 주는 선배다.	논리를 따라간 신입사원들의 반응은	선배님도 마음이 편치 않을 것이다. 그러니 선배님의 의중을 이해하고 존중하자.
결과는	서로 마음이 편치 않다.	결과는	남기 씨는 편치 않은 자신의 마음을 이해해 주고 수용하는 후배들이 따뜻하게 느껴질 것이다.

상대방의 논리에 진정성을 가지고 올바르게 공감하기

상대방의 논리를 따라가면서 공감하기 위해서는 진정성이 반드시 포함되어 있어야 합니다. 그렇지 않으면 상대방은 공감을 받고 있다는 따뜻한 마음을 느끼기보다는 자칫 놀림을 받고 있다는 부정적인 감정에 사로잡힐 수 있습니다. 다음의 상황은 상대방의 논리를 진정성을 가지고 공감해 주는 것이 얼마나 소중한지를 보여 주는 이야기입니다.

김 대리가 신입사원 때 겪은 일입니다. 하루는 친구들과 어울려 술을 마시다가 만취한 상태에서 사업보고서를 써낸 적이 있습니다. 다음 날 아침에 술이 덜 깬 상태에서 보고서를 제출한 다음에 오후에 자세히 살펴보니 그야말로 엉망이었습니다. 아니나 다를까 그날 저녁 김 대리는 사장실로부터 호출 명령을 받았습니다. 기가 잔뜩 죽은 김 대리는 어깨를 축 늘어뜨린 채 사장실로 향했습니다.

(죽향초 교사 김기종 각색)

사장실을 다녀 온 김 대리를 보면서 동료들은 의아해했습니다. 김 대리가 싱글벙글 웃으며 사무실로 들어왔기 때문입니다.

여러분이 사장님이라면 김 대리를 진정성을 가지고 어떻게 공감적으로 이해해 주었을까요?

〈사장실에서〉

사장님: 어제 술 마셨나?

김대리: 죄송합니다, 사장님. 친구들을 오랜만에 만나 조금 마신다는 게 그만…….

사장님: _____

_____

사장실에서 있었던 김 대리와 사장님의 실제 대화를 살펴보겠습니다.

〈사장실에서〉

사장님: 어제 술 마셨나?

김 대리: 죄송합니다, 사장님. 친구들을 오랜만에 만나 조금 마신다는 게 그만…….

사장님: 무슨 술을 마셔서 아침까지도 안 깬 거야?

김 대리: 소주를 마셨습니다.

사장님: 이거 가져가게, 내가 아끼는 양주라네. 마신 후에 아
침에 일어나면 소주보다는 깔끔할 걸세.

사장님에게 양주를 선물 받은 당시 김 신입사원은 이후에 어떤 자
세로 회사생활을 했을지 상상이 갈 겁니다. 더 나아가 사장님에 대하
여 김 대리의 마음이 어떠했을지는 누구보다도 여러분이 잘 아실 겁
니다. 이것이 진정성을 가지고 상대방의 논리를 따라가면서 공감하
기의 참모습이 아닐까요?

학부모와의 관계에서 논리 발전시키기

학교생활에서 학부모와의 만남은 필연적입니다. 학생의 진로나
학교생활의 부적응, 생활지도문제로 인하여 부득이하게 학부모와 상
담하는 경우가 대부분입니다. 교사와 상담을 하는 학부모의 대부분
은 교사를 신뢰하고 호의적인 태도를 보이지만 몇몇 학부모는 적대
적이며 교사를 불편한 대상으로 생각하고 상담에 임하는 경우가 있
습니다. 이런 학부모를 만나게 되었을 때 교사는 많은 스트레스를 받
게 되고 난감함을 느낍니다. 몇몇 사례들을 보면서 학부모가 내세우
는 논리를 파악하여 보고 올바르게 공감을 표현하는 방법들을 살펴
보도록 하겠습니다.

자기 입장만 이야기하는 학부모

영수 엄마는 자기 아이가 교사의 잘못된 판단 때문에 억울하게 반성문을 쓰게 되었다며 담임교사가 이 학교로 전입하여 온 지 얼마 되지도 않으면서 자기 아이를 알면 얼마나 알기에 반성문을 쓰게 했느냐고 전화로 심하게 따졌습니다. 하지만 교사는 영수에게 반성문이 아닌 친구들에게 사과편지를 쓰게 하였으며, 이것을 영수가 엄마에게 반성문을 썼다고 잘못 전달한 것이라고 말씀 드렸습니다. 하지만 영수 엄마는 담임의 의견은 안중에도 두지 않고 교장선생님에게 전화하여 아이들을 전학 시키겠다고 협박을 하였습니다. 나중에 알고 보니 영수 엄마는 학교 안이나 밖에서 자기 가족이 조금의 피해라도 받게 되면 어느 누구를 가리지 않고 사소한 일로도 큰 싸움을 벌이고 억지를 쓰는 바람에 학부모뿐 아니라 교사들에게서도 미움을 받고 있었습니다. 초등학교 4학년, 5학년, 중학교 2학년인 아이들 셋 모두도 엄마와 같은 모습으로 학급 친구들을 따돌리거나 마음대로 친구들을 대하고 있어서 교사들과 아이들은 그 집 아이들을 싫어합니다. 이런 영수 엄마의 논리를 파악하여 공감해 주기 위하여 담임교사는 어떻게 해야 할까요?

(죽향초 교사 김기종 각색)

1) 먼저 불평을 이야기하는 엄마의 마음을 이해해 보세요

대부분의 부모는 자기 아이에 관한 일이라면 아주 이기적인 생각을 가지고 있습니다. 교사가 아이의 잘못을 증거를 가지고 지적한다

고 해도 순순히 수긍하기보다는 다른 아이들도 잘못한 것이 많은데 교사가 잘못 판단하여 자기 아이만 더 비난하는 것이라고 여기는 경우가 많습니다. 교사는 학부모가 자신의 마음을 알아주지 않으니 마음이 불편하겠지만 엄마가 억울하다고 아침부터 인사도 없이 전화를 하고 있으니 우선은 엄마가 하고 싶은 말을 충분히 하도록 하고 엄마의 마음을 공감할 필요가 있습니다. 처음부터 교사의 입장만을 강조하면 다음 이야기를 제대로 진행할 수 없기 때문입니다. 엄마의 마음을 충분히 읽어 주고 나서 교사가 아이들에게 실시한 일의 의미와 아이들이 반성문을 기꺼이 쓰겠다고 한 사실을 알려 주도록 합니다.

2) 엄마 주장과 반대되는 증거를 보여 주세요

교사가 영수에게 아무런 근거 없이 사과 편지를 쓰라고 한 것이 아님을 분명히 설명할 필요가 있습니다. 어떤 교사가 아무런 근거도 없이 억울하게 아이들을 꾸중하겠습니까? 근거 자료를 잘 챙겨 두었다가 이런 경우에 교사를 보호하는 도구로 제시하도록 합니다. 제시는 하되 엄마가 불쾌한 마음이 들지 않게 하여야 합니다. 영수 엄마가 '당신 아이가 이렇게 썼는데 어디다 대고 함부로 덤벼?' 라든가, '이렇게 그거가 분명한데 당신은 나한테 졌어.' 라는 느낌을 받지 않고 다만 교사가 마구잡이로 아이들을 다루지 않는다는 증거만 보여 주면 됩니다.

3) 엄마가 오해한 내용을 바로잡아 줍니다

엄마에게 교사가 의미하는 사과편지의 내용을 바로 알려 주고 아이가 반성문을 쓰고 있었다고 생각한 이유를 구체적으로 질문하여 엄마의 생각을 바로잡아 줄 필요가 있습니다. 교사는 분명히 사과 편지를 쓰라고 한 것인데 엄마가 반성문으로 오해를 하고 있으니 어떻게 된 것인지 아이에게 차근차근 질문하여 바로잡도록 합니다. 이 과정에서 엄마나 아이가 패배감을 맛볼 수 있는 말투나 용어를 사용하는 것은 좋지 않습니다. 이런 방법은 아이에게는 솔직하게 말하는 것의 중요성을, 엄마에게는 아이의 말과 행동을 정확하게 챙기는 태도의 중요성을 깨닫게 하는 것에 중점을 두는 방법입니다.

4) 엄마에게 해결책을 물어봅니다

담임교사는 엄마가 교사라면 설문지에서 요구하고 있는 아이들의 불만을 어떤 방법으로 해결하겠는지 의견을 들을 필요가 있습니다. 이렇게 당당하게 따지고 덤비는 엄마이니 자기가 담임교사라면 어떤 식으로 할지 답할 수 있지 않을까요? 영수 엄마가 어떻게 하고 싶은지 방침을 이야기하면 학급경영에 반드시 적용하겠다고 말해서 협조를 구해 보도록 합니다. 이런 방법은 엄마에게서 좋은 방법이 나오든 나오지 않든 일단은 따지고 덤비는 부모의 의사를 존중하겠다는 교사를 함부로 대하지 못하게 하는 방패가 될 수 있습니다.

5) 엄마가 교사에게 불쾌한 행동을 했다고 아이에게까지 감정적으로 대하면 안 됩니다

교사도 감정의 동물인지라 이런 경우에 아이를 얼마든지 미워할 수 있습니다. 그러나 철모르는 아이가 친구들을 따돌리고 자기 마음

대로 친구들을 대한 것일 수도 있습니다. 아이는 아직 모르는 것이 많고 엄마 또한 자기 아이에 대한 사랑이 넘쳐서 그런 일이 발생한 것이라고 너그럽게 이해해 주세요. 그리고 오히려 아이의 장점을 찾아 칭찬해 주고 보듬어 주는 등 많은 관심을 보이도록 합니다. 그래서 교사가 자기 아이를 특별히 미워서 그런 것이 아님을 분명히 보여 줄 필요가 있습니다.

학생이 학교생활을 스스로 할 수 없게 하는 학부모

정호 엄마는 3학년인 아들이 다른 아이들에 비하여 조금 부족하다는 이유로 집에서는 물론 밖에서까지도 아이 스스로 할 수 있는 일도 가능하면 막았고 유치원 때부터 초등학교 3학년인 현재까지도 책가방, 보조가방, 우산 등을 들고 교실까지 들어다 줍니다. 교실까지 와서는 아이의 물건을 일일이 챙겨주고 심지어 수업 준비까지 해 주고 집에 갑니다. 그러고도 가끔은 모자라 집에 가지 못하고 교사가 없는 틈을 타 아이 곁에서 맴돌다 학습에 필요한 것들을 챙겨 주곤 합니다. 이렇다 보니 선생님은 정호 엄마에 대하여 늘 불편함을 느낍니다.

담임교사가 볼 때 정호는 엄마가 매일 따라다니며 모든 일을 참견해야 하는 아이가 아니었습니다. 다만 정호가 늦게 얻은 아들인지라 엄마 개인의 판단에 의하여 아이를 혼자 보내지 못하는 불안감 때문에 해 온 행동이었습니다.

(죽향초 교사 김기종 각색)

1) 정호가 생각하는 엄마 행동의 의미 알아보기

— 엄마의 행동을 어떻게 생각하는가?

친구들의 엄마와 매우 다른 자기 엄마의 행동에 대해서 정호가 어떤 생각을 하고 있는지 알아보아야 합니다. 만약 창피하게 여기거나 싫다고 할 경우에는 엄마가 정호를 너무 사랑하고 귀하게 여겨서 그런 것이라고 긍정적인 생각을 갖도록 말해 주어야 합니다.

— 엄마가 모든 것을 해 주기 때문에 짜증이 나거나 불편한 점은
  없었는가?

— 엄마가 지금처럼 모든 것을 다 해 주게 되면 정호에게는 어떤
  일이 생길까?

엄마가 하는 행동이 모두 자기를 편하게 하는 일이라거나 좋다고만 한다면 스스로 하는 일의 중요성을 이야기하며 도움을 주도록 합니다.

2) 엄마의 행동에 대한 논리 파악하기

정호 엄마는 매일 반복하는 일이라서 자신의 행동에 어떤 의미가 있는지 모를 수 있습니다. 상담을 통하여 자신의 행동에 대한 논리를 파악해 보도록 합니다.

— 엄마 스스로 자신의 행동에 대한 생각이나 느낌 알게 하기
  • 매일 아이를 따라다니면서 어떤 생각을 하는가?

- 엄마의 행동이 아이에게는 어떤 영향을 줄지 생각해 본 적이 있는가?
- 지금과 같은 행동을 언제까지 할 것인가?
- 다른 엄마들과 자신의 행동을 비교해 본 적이 있는가?
- 아이는 엄마의 행동에 대해서 어떤 생각을 하고 있는지 알고 있는가?
- 엄마 행동을 앞으로도 지속한다면 아이는 어떻게 자라게 되겠는가?
- 정호와 다른 아이의 태도에서 다른 점을 발견한 것은 없는가? 등

— 정호가 생각하는 엄마의 행동에 대해서 의견 나누기

교사는 엄마와 상담하기 전에 정호와 상담한 결과를 가지고 엄마의 행동에 대해서 정호가 가지고 있는 생각들을 이야기해야 합니다. 엄마가 서운해할 수 있는 내용에 대해서는 순화시켜서 전달할 필요가 있고 교사와 아이가 나눈 이야기로 엄마가 아이를 야단칠 만한 요소는 만들지 않도록 합니다.

— 학교에서 보이는 정호의 문제점 이야기 나누기

교사가 관찰한 정호의 태도에서 과잉보호로 인해서 발생했을 것 같은 행동특성을 알려 주고, 개선할 수 있도록 도움을 준다는 약속과 함께 아이의 문제를 개선하는 데 가장 중요한 역할이 엄마임을 강조합니다.

— 엄마 자신의 행동 들여다보게 하기

매일 하고 있는 일에 대해서 엄마는 스스로 어떤 생각을 하고 있는
지 다음과 같은 질문을 해 봅니다.

- 아이 때문에 매일 학교에 오는 일이 힘들지는 않는가?
- 아이를 매일 학교에 데려다주면 마음은 어떤가?
- 아이 혼자서 학교에 가도록 해 볼 생각은 한 적이 있는가?
- 아이 혼자서 학교에 가면 어떤 일이 생길 것 같은가?
- 아이를 데려다주고 학교 끝날 때까지 학교 주변에서 무엇을
  하고 있는가?
- 아이 때문에 집안일을 덜하게 될 텐데 지금하고 있는 행동 때
  문에 집안에 지장을 주는 일은 없는가?
- 다른 엄마들에게서도 이런 행동이 발견 되는가?
- 엄마의 행동을 아버지께서는 어떻게 생각하시는가?

— 엄마의 지금 행동이 지속되면 어떤 일이 생길 것 같은가?

엄마가 지금의 행동을 계속 할 경우 아이에게나 부모에게 어떤 문
제가 발생하겠는지 파악해 보도록 합니다. 만일 잘 파악하지 못한다
면 담임교사는 다음과 같이 정호 엄마에게 알려 줄 수도 있습니다.

- 아이의 힘으로는 어떤 일도 해결하기가 어렵다.
- 정호가 커갈수록 부모만 의지하게 되면, 어릴 때보다 훨씬 다
  양하고 어려운 상황을 만들어 내어 부모가 감당할 수 없는 상
  황을 만들 수도 있다.
- 욕구불만을 이겨내는 힘이 약해지고, 자립심이 부족해지며,

의타심만 커진다. 집 밖에 나가면 자신이 없어지고 우유부단
해지며, 친구와의 관계도 원만할 수 없다.

- 부모가 해 주는 대로 살았기 때문에 사회생활도 못하여 직장
에 다니기가 어려워지면 결국은 부모만 고생하는 일이 발생
한다.
- 지나친 과잉보호가 오래 지속되면 아이는 물론 부모 형제도
힘들어지는 고통을 당할 수 있다.
- 결혼을 하고 나서도 엄마에게 의지하는 일이 발생하면 그때
는 어떻게 감당하겠는가? 등의 이야기를 하면서 과잉보호가
매우 심각한 문제임을 의식하도록 한다.
- 부모가 아이를 위해 해 줄 수 있는 일 중 가장 중요한 것이 자
립심을 키워 줘서 스스로 살아갈 수 있도록 해 주는 것임을
깨닫게 한다.

― 엄마에게 자신만의 시간을 갖도록 도와주기

지금까지는 아이가 어렸기 때문에 쫓아다니며 도움을 주었으나
이제는 스스로 할 수 있는 나이도 되었고, 하는 행동으로 보아 엄마가
돕지 않아도 된다는 것을 알려 줍니다. 아이와 함께 하던 시간을 다
른 곳으로 돌려 아이의 학교생활에 대한 불안감을 없애고 자신과 아
이에게 도움도 되는 활동, 예를 들어 아이를 위한 요리 배우기, 집안
청소하기, 책 읽기, 아이와 함께 할 수 있는 놀이 배우기 등을 권해 봅
니다.

05

공감 정복 4단계

상대방의 욕구 파악하기

1. 결핍욕구와 공감

사람은 누구나 욕구를 가지고 있습니다. 그 욕구는 충족될 때
도 있지만 자신의 생각과 달리 충족되지 못할 때도 있습니다. 이
렇게 충족되지 못한 욕구는 '결핍욕구'가 됩니다.

별일 아닌 것에 화를 내거나 이상행동을 보이는 경우에는 기
본적인 욕구가 충족되지 못해 결핍욕구가 생겨서 그런 경우가 많
습니다.

다른 사람을 공감하기 위해서는 상대방의 욕구가 무엇인지 잘
파악하는 것이 반드시 필요합니다. 그중에서도 상대방이 가지고
있는 결핍욕구를 잘 이해한다면 그 사람과의 관계에서 반은 성공
했다고 볼 수 있습니다.

동화로 열어가기

할머니의 수제비

할머니, 수제비 그만 먹으면 안 돼? 나 이제 정말 수제비 먹기 싫은데."

은정이는 입을 삐쭉거리며 할머니에게 말했어요.

"오늘만 참아. 오늘 할미가 고물상에서 돈 받기로 한 날이니까. 오늘 저녁에는 쌀도 사고, 너 좋아하는 어묵 사서 시원한 어묵국 끓여 줄게. 무도 많이 넣고……."

"그 얘기는 저번에도 했잖아. 수제비 싫단 말이야."

"이번엔 진짜여. 할미가 오늘 저녁에는 정말로 딴 거 해 준다니께."

"그저께도 수제비. 어제도 수제비. 이제 정말 지겨워."

은정이는 결국 아침도 안 먹고 집을 나섰어요. 수제비는 정말 지겨웠어요. 한 달에 한 번 시에서 보조금도 나오고 할머니가 박스나 고물을 주워 팔기도 했지만 세 식구가 생활하기에는 많이 모자랐어요. 그래서 은정이네는 쌀이 떨어지는 일이 자주 있었어요. 쌀이 떨어질 때마다 할머니는 수제비를 끓였어요. 은정이는 수제비 생각만 해도 목으로 밀가루 냄새가 넘어오는 것 같았어요. 다른 친구들은 무슨 반찬을 먹을까 고민하는데 쌀이 언제 떨어질지 몰라 걱정해야 하는 은정이는 할머니와 엄마가 원망스러웠어요. 얼굴도 모르는 아빠는 더욱더 미웠어요.

2교시, 받아쓰기 시험을 보는데 뱃속에서 꼬르륵 소리가 났어요. 짝꿍이 그 소리를 들을까 봐 일부러 연필에 힘을 주어 슥슥슥 소리가 나게 답을 썼어요. 100점이에요. 100점 맞은 시험지를 들고 신나서 집에 왔는데 집에 있어야 할 엄마가 없어요. 은정이 엄마는 지적 장애가 있어요. 엄마는 혼자서는 집에 찾아올 줄도 모르는데…….

마침 집에 돌아오신 할머니와 함께 엄마를 찾아 나섰어요. 시장 안을 돌며 엄마를 찾던 은정이는 '왕소금구이' 식당 앞에 멈춰섰어요. 어둠도 금세 찾아왔어요. 은정이는 무서워서 그만 '왕소금구이' 식당 앞에 주저앉았어요.

'엄마, 어디 있는 거야? 엄마 빨리 와. 나 무섭단 말이야.'

"너 여기서 뭐하냐?"

주인집 아들인 민석이였어요. 자전거를 타던 민석이가 은정이를 보고 멈춰 섰어요. 지금 생각하니 '왕소금구이'는 민석이네 가게였어요. 은정이는 거기에 앉아 있던 것을 후회했어요. 민석이는 1학년 때는 같은 반이었는데 2학년 올라오면서 다른 반이 되었어요. 은정이는 민석이랑 같은 반 안 된 것이 얼마나 좋은지 몰라요. 민석이는 하루가 멀다 하고 은정이를 괴롭혔어요. 은정이 엄마가 장애인이라는 것을 반 친구들에게 떠벌리고 다닌 것도 민석이였어요.

(심진규 동화 『할머니의 수제비』 중에서)

보조금이 떨어지는 날이면 수제비로 끼니를 때워야 하는 은정이. 가난한 살림에 엄마는 지적 장애인입니다. 게다가 오늘은 엄마가 사라졌습니다. 여러분이 은정이와 같은 처지의 아이를 만났다면 무슨 말을 해 줄 수 있을까요? 동화 내용을 조금 더 살펴보겠습니다.

1학년 때 엄마 얼굴 그리기를 할 때였어요. 은정이는 엄마 얼굴을 실제보다 조금 더 예쁘게 그렸어요. 머리에 핀도 꽂고 머리는 예쁘게 파마도 해 주었어요. 예쁘게 그려진 엄마 얼굴을 보니 기분이 좋아졌어요.

"야, 너네 엄마는 똥도 방에서 싸잖아. 똥도 그려야지!"

민석이가 은정이 스케치북에 똥 모양을 그렸어요. 은정이는 그만 참지 못하고 민석이 팔을 물었어요.

"아~ 아파. 야, 너 이거 안 놔!"

민석이는 아프다고 소리 쳤지만 그럴수록 은정이는 더 꽉 물었어요. 민석이 눈에서 눈물이 뚝뚝 떨어지고 나서야 놓아 주었어요. 그래도 화가 풀리지 않았어요. 그런데 그날 밤 민석이 엄마가 은정이네 집에 찾아왔어요.

"병신 딸년도 모자라 이제 손녀딸을 깡패로 키울 건가 봐. 한 번만 더 이런 일 있으면 당장 쫓아낼 줄 알아요! 세 들어 살게 해 준 것만 해도 고마운 줄 알아야지. 사람들이 양심이 없어. 양심이! 밀린 방세나 내요!"

민석이 엄마는 할머니에게 악다구니를 했어요. 은정이는 나쁜 말을 하는 민석이 엄마보다 아무 말도 못하는 할머니가 미웠어요.

결핍욕구란 무엇인가

초등학교 2학년인 은정이는 1학년 때 같은 반 친구인 민석이네 집

에 세 들어 살고 있습니다. 지적 장애가 있는 엄마와 할머니, 이렇게 세 식구가 부엌 하나 딸린 방에서 생활합니다. 학교에서 엄마 얼굴 그리기를 하는데 은정이는 엄마 머리에 핀도 꽂고 파마도 한 모습을 그렸습니다. 그런데 그걸 본 민석이가 친구들 앞에서 은정이 엄마를 놀리고 은정이는 화가 나서 민석이 팔을 물어버렸습니다.

가족은 누구에게나 소중한 존재이지만 때로는 드러내고 싶지 않은 존재가 되기도 합니다. 아직 어린 은정이에게는 몸과 마음이 불편한 엄마가 드러내고 싶지 않은 존재였는지도 모를 일입니다. 다른 친구의 엄마들처럼 학교 갈 때 가방을 챙겨주지도, 학교에서 돌아오면 숙제를 도와주지도, 함께 손잡고 예쁜 옷을 사러 가지도 못하는 엄마. 은정이는 다른 친구들이 엄마와 함께 하는 작은 것들도 모두 결핍욕구가 되었을 것입니다.

- 결핍욕구: 필요한 것이 모자라서 생기며, 자신의 결핍을 충족시키고자 하는 욕구다.
- 결핍욕구는 자기 자신에서보다 외부로부터 충족된다.
- 지속적인 결핍상태나 결핍이 강하게 나타나는 경우는 사고와 지각에 영향을 미치며 오래 지속되거나 극단적이면 신경증이나 성격장애가 올 수 있다.
- 결핍욕구를 채우기 위해 부당한 방법을 사용할 가능성이 커진다.

동화 내용을 조금 더 살펴보도록 하겠습니다.

저 멀리 팬시점 앞에 엄마가 보였어요. 은정이는 민석이를 밀치고 팬시점으로 달렸어요. 엄마만 보고 달리던 은정이는 걸음을 멈추었어요. 엄마 혼자 서 있는 것이 아니었어요. 팬시점 주인아주머니는 엄마 등 뒤에서 엄마 옷깃을 쥐어 잡고 있었어요.

"아니, 이 여자가 정말! 어디 돈도 안 내고……."

은정이는 어찌할 줄 몰라 그 자리에 가만히 서 있었어요. 이럴 때 할머니가 있었으면 뭐라도 했을 텐데 혼자는 할 수 있는 일이 없었어요. 하지만 그대로 두면 엄마가 어디론가 끌려 갈 것만 같았어요. 엄마를 구해야겠다고 생각했어요. 은정이는 용기를 내어 엄마를 불렀어요.

"엄마!"

"으……정……아!"

엄마는 두 팔을 벌리고 은정이에게 달려오려 했어요. 하지만 몇 걸음 오지 못하고 주인아주머니에게 뒷덜미를 잡혔어요.

"아니 이 여자가 어딜 가?"

엄마는 뒷덜미를 잡히고도 자꾸만 은정이에게 오려고 힘을 썼어요. 그럴수록 엄마 옷을 거머쥔 주인아주머니의 손에 힘이 들어갔어요.

"야, 꼬마. 너희 엄마야?"

주인아주머니는 퉁명스럽게 물었어요.

"네."

은정이는 왜 엄마가 아주머니에게 붙들려 있는지 차마 물을 수 없었어요.

"에이, 재수 없게 정말. 안 그래도 장사 안 돼서 죽겠는데……. 야,

니 엄마 손에 들고 있는 것 좀 뺏어 봐. 힘이 보통 세야 말이지."

"……."

"내 말 안 들리니? 니 엄마가 머리핀을 들고 도망가는 거 내가 잡았
단 말이야. 그거 얼른 뺏어서 이리 내라고."

은정이가 엄마의 손을 잡고 손가락을 폈어요. 꼭 쥔 엄마의 주먹을
펼치니 나비모양 머리핀이 한 개 있었어요.

"엄마……."

은정이가 핀을 집으려고 하자 엄마가 다시 주먹을 꼭 쥐었어요.

"야, 됐어. 그거 어차피 못 팔겠다. 그냥 가져가고 내일 네 아빠한테
돈 가져오라고 해. 더러운 걸 어떻게 파냐?"

아주머니의 말에 은정이는 고개를 푹 숙였어요. 돈도 없었지만 돈을
가져올 아빠도 없었어요. 아빠, 아빠? 은정이가 태어나자마자 집을
나갔다는 아빠, 은정이는 아빠를 미워한 적은 많았지만 아빠가 보고
싶었던 적은 없었어요. 하지만 지금은 아빠가, 그렇게 미워하던 아
빠가 보고 싶었어요. 은정이는 서러워 눈물이 날 것 같았어요. 은정
이는 어떻게 해야 할지 몰랐어요.

동화에 나오는 인물 대부분은 은정이의 결핍욕구를 이해하는 것
이 아니라 오히려 자극하고 이로 인해 은정이 마음에 상처를 주고 있
습니다. 얼굴도 모르는 아빠, 팬시점 주인의 한 마디가 어린 은정이
의 마음을 얼마나 아프게 했을까요?

엄마를 찾은 것은 다행이지만 팬시점에서 물건을 훔쳐서 나오다
들킨 엄마를 마주한 은정이는 어떻게 해야 할지 모른 채 마음이 급하

기만 하고 선뜻 엄마 손을 잡지도 못합니다. 도둑질을 한 엄마가 원망스러웠는지도 모릅니다.

우리는 살면서 여러 가지 상황을 마주합니다. 그런 경우 다른 사람의 행동을 보고 그 행동이 왜 일어났으며 그 원인이 무엇인지 파악하려 하지 않고 행동 자체만 보고 판단하는 경우가 많습니다. 그로 인해 오해가 생기고, 감정의 골은 깊어집니다. 하지만 그 사람의 마음에 어떤 욕구가 있어서 그런 행동을 하게 되었는지를 알게 되면 이해 못할 일이 없습니다.

위의 상황에서 은정이는 집을 나간 엄마도, 팬시점에서 도둑질한 엄마도 원망스러웠을지 모릅니다. 이야기를 조금 더 읽어 보겠습니다.

엄마는 두 주먹을 가슴에 품고 있었어요. 그때 뒤에서 큰소리가 들렸어요.

"뭐여? 더러워? 머시가 더러워? 응?"

할머니였어요. 할머니는 금방이라도 달려들 듯이 주인아주머니를 노려봤어요. 할머니의 기세에 아주머니는 한발 물러섰어요.

"아니, 이 할머니가?"

"이게 얼마여? 응? 아, 얼마냐고?"

할머니는 주머니에서 돈을 꺼내 아주머니에 던졌어요.

"이거면 되겠지? 이 더러운 돈 먹고 떨어져 이 더러운 인간아!"

그리고는 땅바닥에 침을 '퉤' 뱉었어요. 은정이는 할머니가 화내는 모습을 처음 보았어요. 만 원짜리 한 장과 천 원짜리 몇 장이 하늘에서 춤을 추며 바닥으로 내려왔어요. 며칠 동안 할머니가 종이 상자

를 모아 번 돈이었어요.

"아니, 뭐 저런⋯⋯. 재수가 없을라니까 정말."

주인아주머니는 바닥에 떨어진 돈을 주워 뒤도 안 돌아보고 가게로 들어갔어요. 할머니는 그런 아주머니를 향해 삿대질을 하더니 엄마의 등을 한 대 때렸어요.

"이년아, 방구석에 가만히 있을 일이지. 왜 기어 나와서 여러 사람 고생을 시키냐? 그리고 이건 뭐 할라고 집어가지고 나와? 니 주제에 이런 게 어울려? 응?"

할머니는 말을 하면서도 엄마의 등을 계속 때렸어요. 은정이는 할머니와 엄마 사이로 파고들며 할머니를 말렸어요. 그때였어요. 엄마가 입을 열었어요.

"으⋯⋯저⋯이⋯⋯새⋯⋯일⋯⋯."

엄마는 박수를 치는 시늉을 했어요. 허공에 대고 "후" 하고 입김도 불었어요. 며칠 뒷면 은정이 생일이에요. 쌀이 떨어져 수제비만 해 먹는 형편에 생일 선물은 바라지도 않았어요.

집으로 돌아오는 길 엄마가 은정이 머리에 핀을 꽂아 주었어요.

"은⋯⋯저이, 이⋯⋯이뻐"

엄마는 은정이 볼을 양손으로 만지며 해맑게 웃었어요. 엄마의 손이 얼음보다 더 차가웠어요.

"엄마, 추워?"

엄마는 고개를 끄덕였어요. 은정이는 얼른 엄마 손을 자신의 주머니에 넣었어요.

"엄마, 나 선물 안 줘도 되니까 이제 밖에 혼자 나가지 마. 알았지?"

"응."

"엄마, 가자."

은정이는 엄마 손을 잡고 걸었어요. 왕소금구이집 앞을 지날 때 민석이와 눈이 마주쳤어요. 민석이는 팬시점에서의 일을 다 본 것 같았어요. 내일 학교에 가면 오늘 일을 아이들 모두 알고 있을 거예요. 하지만 은정이는 상관없다고 생각했어요. 엄마를 찾았고, 태어나 처음으로 엄마에게 생일 선물을 받았으니까요.

은정이 나이 아홉 살, 태어나서 처음으로 엄마에게 선물을 받았습니다. 집을 나간 엄마를 찾아다니며 무서웠던 마음, 팬시점에서 엄마를 만났을 때 당황스럽고 어찌해야 할지 몰라 두려웠던 은정이 마음을 한 순간에 녹인 것은 엄마가 선물로 준 작은 머리핀 하나입니다.

엄마가 왜 집을 나갔는지, 팬시점에는 왜 갔는지를 알게 된 은정이는 이제 엄마의 마음을 알게 되었습니다. 집에 돌아오는 길에 민석이를 다시 마주쳤습니다. 민석이는 팬시점 앞에서 있었던 일을 다 보았고 내일 학교에 가서 이 모든 일을 소문낼지 모릅니다. 하지만 은정이는 상관없다고 생각합니다. 이제 은정이에게 엄마는 더 이상 결핍을 일으키는 존재가 아니기 때문입니다.

집에 돌아온 할머니는 배고픈 은정이와 엄마를 위해 밀가루 반죽을 해서 수제비를 끓였어요.

"미안혀 은정아. 오늘은 정말로 쌀도 사고 혀서 맛난 거 해 줄라고 했는디⋯⋯. 그라고 요번 생일날에는 선물을 꼭 사 줄라고 했는

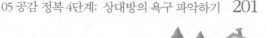

다……

할머니는 옷소매로 눈가를 닦았어요.

'아냐, 할머니. 그리고 아까 팬시점 앞에서 할머니 정말 멋졌어요.'

은정이는 냄비에 반죽을 떠 넣는 할머니 뒷모습을 바라보며 마음속으로 말했어요. 세 식구가 밥상에 둘러앉았어요. 수제비 한 냄비, 김치, 간장이 고작인 초라한 밥상이었어요. 오늘 아침만 해도 냄새도 맡기 싫던 수제비였는데 추운데 오래 있어서 그런지 오늘 수제비 국물은 정말 끝내줬어요.

"할머니!"

"응, 왜?"

"수제비……."

"미안혀. 만날 수제비만 ……."

"아니, 그게 아니라……. 맛있어."

할머니는 놀라 은정이를 바라보았어요.

"할머니가 끓여 주는 수제비가 제일 맛있어."

은정이는 국물까지 싹싹 비웠어요. 따뜻한 전기장판이 깔려 있는 이불 속에 들어가자 잠이 솔솔 왔어요. 은정이는 엄마 품에서 곤히 잠이 들었어요. 피곤한 하루였어요. 엄마도, 은정이도……

하늘에서는 하얀 쌀가루 같은 눈이 내리고 있었어요.

아침에 집을 나설 때는 먹기 싫어 아침도 굶고 집을 나섰던 은정이가 저녁에는 수제비를 맛있게 먹었습니다. 저녁에 먹은 수제비는 밀가루 반죽으로 만든 것이 아니라 할머니와 엄마의 사랑으로 반죽한 수제비이기 때문입니다.

은정이네 가정형편은 아홉 살 아이가 감당하기에는 힘든 상황입니다. 엄마를 찾아 나서고, 팬시점 앞에서 엄마를 마주했을 때 은정이 마음은 어떠했을까요? 격한 감정을 사르르 녹여 낸 것은 엄마의 마음이었을 것입니다.

시선을 엄마로 돌려보면, 은정이 엄마는 지적 장애가 있기 때문에 은정이 마음을 전부 이해하지는 못했을 것입니다. 동화 속에 직접적으로 나타나지는 않지만 아마 할머니에게 은정이 생일이 멀지 않았다는 것을 들었을 것입니다. 엄마는 자신이 많이 부족하기에 은정이에게 잘해 주지 못한 것이 마음에 걸려 선물을 하고 싶었을 것입니다. 자식을 사랑하는 마음, 자식에게 무언가 해 주고 싶은 것은 인간의 근본적인 욕구입니다. 방식에 문제가 있었지만 그 욕구가 해결되자 엄마는 환한 미소를 지을 수 있었습니다.

직장생활 혹은 학교생활을 하다 보면 한 번쯤은 동료나 상사 혹은 부하직원, 학생들이 자신의 마음을 알아주는 경험을 하게 됩니다. 그때를 떠올려 보면, "어떻게 내 마음을?"이라는 말이 절로 나옵니다. 그런데 반대로 자신이 다른 사람의 마음을 알아주고 그가 하고 싶어 했던 일을 해 주었을 때도 있을 것입니다. 기분이 어떠했는지 떠올려봅시다.

상대방의 결핍욕구를 알아주는 것, 과중한 업무로 피곤할 때 "피곤하지?"라는 말과 함께 건네는 커피 한 잔과 같지 않을까요?

다양한 이야기로 살펴보는 결핍욕구와 공감

10년 동안 보리죽만 먹는 사나이

옛날에 박 서방이라는 사내가 살았다. 결혼을 해서 아이 둘을 두고 살았는데 너무 가난해서 굶기를 밥 먹듯 했다. 살기가 너무 어려워서 처가에 가서 먹을 것이라도 얻어올 생각으로 처가에 갔다.

"장인어른, 장모님. 박 서방 왔습니다." 했다. 그러자 장모는 건성으로 대답을 하고는 "거기 찬밥 남은 것 있거든 한 그릇 갖다 주어라." 하며 하인에게 일렀다. 하인은 찬밥에 간장 종지 하나만 있는 밥상을 내왔다. 박 서방은 너무 서운했지만 지금 배가 너무 고팠던 차에 그나마도 감지덕지라고 생각하고 밥을 먹기 시작했다. 그때 문을 열며 맏사위인 김 서방이 처가에 왔다. 김 서방은 곳간 가득히 곡식을 채워 놓고 사는 부자였다. 김 서방이 왔다는 이야기를 들은 장모는 버선발로 나오며 하인들에게 일렀다.

"이보게들, 뭐하는가? 어서 닭 잡고, 고기 굽고, 떡도 하게. 우리 김 서방, 어서 오게. 자주 좀 오지 어찌 그리 발길이 뜸했는가?"

그 모습을 보고 있던 박 서방은 아무리 배가 고파도 이런 대우를 받으며 밥을 먹을 수 없다고 생각하고 상을 물렸다.

"장인어른, 장모님. 박 서방 그만 갑니다.

(신동흔, 『삶을 일깨우는 옛이야기의 힘』, 2012 중에서)

먹을 것을 얻으러 처가에 간 박 서방, 자존심이 무척 상했을 것입니다. "장인어른, 장모님, 박 서방 왔습니다."라는 말을 하면서 어떤 욕구를 가지고 있었을까? 자존심이 상하지만 그래도 처자식을 굶길 수 없어 처갓집에 갔다는 것은 처가에 조금이라도 도움을 받아 보려고, 혹은 따뜻한 위로와 격려의 말 한마디라도 듣고자 하는 마음이 있었을 것입니다. 그런데 장인과 장모는 박 서방에게 찬밥덩이나 주고 괄시하였습니다.

박 서방은 김 서방과 너무도 다른 대우에 그만 속이 상해 집으로 돌아오고 맙니다. 장인과 장모의 행동으로 인해 박 서방의 결핍욕구는 더 커지게 되었습니다. 가난한 살림에 조금이나마 도움을 받으려 왔다가 가난해서 무시당했으니 박 서방이 얼마나 낙심을 했을까요?

여러분이 박 서방과 같은 대우를 받았다면 어떻게 행동할지 생각해 보세요.

처가에서 돌아온 박 서방은 아내와 아이들을 모아 놓고 이야기를 했다. "우리 독한 마음을 먹고 살아 봅시다. 오늘부터 10년 동안 세 끼 보리죽 한 그릇씩만 먹고 열심히 일을 합시다."
"내 손님이 오면 내 보리죽을 대접하고 내가 굶겠소."
박 서방이 이렇게 말하자 아내도 처가에서 부모님이 오시면 자기 죽을 주고 자기는 굶겠다고 했다.
박 서방은 식구들을 데리고 산으로 가서 움막을 짓고 산을 일구어 밭을 만들어 농사를 지었다. 보리죽만 먹고 열심히 일을 했더니 어느 정도 곡식이 모였다. 그 곡식을 팔아 짐승도 사서 길렀다. 열심히 일해서 몇 년 만에 부자가 되었다. 하지만 약속한 10년이 되지 않았

기 때문에 보리죽 한 그릇으로 끼니를 때웠다.

박 서방네가 부자가 되었다는 소문이 마을에 돌았다. 그 소식을 들은 장인이 딸이 사는 집으로 찾아갔다. 딸과 사위가 반갑게 맞이했다. 그런데 끼니때가 되니 딸이 보리죽 한 그릇만 상에 올리고는 자기는 밖에 나가서 서성대고 있다. 다음 날도 또 끼니때가 되니 똑같이 반복한다. 부자로 살면서 보리죽 한 그릇밖에 대접하지 않는 것도 괘씸한데 아버지가 밥을 먹는데 옆에 있지는 못할망정 밖에 나가서 서성대는 딸이 못마땅해 집으로 돌아오고 만다.

장인이 집으로 돌아간 그다음 날, 집에서 키우던 닭을 산짐승이 물어 죽이는 일이 생긴다.

"여보, 이를 어쩌지요? 이 죽은 닭을 삶을 수도 없고, 버릴 수도 없고."

부인이 죽은 닭을 들고 이야기했다. 그러자 남편이 "닭을 두세 마리 더 잡아 푹 삶읍시다. 오늘이 우리가 약속한 10년이 되는 날이오."

부부는 닭을 삶고, 떡도 해서 그 음식을 자신들만 먹는 것이 아니라 모두 싸서 처가에 갔어요. 가서 그동안의 상황을 이야기하고 잔치를 벌였지요. 이야기를 다 들은 장인은 "내가 일찍 돌아오길 잘했구나. 하루만 더 있었으면 딸을 굶겨 죽일 뻔했구나." 했답니다.

그 후로 박 서방은 장인, 장모를 잘 모시며 행복하게 살았답니다.

(신동흔, 『삶을 일깨우는 옛이야기의 힘』, 2012 재각색)

결핍욕구는 주로 외부로부터 충족되게 되는데 박 서방의 경우는 조금 다릅니다. 처가에서 받은 대우가 박 서방에게는 오히려 자극제가 되었습니다. 박 서방이 독한 마음을 먹고 열심히 일할 수 있게 하기 위해 장인과 장모가 일부러 그런 것이라면 참 대단한 사람들이지만 이야기에서 그런 모습은 보이지 않고 있습니다.

이야기는 나중에 모두가 다 행복해지는 것으로 끝나지만 박 서방네가 부자가 되어 잘살게 되기까지 얼마나 많은 고통이 있었을지 상상해 보면 마음이 아픕니다. 지금 살고 있던 곳에 살면서 밭을 일굴 수도 있는데 군이 산속으로 들어간 것을 보면 스스로 고립을 택한 것입니다. 자신의 결핍된 욕구를 다른 사람이 알아주지 못하고, 심지어는 그것으로 인해 상처를 받았기 때문에 박 서방은 산속으로 들어갈 결심을 하게 된 것입니다.

결과가 좋으니 된 것 아니냐고 할 수도 있지만, 그 과정에서 박 서방 가족이 받았을 고통을 생각하면 그런 이야기가 나올 수는 없습니다. 만약, 장인 장모가 어렵게 처가에 찾아온 박 서방의 마음을 조금이나마 헤아리고 그의 욕구를 잘 파악했다면 제 스스로 먹고 살길을 안내해 줄 수 있지 않았을까요?

박 서방이 마음을 먹고 열심히 일을 했으니 참 다행입니다. 만약 그렇지 않고 나쁜 마음을 먹었다면 이야기는 어떤 방향으로 흘러갔을지 모를 일입니다.

최고의 연주

안나 씨는 다른 사람들보다 몸이 작은 왜소증을 갖고 태어났습니다. 어려서부터 피아노 건반 두드리는 것을 좋아했기에 이를 알고 안나

씨의 어머니는 안나 씨가 열 살이 되자 피아노를 배우게 했습니다. 안나 씨는 피아노를 칠 때면 자신이 세상에서 가장 행복한 사람이 된 것 같았습니다. 자신의 열 손가락으로 낼 수 있는 멜로디를 들으며 행복해했습니다. 그러나 안나 씨의 피아노 실력이 어느 정도 수준이 되자 건반만이 아니라 페달도 밟아야 할 때가 왔습니다. 그러나 안나 씨는 피아노 의자에 앉으면 페달에 발이 닿지 않았습니다. 피아노를 가르쳐 주시던 선생님은 더 이상 실력이 늘기는 어렵다고 이야기했고, 안나 씨는 그 후로 피아노 치는 것을 그만두었습니다. 피아노를 그만둔 안나 씨는 삶의 의욕을 잃게 되었습니다. 피아노가 삶의 전부라고 생각했던 안나 씨는 우울한 학창시절을 보내고 고등학교를 졸업한 후 대학에 진학하거나 직장을 찾는 대신 집에만 틀어박혀 지내게 되었습니다.

집에만 틀어박혀 지내며 삶의 의욕이 없던 안나 씨, 어느 날 방 안에서 피아노 소리를 듣게 되었습니다. 피아노 소리는 평소에 자신이 듣던 것보다 훨씬 아름다운 소리였고 안나 씨는 피아노 소리에 이끌려 밖에 나갔습니다. 그 소리는 근처 성당에서 나는 소리였고, 성당 안으로 들어간 안나 씨는 그만 깜짝 놀라고 말았습니다. 분명히 소리를 듣고 왔는데 피아노를 치는 사람이 없었기 때문입니다.

안나 씨는 피아노 앞으로 걸어갔습니다. 10년 가까이 지나 피아노 앞에 앉아 본 안나 씨는 평소에 좋아했던 곡을 연주하였습니다. 연주를 마치고 의자에서 내려오려던 그때 한 남자가 박수를 쳤습니다. 성당 신부님이었습니다.

"연주를 잘하시네요. 마침 우리 성당에 반주자가 없는데, 혹시 미사

때 반주를 해 줄 수 있나요?"

"저는 보시다시피 몸이 이래서 피아노 페달을 밟을 수 없어요. 그래서 연주하는 데 한계가 있어요."

"괜찮아요. 피아노를 전문으로 하는 사람들에게는 문제가 될지 모르지만 다 함께 노래하는데 반주로는 전혀 문제가 되지 않아요. 저는 당신의 연주를 듣고 감동받았는걸요."

그 후로 안나 씨는 성당에서 반주를 하게 되었고, 성당의 사무를 맡아 보는 일도 같이 하게 되었습니다.

(심진규 동화 『최고의 연주』 중에서)

피아노를 좋아해서 피아노가 삶의 전부였던 안나 씨, 그러나 신체적 약점으로 더 이상 실력을 쌓을 수 없게 된 안나 씨는 실망하였습니다. 안나 씨에게 왜소증이라서 피아노 페달을 밟을 수 없는 것은 아무리 노력을 해도 성취될 수 없는 욕구입니다. 안나 씨가 신체적인 불편함을 극복하고 성당에서 반주자로 활동할 수 있었던 까닭은 안나 씨의 욕구를 알아준 신부님 덕분이었습니다.

성당에 정말 반주자가 없었을 수도 있습니다. 하지만 미사도 없는 텅 빈 성당에 혼자 들어와 피아노를 연주하는 사람이 있다면, 이 사람에게는 무언가 욕구가 있는 것이라 할 수 있습니다. 이는 다른 사람들에게 자신의 연주를 들려주고 싶은 욕구가 아니라 그 사람의 마음 안에서 피아노를 치고 싶은 욕구입니다. 신부님은 이 욕구를 알아차린 것입니다. 안나 씨의 결핍욕구를 바르게 찾아 인정해 준 것은 신부님의 "괜찮아요."라는 말 한마디였습니다.

자신에게는 더 이상 발전이 없다고 생각하며 낙담하고 있는 사람이 있습니다. 이 사람에게 누군가가 "당신은 이미 잘하고 있어요."라는 메시지를 전해 준다면 그 사람의 삶은 어떻게 변할까요?

새색시가 첫날밤에 아기를 낳았다?

옛날 어느 마을에 3대 독자가 살고 있었다. 부모는 혹시나 대가 끊길까 걱정이 되어 아들이 열여섯이 되자마자 혼처를 알아보기 시작했다. 마침 이웃 마을에 행실이 바르고 참한 색시가 있다는 말을 듣고 혼담을 넣었다.

혼담은 잘 성사가 되어 혼례를 치르게 되었다. 혼례를 치르는데 색시가 왠지 불편하고 힘들어 보였다. 동네 사람들은 색시가 긴장을 해서 그런 것이라며 웃어넘기기도 하며 자기들끼리 수근거렸다. 새 신랑도 그런 신부가 걱정이 되었지만 별일 아닐 거라 생각했다. 그런데 그날 밤, 밤이 깊었는데 신부가 땀을 뻘뻘 흘리면서 얼굴을 찡그리더니 배를 움켜쥐고 쓰러졌다.

"부인, 무슨 일이시오? 괜찮소?"

새색시는 고개를 끄덕였지만 괜찮아 보이지 않았다.

"이러다가 큰일 나겠소. 내가 가서 사람들을 불러오리다."

신랑이 사람들에게 도움을 청하려 나가려고 하자 신부가 신랑의 옷자락을 잡으며 못 나가게 했다. 할 수 없이 고통스러워하는 신부의 옆을 지키고 있었다. 신부가 한참 동안 용을 쓰더니만 다리 사이로 무언가를 쑥 낳는 것이었다. 바로 핏덩이 아기였다. 살펴보니 튼튼한 사내아이였다. 그 모습을 본 신랑은 깜짝 놀라 바닥에 털썩 주저 앉았다.

신랑 입장에서 보면 너무도 황당한 일이 일어났습니다. 오늘 혼례를 치렀는데 그날 밤에 아이를 낳다니 말입니다. 당장 이 혼인을 무르고 자기 집으로 돌아가도 누가 뭐랄 사람이 없을 일입니다. 잠깐 시선을 돌려 신부 입장에서 보면 이야기는 달라집니다. 혼인 날짜도 잡았는데 이상하게 배가 불러옵니다. 다른 남자와 잠자리를 한 적도 없는데 배가 불러오는 것이 이상한데 첫날밤에 배가 아파 오더니 아이를 낳았습니다. 품속에서 은장도를 꺼내 당장이라도 죽고 싶었을지 모릅니다. 아이만은 살리고 싶었을지 자신의 인생을 망친 아이니까 아이를 죽이고 싶었을지 알 수 없는 일이지만 자기 배 아파 낳은 아이를 어느 어미가 나 몰라라 하고 싶겠습니까? 그런데 문제는 아이를 낳은 것이 혼례를 치른 그날 밤이라는 것이었습니다.

신랑은 무척이나 당황했다. 하지만 사람부터 살리고 봐야겠다고 생각했다. 어디서 들은 대로 얼른 아이의 탯줄을 자르고 산모의 몸도 닦고 이불을 덮어 준다. 그리고는 장모님이 있는 안채로 가서 소동을 피운다.

"장모님, 저 좀 보세요. 제가 잠이 안 와서 죽겠어요. 저는 밤참을 꼭 먹어야 하는데 오늘은 저녁도 적게 먹었더니 너무 잠이 안 와요. 제가 지금 미역국이 너무 먹고 싶은데 미역국 좀 끓여 주세요."

장가 든 첫날밤에 미역국을 찾는 사위가 이상했지만 사위가 원하니

장모는 미역국을 끓여 주었다. 신랑은 그렇게 해서 신부에게 미역국을 먹인다. 아이에게도 젖을 물려서 아이가 잠이 들자 신랑은 아이를 강보에 싸서 새벽길을 나선다.

"이 결혼은 무효야!"라고 소리치며 처가 식구들에게 화를 내도 아무런 이상이 없을 만한 일입니다. 그런데 이 나이 어린 신랑의 행동을 보면 감탄이 나옵니다. 첫날밤에 아이를 낳은 색시는 남편 볼 면목이 없었을 것입니다. 그런데 남편은 그런 아내에게 첫 국밥을 먹이기 위해 장모에게 가서 미역국을 해달라고 하였습니다.

부인의 입장에서 보면 어찌 감히 미역국을 달라고 할 수 있었을까요? 하지만 남편은 상황이야 어찌 되었든, 그럴 만한 사정이 있으리라 생각하고 생명을 살리는 데 우선을 두었습니다. 그런데 아이에게 젖을 먹여 강보에 싸서 새벽길을 나서는 까닭은 무엇이었을까요? 혹시 부인은 용서해도 누구의 핏줄인지 모르는 아이는 키울 수 없었던 것일까요?

신랑은 동구 밖으로 나가 개천에 놓인 다리 아래에 아이를 내려놓고 집으로 온다. 그러더니 이른 아침, 식구들이 다 모인 자리에서 신랑이 이야기를 한다.

"제가 어젯밤에 이상한 꿈을 꾸었어요. 하늘에서 커다란 용이 내려와 제 몸을 감싸더니 동구 밖 다리 아래로 쑥 들어갔어요. 꿈이 어찌나 생생한지 아직도 제 몸에 용 자국이 남아 있는 것 같아요. 누가 개천 아래를 좀 살펴봐 주세요."

사람들이 개천 아래에 가보니 웬 아이가 있어 데리고 왔다. 아이를 본 신랑이 "이 아이는 하늘이 제게 내린 아이가 분명합니다. 제가 키우겠습니다."

신랑은 그렇게 아이를 아들로 삼아서 키우게 되었다.

(우리나라 민담 「첫날밤에 아이 낳은 부인」 각색)

신방에서 아이를 안고 "아내가 아이를 낳았소!" 하고 외치면 처가 식구들이 신랑을 무슨 낯으로 보겠습니까? 그렇다고 "내가 밖에서 아이를 낳아 왔습니다." 하면 그런 남편을 처가 식구들이 인정해 줄까요? 신랑은 아이도 구하고, 아내도 구하고 자신도 살 방법을 찾았습니다. 하늘이 내린 아이를 주워 왔다는 식으로 이야기를 꾸민 거지요.

남편의 이러한 행동을 본 부인의 마음은 어떠했을까요? 첫날밤에 아이를 낳은 자신을 있는 그대로 받아들여 주는 남편을 보며 이 사람을 믿고 평생을 가도 되겠다는 생각을 했을 것입니다. 말로 표현하지 못한 아내의 결핍욕구를 공감의 마음으로 채워 준 나이 어린 신랑, 멋지지 않습니까? 공감의 마음이 없었다면 두 생명을 모두 살린 신랑의 행동은 불가능했을 것입니다.

2. 결핍욕구에 대한 이해와 공감

학교나 사회생활을 하다 보면 다른 사람들과 잘 어울리지 못하고 부적응 행동을 하는 사람을 볼 수 있습니다. 이러한 부적응 행동은 자신의 근본욕구가 충족되지 못해서 생기는 경우가 대부분입니다. 결핍욕구를 채우고자 하는 마음이 행동으로 드러나게 되고, 이는 일반적으로는 문제행동으로 보일 가능성이 큽니다.

주변에서 그 사람의 행동을 문제 삼기보다 무엇이 문제인지 살펴보고 결핍욕구를 바르게 이해하게 된다면 그 사람의 행동을 다른 시각에서 바라볼 수 있고, 바른 행동으로 변화시킬 수 있는 계기가 될 것입니다.

결핍욕구를 이해하는 공감이야기를 다양한 사례를 통해 알아보겠습니다.

동화로 열어가기

둘째는 *서러워*

점심시간이 끝나고 5교시 수업을 시작할 무렵 선생님이 교실을 둘러보는데 시우가 보이지 않는다.

"애들아, 시우 어디 갔니?"

"아까 배 아프다고 보건실 갔어요."

"뭐? 아무 말도 없이 보건실에 갔단 말이야?"

시우는 벌써 몇 번째 말도 없이 보건실에 가서 누워 있다가 오곤 했다. 선생님은 그런 시우의 행동을 고쳐주어야겠다고 마음을 먹었다. 다른 아이들에게 학습지를 풀도록 하고 보건실로 갔다.

시우는 보건실 침대에 누워 있었다. 선생님은 침대 쪽으로 가서 시우를 불렀다.

"시우야!"

시우는 눈을 뜨고 일어나 앉았다.

"배 많이 아프니?"

시우는 말없이 고개를 가로저었다. 많이 아픈 것은 아닌 모양이었다.

"시우야, 배가 아프면 선생님에게 와서 이야기하고 보건실에 와야 하는 거야. 네 마음대로 이렇게 보건실에 오면 안 돼."

선생님의 말에 시우는 갑자기 눈물을 흘리기 시작했다. 선생님은 꾸중을 들은 시우가 기분이 나빠서 그런 것이라고 생각했다.

"선생님이 널 혼내려는 것이 아니야. 다만……."

선생님은 학기 초 일을 떠올렸다. 시우는 자주 배가 아프다고 선생님에게 와서 말했다.

"선생님, 배가 아파요."

그럴 때마다 선생님은 시우에게 보건실에 가 보라고 이야기했다. 그리고 가능하면 우유를 마시지 말라고 이야기했다. 시우는 그래도 선생님에게 자주 와서 배가 아프다고 했다. 선생님은 배가 아프다는 시우가 걱정이 되기도 했지만 다른 아이들도 있고, 배가 자주 아프다고 하는 시우가 꾀병은 아닌지 의심이 되어 일부러 무관심하기도 했다.

어느 순간부터 시우는 배가 아프다며 선생님에게 이야기도 하지 않고 보건실에 가는 일이 많아졌다. 선생님은 시우의 그런 행동을 고쳐주어야겠다고 마음먹었는데 오늘은 시우의 잘못에 대해 이야기해야겠다고 생각했다.

앞의 예화에 나오는 선생님은 시우가 자주 배가 아프다고 하는 것을 별일 아니거나 꾀병으로 받아들였습니다.

하지만 교사는 시우의 경우 배가 아픈 다른 이유가 있지는 않은지 살펴볼 필요가 있습니다. 시우의 이야기를 이어서 보면서 원인을 찾아보겠습니다.

낮에 선생님께 꾸중을 들어서 기분이 좋지 않은 시우는 터덜터덜 집으로 향했다. 집에 도착해서 초인종을 누르려다가 멈추었다. 전에 초인종을 눌렀다가 잠든 찬우가 깨서 막 울었다. 그 때문에 엄마에게 혼났던 일이 생각이 났다. 시우는 비밀번호를 누르고 살며시 문을 열고 들어섰다. 찬우는 자지 않고 엄마와 놀고 있었다.

"학교 다녀왔습니다."

"어, 그래. 씻고 숙제해라."

엄마는 시우는 쳐다보지도 않았다. 엄마의 모든 신경은 찬우에게 가 있었다. 찬우는 이제 갓 돌이 지난 시우의 동생이다. 찬우가 태어나기 전에는 엄마가 시우에게 조금 더 신경을 써주었는데 찬우가 태어나고부터 시우는 찬밥이 되었다.

"시우야, 너 혹시 언니 공책 만졌니? 엄마에게 전화해서 난리도 아니었다. 제발 언니 물건에 손 좀 대지 말아."

"그, 그거. 언니가 나 준 거란 말이야. 엄마는 알지도 못하면서 나한테만 뭐라고 하고."

시우는 방문을 쾅 닫고 들어갔다.

(심진규 동화 『둘째는 서러워』 중에서)

시우는 자기에게 있던 엄마의 관심이 동생인 찬우에게 간 것이 서운했습니다. 게다가 중학생인 언니 말만 듣고 시우에게 꾸중을 하는 엄마 때문에 속이 상한 것이죠. 시우는 예전에 심한 독감에 걸렸던 때를 떠올렸습니다. 엄마가 계속 물수건을 해 주고 간호를 해 주었는데, 몸이 아프니 엄마의 관심이 시우에게 온 것을 몸으로 알고 있는 것입니다.

시우가 학교에서 자꾸만 배가 아프다고 한 것은 관심을 받고 싶은 욕구가 있어서일 가능성이 큽니다. 가정에서 엄마에게 충분히 사랑을 받지 못한다고 생각한 것이 결핍욕구가 되어 학교생활에서도 나타났던 것입니다.

교사는 시우가 배가 아프다고 했을 때 신체적인 증상으로 봐서 보건실에 가 볼 것을 권유하기보다 "어디가 아프니?" 하고 물어본다든지 "열은 없니?" 하며 이마를 짚어줄 수도 있습니다. 정말 배가 아픈 것이라는 생각이 든다면 시우를 보건실까지 함께 데리고 갈 수도 있습니다. 설령 시우가 정말 배가 아파서 그렇다고 하더라도 교사가 함께 보건실에 가주거나 진정성을 가지고 걱정을 해 준다면 아픈 것도 나아질 것입니다.

우리가 자칫 실수하기 쉬운 것이 바로 이 부분입니다. 상대방의 행동이 일어나게 된 원인을 파악할 때 취조하듯, 잘못을 찾듯 하는 태도가 아니라 진정성을 가지고 상대를 걱정하는 모습이 중요합니다.

동화로 알아보는 결핍욕구와 공감

'아무도 모를 거야.'

다들 자기 시험지에 빗금이 몇 개이고 동그라미가 몇 개인지 보느라 다른 사람에게는 관심이 없다. 선생님은 채점한 시험지를 나누어 주시고는 혹시 채점이 잘못된 것이 있는지 살펴보라고 했다.

기회는 지금이다. 숫자 1에 비스듬하게 선 하나와 가로로 선 하나만 그으면 된다. 내가 왜 이 문제를 실수했는지 모르겠다. 하지만 지금은 왜 실수했는지 원인을 찾는 것이 문제가 아니다. 아무도 몰래 두 획만 그으면 된다. 연필을 집어 든 손이 떨린다. 나는 괄호 안에 '1'이라고 쓴 숫자를 얼른 '4'로 고쳤다.

"선생님, 여기 채점이 잘못 되었는데요."

"어? 누구니?"

내가 조용히 손을 들었다.

"저요. 17번 답 맞았는데 틀렸다고 채점하셨는데요."

"그…… 그래? 그럴 리가 없는데……."

선생님이 내 자리로 오신다. 내 시험지를 집어 들고 한참을 보신다. 가슴에서 쿵쿵 소리가 난다. 선생님이 시험지와 날 번갈아가며 보신다. 나도 몰래 고개를 숙였다.

"김시연, 선생님을 속이면 안 되지."

선생님 얼굴이 바람을 불어넣은 풍선처럼 커진다. 그러더니 얼굴이 빨갛게 달아오른다. 코와 귀에서 당장이라도 하얀 김이 뿜어져 나올 것 같다.

"여기 봐. 네가 지금 답을 고쳤잖아."

어느새 내 자리로 아이들이 몰려들었다. 나를 둘러싼 아이들이 나를 향해 손가락질을 한다. 은진이가 선생님 옆으로 와서 내게 자기 시험지를 흔들어 보이며 웃는다.

"너, 나 이기고 싶어서 이제 별짓을 다 하는구나. 푸하하! 그래 봐야 넌 날 이길 수 없다는 거 모르니? 우리 반 1등은 나야. 나, 이은진이라고!"

"김시연, 넌 날 속였어. 수학 시험은 0점 처리 할 거야. 물론 부모님께 이 사실을 알리는 것은 당연하고 말이야. 알겠어?"

선생님은 돌아서서 교탁 앞으로 걸어간다. 잘못했다고 이야기해도 뒤도 돌아보지 않으신다. 나는 책상에 엎드려 펑펑 울었다. 창피했다. 아는 문제를 실수로 틀린 것도, 그걸 고친 것도. 엄마가 이 사실을 알면 날 얼마나 부끄러워하실까? 이런 생각을 하니 조금 전에 한 일을 되돌리고 싶었다.

"어? 그러네. 왜 이걸 틀리다고 했지? 미안해, 시연아."

고개를 들었다. 내 주위에 모여 있던 아이들은 온데간데없고 선생님이 시험지를 들고 서 있을 뿐이었다. 모든 것이 내 머릿속에서 일어난 일이었다. 아이들은 제 시험지 보느라 정신이 없었다. 은진이를 보니 책상에 엎드려 있다. 시험을 망친 게 분명하다. 선생님이 빨간색 색연필로 내 시험지 17번에 그은 빗금을 동그라미로 바꾸신다.

"그럼, 시연이는 100점이네. 이번 시험에 공부 열심히 했구나. 축하해."

(심진규 동화 『아무도 모를 거야』 중에서)

시연이는 공부를 못하지 않습니다. 반에서 1, 2등을 다투는 똑똑한 아이인데, 다만 수학시험에서 한 문제를 실수로 틀렸습니다. '이것만 맞으면 100점인데' 하는 마음이 들어 결국 선생님 몰래 답을 고쳐서 100점을 맞게 됩니다.

경쟁만을 강요하는 사회에서 시연이는 자신의 시험점수를 못마땅하게 여기고 그것이 결핍욕구로 자리 잡게 되었습니다.

동화에서 시연이는 교사에게 들키지 않고 무사히(?) 점수를 고쳤지만 간혹 시험을 볼 때 커닝을 하거나 채점 과정에서 자신의 점수를 고치는 아이들이 있습니다. 이럴 경우 교사, 부모는 이에 대해 벌을 주기보다는 학생의 결핍욕구에 대해 이해해 주고, 시험이라는 제도 때문에 그런 것임을 이야기 하며 학생을 보듬어 주면 좋을 것입니다.

결핍욕구 알아주기

사람은 누구나 정도의 차이가 있을 뿐이지 결핍욕구를 가지고 있습니다. 학교에서 학생들과 생활을 하다 보면 아이들의 행동이나 말에서 결핍욕구를 찾을 수 있는데 이때 교사는 행동과 말에만 초점을 두지 말고 이면에 숨어 있는 뜻이나 원인을 파악해야 합니다. 결핍욕구가 파악이 된 다음에는 학생의 입장에서 공감해 주는 태도가 필요합니다.

"선생님, 할머니랑 짝하기 싫어요."
은별이가 오리주둥이를 하고는 선생님 앞에 섰어요.

"할머니랑 무슨 일 있었니?"

"손도 새까맣고요. 냄새도 나요. 그리고 그 손으로 자꾸만 엉덩이……."

냄새가 나는다는 것은 거짓말이었어요. 그렇게 말해야 짝을 바꾸어 주실 것 같았어요.

"은별아, 선생님은 은별이가 할머니를 좋아하는 걸로 알고 있었는데 은별이가 이러니 선생님이 당황스러운걸."

은별이는 선생님의 말씀에 대꾸를 할 수 없었어요. 아마 1학년 3반에서 은별이만큼 할머니를 따르는 아이는 없었을 거예요. 그런데 할머니의 까만 손을 보고 나서부터는 할머니와 짝을 하기 싫어졌어요.

(심진규 동화 『까만 손 내 짝꿍』 중에서)

은별이 반에는 또래들보다 예순 살이나 많은 할머니가 함께 공부하고 있습니다. 은별이는 할머니와 짝이 되어 공부를 하고 있는데 어느 날인가부터 할머니 손이 까매졌고 그 손으로 자꾸 은별이를 만지는 것이 싫어 선생님께 짝을 바꿔 달라고 했습니다. 선생님은 학기 초에 은별이가 할머니께 잘 해드렸다며 계속 짝을 해달라고 하시는데 은별이는 대꾸할 말이 없었습니다.

"은별아, 할머니께서 널 속상하게 하는 일이라도 있니?"라고 선생님이 물었다면 어떻게 되었을까? 은별이가 착하니까, 할머니를 좋아하니까 계속 짝을 했으면 하는 선생님의 말로 인해 은별이는 싫지만 할머니와 짝을 하게 되었습니다.

학생 혹은 자녀가 무슨 이야기를 할 때 거기에는 분명히 이유가 있

습니다. 교사와 부모는 아이와 눈을 마주치며 그 까닭을 물어보는 것이 좋습니다.

동화의 마지막 부분에 할머니 손이 새까매진 까닭이 밝혀집니다. 같은 반 아이들에게 어린이날 선물로 쑥버무리를 해 주기 위해 방과 후에 들로 산으로 쑥을 뜯으러 다녔기 때문입니다. 만약에 선생님이 은별이에게 할머니와 짝이 되기 싫은 까닭을 묻고 할머니께도 손이 까매진 까닭을 물었다면 은별이는 마음속으로 혼자만 고민하지는 않았을 것입니다. 물론 그렇게 되면 동화는 아무런 재미가 없어졌겠지만.

실제 사례로 살펴보는 결핍욕구와 공감

김 대리님, 생일이 언제에요?

"김 대리님, 생신이 언제에요? 알려 주세요. 네?"

점심 식사를 마치고 함께 커피를 마시던 은영 씨가 김 대리에게 묻는다. 평소에는 말도 별로 없고, 다른 직원들과 이야기도 잘 안 하던 은영 씨가 먼저 말을 거는 것도 신기한데 생일을 물어보니 김 대리는 당황했다. 김 대리는 같은 부서 직원들에게 개인적인 일에 대해 이야기하는 것을 싫어한다. 서로에게 부담이 된다는 생각에서도.

이상한 점은 은영 씨가 평소에는 안 그러다가 오늘따라 유난히 자신의 생일을 묻는다는 것이다. 순간 김 대리 머릿속에 스치는 생각이 있었다.

"은영 씨, 은영 씨는 생일이 언제야?"

김 대리의 말에 은영 씨가 흠칫 놀란다. 잠시 후 은영 씨 얼굴에 웃음꽃이 핀다.

"저, 저요? 제 생일요? 오늘이요!"

"그랬구나. 은영 씨, 생일 축하해. 오늘 커피는 내가 살게."

은영 씨는 평소 내성적이어서 다른 직원들과 잘 어울리지 못하지만, 같은 부서에서 비슷한 일을 하는 상사인 김 대리를 평소에 잘 따랐습니다. 평소에는 먼저 말을 거는 경우가 없던 은영 씨가 생일이 언제냐고 물었을 때 김 대리가 귀찮다며 알려 주지 않았다면 은영 씨 마음은 어땠을까요?

은영 씨는 내성적이어서 먼저 말을 꺼내지 못할 뿐 다른 사람들과 어울리고 싶은 욕구가 있었을 것입니다. 은영 씨가 생일을 물은 것은 아주 어렵게 꺼낸 이야기일 수 있습니다. 은영 씨 얼굴에 미소가 번지게끔 김 대리가 은영 씨 생일을 물어본 것이야말로 진정한 공감적 태도라고 할 수 있습니다.

밥 대장, 준기

준기는 오늘도 밥과 반찬이 식판에 한 가득이다. 올해 4학년인 준기는 키는 다른 아이들에 비해 조금 더 크지만 몸무게가 많이 나가는 편은 아니다. 그런데 다른 아이들의 두세 배는 더 먹는다. 그것도 모

자라 더 가져다 먹을 때도 있고, 무엇보다 밥을 먹는 속도가 무척 빠르다.

준기 담임 선생님은 그런 준기에게 천천히 먹도록 지도를 해 보기도 했다.

"준기야, 다 먹고 부족하면 더 가져다 먹어도 되니 천천히 먹어."

준기는 알겠다고 고개를 끄덕였지만 먹는 속도나 양이 줄어들지는 않았다.

그날 오후 선생님은 준기의 가정환경조사서를 보았다. 준기에게는 위로 형이 두 명, 아래로 동생이 두 명이나 있었다. 요즘 아이들에 비해 형제가 많았다. 선생님은 서류를 보며 고개를 끄덕였다.

선생님은 다음 날 학교 공부가 다 끝난 다음 준기를 불렀다.

"준기야, 선생님과 떡볶이 먹으러 갈래?"

"떡볶이요? 왜요?"

"음…… 지난번에 준기가 남아서 선생님 일을 도와주고 갔잖아. 선생님이 보답을 하려고."

"저만요?"

"그럼. 너랑 나랑 둘이서. 대신 다른 아이들에게는 비밀이다."

선생님과 준기는 분식점에 갔다. 떡볶이 2인분, 튀김, 순대도 시켰다. 음식이 나오자 선생님과 준기가 젓가락을 들었다. 그런데 평소 급식소에서와 달리 준기가 먹는 속도에 여유가 생겼다.

"선생님 어렸을 때 아버지가 통닭을 한 마리 사오시면 그야말로 전쟁이었어."

준기가 무슨 말이냐는 듯이 선생님을 바라봤다.

"선생님도 준기처럼 형도 많고, 누나도 있고, 동생들도 있었거든. 그러니까 서로 조금이라도 더 많이 먹으려고 통닭에 달려들었지. 조금 늦으면 튀김껍질만 먹어야 했다니까."

씹고 있던 떡볶이를 삼키고 나서 준기가 입을 열었다.

"우리도 그런데."

선생님은 그런 준기를 바라보며 미소를 지었다.

"먹자. 실컷 먹자. 오늘은 너랑 나밖에 없으니까."

(옥동초 교사 심진규 창작)

선생님은 준기의 식탐이 결핍욕구에서 온다고 생각했습니다. 가정환경을 보고 나서야 식탐이 형제들 사이에서 생기는 경쟁이 원인이고, 그것이 습관이 되었음을 알게 되었습니다. 그 사실을 알았다고 해서 문제가 해결되는 것은 아닙니다. 밥을 많이, 빨리 먹는 준기의 습관을 고쳐주기 위해 선생님이 택한 방법은 준기의 입장을 있는 그대로 받아들이며 공감해 준 것입니다. '네가 밥을 많이, 빨리 먹는 것은 이러한 까닭이 있어서야.'라고 이야기하는 것보다 자신의 어린 시절 이야기를 하면서 충분히 공감을 해 주었습니다

아마 교사와 단 둘이 떡볶이를 먹고 난 다음부터 준기의 폭식은 줄어들지 않았을까요?

이야기로 알아보는 결핍욕구 충족

꼬마와 우체통

어느 날 길을 가다 큰 길 옆 우체통을 보니 초등학교에 갓 입학했을까 말까 한 소녀가 우체통에 편지를 넣으려고 발꿈치를 들어 올리며 안간힘을 쓰고 있었습니다. 우체통의 편지 넣는 입구가 소녀의 키보다 높이 있었기 때문이었지요. 지나가던 한 젊은이가 그 모습을 보고 소녀에게 다가갔습니다.

지금은 우체통에 편지를 넣는 일은 드물지만 이와 비슷한 일들은 주변에서 자주 볼 수 있습니다. 여러분이 젊은이라면 안간힘을 쓰고 있는 소녀를 보고 어떻게 하겠습니까?

젊은이는 소녀에게 다가가 소녀의 양쪽 겨드랑이에 손을 넣고 살짝 들어주었습니다. 소녀가 직접 우체통에 편지를 넣을 수 있도록 해준 것입니다. 소녀는 기쁜 얼굴로 미소를 지으며 우체통에 편지를 넣었습니다. 잠시 후 젊은이가 소녀를 내려놓고 "잘 가!"라고 말하자 소녀도 역시 웃으며 "응, 아저씨도!" 하고 대답했습니다.

소녀는 집에 달려가서 엄마에게 "엄마, 오늘 내가 우체통에 편지 넣었다."라고 자랑을 했습니다.

어린 소녀의 근본욕구는 누군가에게 편지를 보내는 것이 아니라 제 스스로 우체통에 편지를 넣는 행동 그 자체입니다. 만약 젊은이가 소녀에게서 편지를 받아 대신 우체통에 넣었다면 소녀가 실망했을 것입니다. 자기 스스로 하고 싶었는데 그 일을 할 수 없게 되었기 때문입니다.

간혹 식당에서 보면 아이 스스로 신발 신는 것을 기다리지 못하고 부모가 신겨주는 경우를 종종 보게 됩니다. 하지만 서너 살이 되면 스스로 어떤 행동을 하는 것을 무척이나 자랑스러워합니다. 스스로 옷 입기, 신발 신기 등을 성공하고 나서 으스대는 모습을 보면 귀엽기까지 합니다. 그런데 이렇게 스스로 하고 싶은 욕구를 부모들이 억누르는 경우가 있습니다. 우체통에서 소녀를 만난 젊은이처럼 도움을 주더라도 상대방의 욕구가 무엇인지를 파악하는 것이 우선입니다.

(박성희, 『공감』, 이너북스, 2009)

뱀이 된 여인

이순신이 과거를 보기 위해 공부를 할 때의 일이다. 집을 떠나 외딴 곳에서 혼자 공부를 하고 있었다. 어느 날 한 이웃 마을의 노인 한 명이 이순신을 찾아와 황당한 이야기를 한다.

"제 여식이 하나 있는데 얼마 전에 저잣거리에서 나리를 보고 나서부터 상사병이 들어 죽을 지경입니다. 제발 한 번만 제 여식을 보러 와 줄 수 있으시겠습니까?"

이순신은 마침 그날 중요한 약속이 있었다. 그래서 다음 날 가겠다고 약속을 했다.

그런데 그날 밤에 큰 비가 내려 강물이 크게 불어나고 말았다. 이순신이 그 집에 가려고 했으나 아무리 해도 물이 불어난 강물을 건널 수가

없었다. 물살이 세서 배도 뜨지 못했으니 말이다. 결국 하루를 더 집에 머물다가 다음 날 물이 잔잔해져서야 처녀의 집에 가게 되었다.

도착해 보니 이순신을 기다리던 처녀가 그만 벌써 세상을 등진 후였다. 한을 품고 죽은 처녀는 커다란 구렁이가 되었다. 처녀의 아버지는 이순신을 보고 그냥 돌아가라고 했다. 하지만 이순신은 사람들의 만류에도 불구하고 방문을 열고 뱀이 된 처녀가 있는 방으로 들어갔다. 이순신이 들어가자 뱀은 이순신의 몸을 칭칭 감았다. 그러자 이순신이 뱀에게 "이 못난 것아, 네가 그런 마음이 있었으면 진즉에 나한테 이야기를 했어야지. 네 속에 넣어 놓고만 있으면 내가 아느냐?" 그러자 뱀이 칭칭 감고 있던 몸을 풀어주었다. 훗날 이순신이 장군이 되어 임진왜란 때 왜적을 맞아 싸울 때 그 구렁이가 많이 도와주어 큰 공을 세울 수 있었다고 한다.

(신동흔, 『삶을 일깨우는 옛이야기의 힘』, 2012 중에서)

역사책의 한 부분에 나오는 이야기가 아니니 100% 사실이라고 할 수 없습니다. 내용을 보면 오히려 설화에 가깝습니다. 이 이야기가 사실인지 아닌지를 이야기하고자 하는 것이 아니니 그 부분은 뒤로 미뤄 두고 이야기를 해 보겠습니다.

이야기에 나오는 처녀의 욕구는 일방적인 것입니다. 이순신으로서는 전혀 예측할 수 없는 상황인 것이지요. 혼자서 좋아해서 병이 난 것이니 이순신에게는 책임이 없고, 오히려 자기 딸을 한 번 만나달라고 이야기하는 처녀 아버지의 요구가 부당하게 느껴질 수도 있습니다. 그런데 이순신은 그런 처녀 아버지의 요구에 그리 하겠다고 응답했습니다.

이순신이 처녀의 집에 가겠다고 한 데는 인간에 대한 예의가 깔려 있다고 할 수 있습니다. 자칫하면 자신이 구설수에 오를 수도 있지만 한 사람의 목숨이 달린 일이니 승낙한 것이죠. 그러나 비가 와서 약속을 지키지 못하였습니다. '나는 약속을 지키려 했으나 비가 와서 어쩔 수 없었다.'면서 처녀의 집에 안 가도 그만임에도 불구하고 며칠이 지나긴 했지만 이순신은 처녀의 집으로 갔습니다. 더욱이 인간에 대한 예의로 그리했다고 하더라도 구렁이로 변한 처녀의 방으로 들어갔다는 것은 선뜻 이해하기 힘든 행동입니다.

여기서 우리는 죽어서 구렁이가 된 처녀의 욕구가 무엇인지에 관심을 가져야 합니다. 이순신을 보고 마음을 빼앗기긴 했지만 그를 자신의 남자로 만들 욕심이 있었던 것은 아닐 것입니다. 그저 이순신의 따뜻한 말 한마디가 필요했던 것은 아닐까요? 이순신이 왜 못 왔는지를 모르는 상황에서 죽게 되고 그것이 화가 나서 이순신의 몸을 칭칭 감았지만 이순신의 한 마디가 구렁이로 변한 처녀의 마음을 풀리게 했을 것입니다.

"이 못난 것아, 네가 그런 마음이 있었으면 진즉에 나한테 이야기를 했어야지. 네 속에 넣어 놓고만 있으면 내가 아느냐?"

이 말은 '네 마음을 내가 알고 있다.'라는 공감의 메시지였습니다. 비록 기다리지 못하고 죽음을 맞이했지만 자신의 마음을 알아 준 이 한마디로 뱀은 마음이 풀린 것입니다.

06

상대방의 성장동기 드러내기

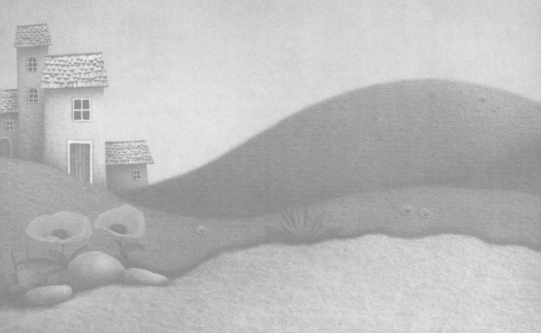

1. 성장동기 이해하기

　　박성희는 『공감』(2009)이라는 책을 통해 상대방을 제대로 이해하여 공감하기 위해서는 상대방의 말하기 전 마음에 자리하고 있던 근본욕구로서 성장욕구, 즉 성장동기를 발견해내는 것이 중요함을 설명하고 있습니다.

　　이번 장은 성장동기의 개념과 공감에 있어 성장동기의 파악이 지니는 가치를 다루고 있습니다. 상대방을 제대로 이해하고 공감하기 위해서 상대방의 성장동기를 파악하고자 노력하는 과정과 결과는 자신의 공감 능력을 향상시키는 핵심 요소로서, 가정과 회사 그리고 자신이 속한 모든 조직에서 성공적인 인간관계를 영위하도록 도울 것입니다.

동화로 열어가기

'세상에서 가장 아름다운 공원'

일곱 살 난 여자아이를 홀로 키우고 있는 엄마가 있었습니다. 남편과는 3년 전 사별한 후 아이를 키우기 위해 가정과 직장에서 누구보다 열심히 노력하는 엄마였습니다. 하지만 주말에도 출근하여 늦게 퇴근하는 날이면 다른 가정처럼 함께 외식 한 번 못하고, 놀이공원에도 함께 가지 못하는 아이에게 늘 미안한 마음이었습니다. 가끔씩 온 가족이 놀이공원이나 수목원으로 여행을 떠나 즐거운 시간을 보내는 TV 프로그램들을 함께 볼 때면 엄마는 아이에게 늘 미안하고 부모 역할을 다하지 못하는 것 같아 죄스러운 마음에 어쩔 바를 모르지만 오히려 아이는 "아니야, 엄마. 난 별로 밖에 나가는 거 싫어. 사람만 많고 복잡해."라며 아무렇지도 않은 의젓한 모습으로 철든 소리를 하였습니다.

그때마다 엄마는 울컥하는 마음을 붙잡고 나지막하게 겨우겨우 한마디를 꺼냈습니다.

"아니야, 엄마가 솔이랑 가고 싶어서 그래. 엄마도 솔이랑 저렇게 아름다운 자연에서 하루 푹 쉬고 싶어."

어느 날 엄마는 출장을 떠나기 위해 아침 일찍 집을 나섰습니다. 어제 야근을 하고 난 탓인지 늦잠을 잔 엄마는 제대로 아침 식사를 챙겨주지도 못한 채 허겁지겁 집을 떠났습니다. 집을 나온 엄마는 아이가 걱정되어 시간이 날 때마다 집으로 전화를 걸었습니다. 집에 전화를 걸 때마다 아이는 "괜찮아, 엄마. 챙겨 먹었어. 걱정하지

233

마."라며 엄마를 진정시켰습니다.

집에서 혼자 주말을 보내고 있을 아이 걱정에 업무를 처리하는 둥마는 둥 하고 돌아왔지만, 어느 덧 밤이 되었습니다.

엄마는 곤히 잠든 아이를 보며 고마우면서도 미안한 마음이 들었습니다.

출장과 아이 걱정으로 인한 하루 동안의 긴장이 풀리자 이제야 어질러진 거실이 눈에 들어왔습니다. 널브러진 그림책과 사진들, 다 으깨어진 크레파스, 바닥에 흩어진 색연필…… 이뿐만이 아니었습니다. 으깨어진 크레파스와 색연필 가루 등으로 인해 시커멓게 색이 든 바닥과 장판…… 그리고 여기저기 쏟아져 있는 물감과 붓, 물통으로 인해 소파에도 얼룩이 들어 있는 것을 발견했습니다.

엄마는 화가 나 자고 있는 아이를 깨웠습니다.

"엄마가 말했지? 누가 집에서 이렇게 하래, 이렇게 집을 엉망진창으로 만들어 놓으면 어떻게 하겠다는 거야! 엄마 힘든 거 몰라? 왜 엄마를 이렇게 속상하게 하냐고, 엄마는 지금으로도 충분히 힘들단 말이야!"

이제껏 내색하지 않았던 아이에게 미안한 감정과 억눌러 왔던 업무에서 받았던 스트레스가 아이의 엉덩이를 때리며 함께 터져버렸습니다.

하지만 아이의 뜻밖의 대답.

"장난친 거 아니야. 장난친 거 아니란 말이야."

아이도 엉엉 울기 시작했습니다.

그리고 이어지는 아이의 대답들.

매일 늦은 밤이 되서야 집으로 돌아오시는 피곤한 모습의 엄마, 다른 집 엄마, 아빠와 달리 주말에도 아침 일찍 일하러 가서 늦게 돌아오는 엄마. 자신과 TV를 보면서 늘 예쁜 경치가 나오는 장면만 나올 때면, 나와 함께 저런 곳에 한번 가고 싶다고 버릇처럼 말하는 엄마의 모습을 생각하며 공원을 만들었다는 아이의 대답에 엄마는 잠시 어리둥절했습니다.

무슨 말일까 무슨 의미일까 어리둥절해하는 엄마를, 아이는 엄마의 손을 이끌고 안방으로 들어갔습니다.

아이가 데려간 안방 벽면에는 아이가 직접 그린 숲속 놀이공원이 펼쳐져 있었습니다. 비뚤배뚤 제각각 솟아 있는 나무들, 푸르른 잔디로 뒤덮인 풀밭과 호수는 물론 놀이기구까지 있는, 엄마가 아이와 함께 가고 싶은 TV 속 장면이 그대로 펼쳐져 있었습니다.

엄마는 아무 말도 할 수 없었습니다. 그리고 어느샌가 눈물이 터져 버렸습니다.

엄마는 그 누구보다 밝은 미소와 사랑스러운 마음이 담겨 있는 통통불은 얼굴로 아이를 아무 말 없이 꼭 안아주었습니다. 아이가 벽에 그려 준 숲속 공원은 바로 '엄마를 사랑하는 마음'이었습니다.

(새금초 교사 최준섭 창작)

성장동기란 무엇인가

모든 세상사가 마찬가지지만, 눈에 보이는 표면적인 것들로 대상을 판단하는 것은 바람직하지 않습니다. 특히 인간관계에서는 상대방을 제대로 이해하기 위해서 표면적으로 드러나는 말의 내용을 이해하는 일도 중요하지만, '도대체 저 말, 저 행동을 왜 하는지' '저 말과 행동을 통해 얻으려고 하는 것이 무엇인지' 아는 것이 더욱 중요합니다(박성희, 2009, p. 176).

동화 속 아이의 '벽화'는 평일은 물론 주말에도 일찍 출근하고 밤늦게 퇴근하는 엄마를 걱정하고 사랑하는 마음이 아이의 사고 수준에서 행동으로 표현된 경우라 할 수 있습니다. 하지만 엄마는 아이의 속마음을 모르고 오히려 아이를 혼내고 때리기까지 했습니다. 자신의 벽화를 보고 좋아할 엄마의 모습과 내심 자신을 칭찬하는 모습을 상상하였던 아이는 오히려 화를 내고 때리는 엄마의 모습에 큰 충격을 받았을지도 모릅니다. 이 순간 아이가 엄마에게 느꼈을 당황스러움과 서운함은 아이에게 생각지 못한 상처가 될 수 있습니다.

이 동화는 상대방을 향한 공감에 있어 속마음으로서 '성장동기'를 제대로 파악하는 것의 중요성을 잘 나타내주는 예라 할 수 있습니다.

근본욕구로서 성장동기란 무엇인가

'무엇을 얻거나 무슨 일을 바라고 원함'이라는 사전적 정의를 가지고 있는 욕구는 크게 두 가지로 나눌 수 있습니다. 하나는 필요한 것이 모자라서 생기는 결핍욕구와 다른 하나는 더 발전하고 싶은 성장욕구입니다. 앞 장에서 잠시 언급하였듯이 결핍욕구는 채워 주면 사라지지만, 성장욕구는 채울수록 더 추구하게 되는 특성을 가지고 있습니다. 그런데 잘 살펴보면 결핍욕구와 성장욕구는 따로 떨어진 것이 아니라 밀접하게 연관되어 있습니다. 결핍욕구가 충족되면 곧바로 성장욕구가 일어나기 때문입니다. 따라서 상대방의 욕구를 이해하려고 할 때 이 두 가지 측면에서 바라볼 필요가 있으며, 특히 성장욕구(성장동기)에 주목해야 합니다(박성희, 2009, p. 176).

결핍욕구	성장욕구(성장동기)
자연 상태에서 사람이면 누구나 느끼는 것	현재보다 더 나은 상태로 성장하려는 사람이 느끼는 것
무엇인가 모자라고 결핍되었을 때 발생하는 욕구	채울수록 더 채우기를 원하는 욕구
결핍된 무엇인가를 채워주면 쉽게 해결됨	교육과 훈련에 의해 모습을 갖추어 가는 욕구
시간이 지나 다시 결핍상태가 될 때까지 이 욕구들은 잠잠히 휴식을 취함	예) 인지욕구는 저절로 솟아나는 것이 아니라 지식과 앎에 대한 가치를 알게 되면서 서서히 형성됨
생리적 욕구는 물론 심리적 욕구에도 있음 (안전욕구, 소속욕구, 존중욕구 등)	인지욕구, 심미욕구, 자아실현욕구 등

출처: 박성희(2008). 마시멜로 이야기에 열광하는 불행한 영혼들을 위하여. 이너북스.

— 성장욕구의 예

인지욕구: 더 많은 것을 알고 이해하기 위하여 탐구하는 지식욕

심미욕구: 세계에서 균형과 질서를 발견하고 아름다움을 추구하는 탐미욕

자아실현욕구: 자신 속에 숨어 있는 잠재력을 찾아 현실세계에서 이를 실천하려는 성장욕

출처: 박성희(2008). 마시멜로 이야기에 열광하는 불행한 영혼들을 위하여. 이너북스.

— 성장욕구의 특성

일단 자리를 잡으면 아주 강력하게 사람을 움직이는 힘으로 작용함

성장욕구는 채울수록 더 채우기를 바라는 마음을 일으킴

이러한 결과로 개인의 삶을 풍부하고 윤택하게 만듦

출처: 박성희(2008). 마시멜로 이야기에 열광하는 불행한 영혼들을 위하여. 이너북스.

'세상에서 가장 아름다운 공원'에 등장하는 아이의 성장동기는 무엇인가

먼저, 이야기를 다시 살펴보겠습니다.

1) 아이는 자신이 가지고 있는 책들과 사진, 미술도구를 이용하여 안방의 벽면에 수풀이 우거진 놀이공원을 그렸다. → 아이는 어머니가 늘 입버릇처럼 이야기하던 "저런 곳에 가고 싶다"는 말을 기억하고 있었고, 주말에도 일하고 밤늦게 퇴근하는 엄마를 생각하며 돕고자 안방 벽면에 숲속 놀이공원을 꾸며놓은 것입니다. 이는 아이의 사고 수준에서 어머니를 사랑하는 마음의 표

현이 표현된 것으로 전혀 잘못된 행동이 아닙니다.

2) 좀 더 자세히 들여다보면, 아이는 장난을 친 것이 아니라 오히려 늦게 퇴근하는 어머니를 사랑하는 마음이 담긴 자연스러운 행동을 한 것입니다. 그럼에도 불구하고 어머니는 아이의 속마음에 담겨 있는 성장동기를 발견하지 못한 채 아이를 꾸중하고 때리기까지 하였습니다.

3) 아이는 어머니가 좋아할 모습을 상상하며 뿌듯해하고, 어머니의 칭찬을 받은 생각에 기대에 차 있었지만, 어머니로부터의 이와 같은 반응에 아이는 당황스러움과 무서움 그리고 서운함과 같은 큰 충격을 받을 수 있습니다. 즉, 어머니가 아이의 근본욕구로서 성장동기를 파악하였다면, 아이의 어머니를 향한 사랑과 배려심 그리고 도우려는 행동에 공감하여 칭찬과 격려로써 더욱 깊어지는 사랑과 신뢰를 경험할 수 있었을 것입니다.

이처럼 상대방의 속마음에 있는 근본욕구로서 성장동기를 파악하는 것은 매우 중요합니다. '내'가 상대방의 성장동기를 바르게 찾아 드러내는 것은, 상대방을 제대로 이해하고 공감하는 데 필수적입니다. 더 나아가 상대방의 성장동기를 제대로 파악한다면, 상대방도 '나'로부터 제대로 공감받고 있음을 느끼게 됩니다. 이처럼 서로 공감을 주고받을 때, 인간관계는 더욱 돈독해지고 서로 간의 신뢰는 뒤따르게 마련입니다. 즉, 상대방의 성장동기를 파악하는 것은 공감을 위한 필수적 요소라 할 수 있습니다.

지금까지 근본욕구로서의 성장동기의 의미와 개념에 대해 살펴보았습니다. 이어서 성장동기가 지닌 가치와 그 효과에 대해 살펴보겠습니다.

성장동기의 가치 이해하기

인간관계는 물론 서로 간의 의사소통에 있어 공감이 얼마나 중요한 것인지를 깨닫고 가정과 직장, 학교를 비롯한 일상생활에서 공감을 적용하고 실천하는 것은 매우 중요합니다. 앞서 '성장동기'의 개념과 의미를 알아보았고 상대방에게 숨어 있는 성장동기를 바르게 찾아내는 것은 '공감'에 필수적임을 확인할 수 있었습니다. 그렇다면 상대방의 숨겨진 성장동기를 바르게 찾아 드러냄으로써 얻게 되는 효과는 무엇일지 그 가치에 대해 다음 이야기를 통해 생각해 보도록 하겠습니다.

용사 '입다' 이야기

성경에는 '입다'라는 인물이 등장합니다. 이 '입다'라는 인물은 기생이 길르앗에게 나은 아들, 즉 첩의 아들입니다. 본처의 아들들이 성장하면서 어머니가 다른 '입다'에게 가업을 잇지 못할 것임을 경고

하고 동시에 '입다'를 집에서 쫓아냅니다. 집에서 쫓겨난 '입다'는 아무것도 소유하지 못한 채 생활고에 허덕이는 빈곤한 자들과 함께 무리 생활을 하게 됩니다. 성경에는 이와 관련하여 '잡류와 함께 생활한다.'라는 문장이 기록되어 있는데, 이 문장의 주석을 보면 '잡류'는 아무것도 소유하지 못한 하류층의 쓸모없는 자를 뜻합니다.

얼마 후 암몬 자손이 이스라엘을 침략해 오자 위기상황에 처한 이스라엘의 장로들은 입다를 찾아옵니다. 당시 이스라엘에는 전쟁을 통솔할 마땅한 지휘관이 없는 상태였습니다. 이 장면에서 입다를 설명할 때 영어 성경(NIV 참조)에서는 a group of adventurers라는 표현으로 설명합니다. 이는 '용병'이라는 뜻으로 입다가 원래부터 무력의 능력을 가지고 있고, 그 능력을 인정받고 있었지만, 다만 출신성분으로 인해 무리에서 쫓겨난 상황임을 보여 줍니다. 물론 입다를 찾아온 장로 중에는 입다의 형제들이 그를 괴롭히고 쫓아낼 때 이를 방조하고 함께 쫓아내었던 장로들도 있었습니다. 나라를 잃을 수 있는 위기 상황 그리고 자신들이 내쫓은 입다에게 오히려 이제는 부탁을 해야 하는 난처한 상황임에도, 기생의 아들인 '입다'에게 이스라엘의 장로들이 찾아온 것을 보면 입다에게는 뛰어난 리더십과 함께 사령관으로서의 능력이 있었음을 알 수 있습니다. 이스라엘의 장로들은 지휘관으로서 능력을 갖춘 입다를 찾아와 암몬 자손과의 전쟁에 나서 줄 것과 관련한 이야기를 나누게 됩니다. 과연 어떤 이야기를 나누었을까요?

입다를 찾아온 장로들은 전쟁의 우두머리가 되어 달라는 도움을 청하기 위해 입다가 가진 능력(무력+지도력)을 인정하고, 입다가 가진 성장동기들을 자극할 수밖에 없었음을 충분히 예상할 수 있습니다.

입다의 성장동기를 발견하여 이를 자극하는 것을 제외하고는 장로들이 입다를 설득할 수 있는 가능성은 없었기 때문입니다. 입다는 위험을 두려워하지 않고 용기 있는 행동에 앞장설 수 있고, 이스라엘 민족을 그 누구보다 사랑하고 구하고자 하는 애국심과 함께 자신의 능력을 내보이고 싶은 성장동기를 지니고 있었습니다. 이스라엘의 장로들은 입다에게 숨어 있는 이러한 성장동기를 찾아 드러내며 입다에게 공감해 주었습니다. 즉, 입다의 마음을 읽고 그를 인정해 준 것입니다. 이스라엘 장로들이 입다의 성장동기를 바르게 찾아내는 과정을 통해 입다 자신도 상대방 이스라엘 장로들로부터 인정받고 있다는 공감을 느낄 수 있었습니다.

성장동기가 가진 힘은 이렇게 대단합니다. '개인의 성장동기를 찾아내어 드러낸' 결과는, 전쟁의 승리를 불러왔고 이스라엘의 운명을 뒤바꿔 버렸습니다.

'성장동기'가 지닌 힘

이 '용사 입다' 이야기는 성장동기를 밝혀 드러내는 것이 장차 개인과 조직에게 얼마나 큰 영향력을 발휘하게 되는지, 성장동기의 발견이 지닌 가치를 잘 보여 줍니다. 이 이야기를 다시 정리해 보겠습니다.

용사 '입다'는 기생의 아들로서 거주지에서 쫓겨나 하루하루를 살아가는 하층민의 생활을 하고 쓸모없는 인물입니다. 하지만 그에겐 국가를 향한 애국심과 어려운 일에 나서려는 용기 그리고 자신의 능력을 뽐내고 싶은 성장동기가 숨겨져 있었습니다. 이러한 '입다'의 내면에 숨겨진 성장동기를 알고 있었던 사람들은 용사 '입다'를 찾아가 이를 드러내었습니다.

마을 사람들은 '입다'의 외모와 행동만을 보고 판단한 것이 아니라 '입다'의 '성장동기'를 바르게 찾아내었기에, '쓸모없는 자' 입다를 공감할 수 있었습니다. 마찬가지로 '입다' 역시 자신의 마음속 성장동기를 꿰뚫고 있는 마을 사람들에게 공감받고 있음을 느끼고 자신도 위기에 처한 마을 사람들의 상황에 공감할 수 있었습니다. 결국 상대방의 성장동기를 찾아내는 것에서부터 출발한 '공감'은 나라에 침입한 외국 군대를 물리쳐 나라를 되찾게 되는 해피엔딩에까지 이르고 있습니다.

성장동기를 발견하고 드러내는 것의 가치는 바로 '공감'에 있습니다. 더욱이 이러한 '공감'으로 인해 파생될 수 있는 장점과 효과들은 우리의 인생에서 무궁무진합니다. 좀 더 자세한 설명을 위해 생산직 사원과 사무직 직원들이 자신의 업무에만 의미를 부여하여 사내의 소통이 부족하고 업무가 원활하게 돌아가지 않는 상황을 다음의 표로 예를 들어보겠습니다.

상대방의 성장동기를 찾는 것은 상대방을 제대로 공감할 수 있도록 한다.

☞ 생산직 직원들에게 숨어 있는 '동일한 회사에 근무하는 소속감과 동질감을 느끼고자 하는 성장동기를 사무직 직원들이 발견하여 드러냄으로써 생산직 직원들을 제대로 공감할 수 있게 된다.

⋮

상대방을 향한 '나'의 공감은 상대방에게 전해져 다시 상대방의 나'를 향한 공감을 불러일으킨다.

☞ 소속감과 동질성을 느끼고자 하는 자신들을 공감해 주는 사무직 직원들을 통해 생산직 직원 역시 사무직 직원들을 향한 공감을 불러일으킨다.

⋮

이렇게 서로가 주고받는 공감은 서로를 신뢰하고 단합하게 하며 공통의 목표를 달성하도록 이끈다.

☞ 사무직 직원과 생산직 직원 간의 공감은 서로를 신뢰하고 결속력을 강화시킴으로써 회사의 이익창출이라는 공통의 목표를 위해 함께 협력하게 된다.

⋮

성장동기를 드러내는 과정은 상대방과 자신이 함께 변화하고 성장하는 기회를 제공한다.

성장동기의 특성 곱씹어 보기

성장동기의 개념과 중요성을 이해하는 과정에서 반드시 기억해야 할 성장동기의 특성이 있습니다. 그것은 바로 '어느 누구에게나 기본적으로 성장동기가 있다'는 것입니다. 이번 장에서는 상대방의 말과 행동에 숨어 있는 성장동기를 이해하고자 할 때 생각해 보아야 할 점에 대해 살펴보겠습니다.

가족, 동료, 친구, 어느 누구에게나 있는 성장동기

우리의 삶과 가정은 물론, 직장생활에서도 중요한 의미를 지닌 '공감'에 대해 바르게 알기 위해서는 성장동기의 개념과 중요성을 곱씹어 볼 필요가 있습니다. 성장동기에 대한 바른 이해는 가정, 학교, 직장생활에서 구성원의 남녀노소와 지위의 고하 그리고 소비자와의 관계에 이르기까지 서로 간의 공감을 가능하게 하고 신뢰를 싹트게 함으로써 인간관계의 깊이를 풍성하게 합니다. 당연히 서로가 속한 조직의 구성원 간의 신뢰와 협력을 통한 긍정적인 변화가 나타나게 됩니다.

가족을 예로 들어보겠습니다. 내가 어머니의 성장동기를 이해하는 것은 어머니를 향한 나의 공감이 가능하게 하는 효과는 물론 어머니 역시 나를 공감하게 만듭니다. 즉, 어머니의 성장동기를 이해하는 것을 통해 서로 간의 공감이 가능해지며 이것은 서로가 속해 있는 가정의 성장과 발전에도 긍정적인 영향을 미치게 됩니다.

이처럼 가족 내 구성원, 학교의 친구와 선후배 그리고 직장 내 동료 및 소비자의 성장동기를 잘 이해하는 것은 '공감적 이해'를 유발하며 이는 신뢰, 친밀감과 같은 인간관계 개선은 물론 업무효율성 증진에도 긍정적인 영향을 미치게 됩니다.

◆ 구성원의 성장동기에 집중하기 ◆

1. 사람은 누구에게나 근본욕구로서 성장동기가 있음을 기억합니다.
2. 상대방의 말과 행동에 집중합니다.
3. 상대방의 말과 행동에 숨어 있는 성장동기를 찾기 위해 노력합니다.

   (아버지는 왜 저런 말을 하신 거지? 어제 회의에서 최 사원은 왜 그런 이야기를 한 것일까? 등)

4. 상대방의 성장동기를 파악하는 것은 상대방이 나로부터 제대로 공감받고 있음을 느끼게 합니다.

   (김 부장, 최 사원, 소비자, 어머니 마음속 성장동기를 제대로 파악하면 서로간의 공감이 가능해진다. 이를 통해 당연히 인간관계는 더욱 돈독해지며 조직 내 신뢰가 형성된다.)

숨어 있는 성장동기

앞서 성장동기의 개념과 성장동기가 지니는 가치에 대해 알아보았습니다. 하지만 실제 생활에서 상대방의 성장동기를 파악하는 것은 쉽지 않은 일입니다. 이는 일상의 대화나 행동에서 상대방의 성장동기를 파악하고자 하는 노력 대신, 상대방의 행동과 대화에서 나타나는 표면적 의미에만 집중하기 때문입니다. 표면적 의미에만 집중하고 반응한다면, 성장동기의 개념을 정확히 이해하고 있어도 이를 실천에 옮길 수 없습니다. 앞에서 다루었던 성장동기의 개념과 중요성을 바탕으로 다음에 제시되는 사례에 숨겨져 있는 성장동기를 확인해 보도록 하겠습니다. 이러한 연습은 여러분의 성장동기에 대한 이해가 더욱 풍성해지도록 도울 것입니다.

1학년과 선풍기

"따르릉~"

"네, 전화 받았습니다."

"선생님, 다음 시간 1학년 1반에 보결 들어가셔야 해요~"

교사가 된 이후로 줄곧 고학년 담임만 맡아 오던 저에게는 너무나 긴장되는 순간이었습니다.

"자리에 앉으세요!"

"선생님, ○○가 제 연필 안 줘요."

"선생님, 화장실 갔다 와도 되요?"

1학년 교실이 있는 2층 복도를 지날 때면, 제 눈앞에 펼쳐지는 광경은 상대적으로 조용하고 질서가 나름대로 갖추어져 있는 6학년과 달리 언제나 정신없이 산만한 그야말로 천진난만 바로 그 자체의 아이들의 모습이었기 때문입니다.

1학년 아이들과의 1시간이 내심 걱정이 되었습니다. 진도를 나갈까? 아니면 아이들 수준에 맞는 다른 활동을 해야 할까? 말은 잘 통할까? 등등 온갖 걱정들로 1학년 교실의 문을 열고 들어섰습니다.

1학년 예쁜 담임선생님만 보다가, 목소리도 굵고 덩치도 큰 남자 선

생님을 만나 아이들도 낯을 가려서인지 생각보다 교실 분위기는 좋았습니다. 조용하고 차분하고, 오히려 제가 비교했던 6학년의 교실 모습보다 더욱 의젓할 정도였습니다.

1학년 선생님이 미리 준비해 두고 가신 교구들과 준비물로 모둠별 활동을 진행한 지 10여 분이 흘렀을 때였습니다. 책상 어딘가에 옷이 걸린 느낌이 들었습니다. 그래서 옷매무새를 가다듬으며 다시 발걸음을 떼려는 순간 다시 옷이 걸린 느낌이 들어 얼굴을 돌아보았습니다.

"아아…… 뭐 물어볼 것이 있니?"

제 옷은 책상모서리에 걸린 것이 아니라, 여학생이 저에게 질문하기 위해 제 옷을 붙잡고 있었던 것이었습니다.

"손을 들지 그랬어? 그럼 선생님이 더 빨리 알았을 텐데…… 뭐가 궁금해?"

"선생님, 선풍기 켜도 되요?"

"그럼~ 당연히 켜도 되지. 너무 열중하다 보니 더워졌구나?

선풍기 틀어도 돼!"

저는 6학년 교실에서는 잘 나오지 않는 질문을 받고, 너무나 귀여운 모습에 흐뭇한 미소를 지으며 선풍기 작동과 관련하여 유의사항을 알려 주었습니다.

"얘들아, 몇몇 친구들이 덥다고 하니까 선풍기를 틀 거야. 근데 선풍기를 틀면 지금 책상에 색종이하고 다른 준비물들이 다 날아가니까 조심해야 한다~"라고 저는 6학년에게는 잘하지 않는 나름 자상한 주의사항까지 전달해 주었습니다.

교실을 한 바퀴 돌며 순회 지도를 마치고 나서 수업을 마무리하려고 칠판 앞에 섰을 때, 아직 작동하지 않고 있던 선풍기가 눈에 들어왔습니다.

"왜 안 틀었지? 아까 여학생이 말한 지 벌써 5분이나 지났는데……"

"다시 마음이 변했나 보다. 정말 더우면 있다가 알아서 켜겠지."라는 생각과 함께 "아니면 다른 아이들이 색종이와 준비물이 날아갈 수 있다고 하니까, 그냥 선풍기를 틀지 않고 참은 것일까? 아니면, 모둠별로 아이들끼리 이야기해서 덥지 않은 친구와 더운 친구들끼리 상의를 해서 작동하지 않기로 한 것인가?" 등등의 생각을 하며 저는 수업을 마무리하였습니다.

교실 문을 나서려는 찰나, 그 여학생이 제 눈에 띄었습니다. 저는 이유가 갑자기 궁금하여 교실 문을 나서기 전에 그 여학생에게 물었습니다.

"아까 덥다고 했잖아. 선풍기 왜 안 틀었니?"

"선풍기에 손이 안 닿아요."

"아아…… 그랬구나……"

벽에 걸린 선풍기 아래로 연결된 작동 줄에 손이 닿지 않는다는 것을 생각하지도 못한 저는 그 아이의 마음을 알아주지 못한 것과 더위를 참으며 나머지 활동을 했을 아이의 모습에 교사로서 미안함과 안쓰러움에 고개를 들 수가 없었습니다.

(새금초 교사 최준섭 사례)

표면적 의미에 답하는 것으로는 '공감'에 이를 수 없다

공감에 이르기 위해서 가장 중요한 것은 표면적 의미보다 상대방의 속마음, 즉 근본욕구로서 성장동기를 발견해내는 것입니다. 하지만 일반적으로 대부분의 사람들은 상대방의 말과 행동에 나타나는 표면적 의미에 집중하고 반응할 뿐입니다.

"왜 이런 말을 했지?" "이런 말을 통해서 무엇을 얻으려고 하는 것일까?" 등의 생각은 바로 상대방의 성장동기를 발견하고 이해하는 첫걸음이 될 수 있습니다.

앞의 이야기를 다시 살펴보겠습니다.

사례 속 교사의 경우, 수년간 고학년만을 담당해 온 경험을 바탕으로 고학년 학생들의 신체발달수준과 사고수준에서 1학년 여학생의 질문에 무심코 반응한 경우라 할 수 있습니다.

선풍기를 켜도 됩니까? 라는 질문에 나타난 표면적 의미에 집중한 교사의 대답은 "당연히 선풍기를 켜도 된다. 더우면 선풍기를 틀어라."였습니다. 하지만 표면적 의미에 집중한 교사의 대답은 결과적으로 아이가 원한 대답이 아니었습니다.

이것은 1학년 여학생의 수준에서 '저 말, 저 행동을 왜 하는지'에 초점을 맞춘 것이 아니라, "더우면 선풍기 틀어야지. 당연한 걸 왜 물어보지?"라는 관점에서 "더우면 선풍기 틀어."라고 질문에 나타난 표면적 의미에 초점을 맞춘 대답을 했기 때문입니다.

6학년 학생들에게 있어 벽에 걸린 선풍기를 작동시키는 것은 어려운 일이 아닙니다. 하지만 1학년 학생들에게는 벽에 걸린 선풍기 아래로 연결된 보조선을 잡아당기는 것조차 벅차고 어려울 수 있음을 교사가 미리 생각할 수 있었다면, 선풍기를 틀어도 되냐는 아이의 질문과 동시에 교사는 선풍기를 틀어줄 수 있었을 것입니다.

이 교실 속 사례는 상대방을 향한 공감에 있어 눈에 보이는 표면적인 것들로만 대상을 판단할 때에는 숨겨진 '성장동기'를 이해하고 발견하는 것이 쉽지 않음을 잘 보여 주는 예라 할 수 있습니다.

그렇다면 아이의 속마음, 성장동기는 무엇이었을까요?

아이의 속마음은 상상해 보면 다음과 같았을 것입니다.

"나는 더워서 선풍기를 틀고 싶다. 하지만 손이 닿지 않아 선풍기를 틀 수 없다. 따라서 선생님이 선풍기를 틀어주었으면 좋겠다."가 정확할 것입니다.

만약 교사가 아이의 이러한 성장동기를 파악하여 선풍기를 작동해 주었다면, 아이는 자신의 속마음을 알아준 교사, 즉 자신의 성장동기를 이해하는 교사에 대해 누구보다 만족하고 고마워했을 것입니다. 이는 자신의 생각(감정)과 형편(처지)이 공감받고 있음을 느낄 수 있었기 때문입니다.

하지만 아이의 성장동기를 이해하지 못한 사례 속 교사로 인해, 학생은 더운 교실에서 참고 수업에 참여하느라 힘들었고 자신을 이해하지 못하는 교사를 향해 원망했을 수도 있습니다. 이처럼 상대방의 말과 행동에서 나타나는 표면적 의미에 집중하면 상대방을 향한 공감은 불가능하거니와 오히려 상대로부터 불신과 원망만을 받을 수도 있습니다.

또한 표면적 의미에만 집중한 채 상대방에게 제공되는 상세한 설명과 도움은 실제 상대방이 느끼는 '공감'에 아무런 도움이 되지 못합니다.

사례 속 교사는 "당연히 선풍기를 작동해도 된다."라는 답변에 이어 추가로 "책상 위의 색종이가 날릴 수도 있으니 조심해라." 같이 자상하고도 세심한 부연 설명을 덧붙였습니다. 교사에게는 이러한 추가적인 설명이 나름대로 상대방을 향한 친절한 행동으로 느껴졌을 수도 있습니다. 하지만 결과적으로 이러한 세심한 부연 설명은 상대방에게 있어 공감은 물론이거니와, 친절하다고 느껴지게 하는 것과는 아무런 관련이 없는, 도움이 되지 않는 것들이었습니다. 이유는 바로, 아이가 가진 성장동기를 제대로 파악하지 못했기 때문입니다.

따라서 표면적 의미에 반응하는 것만으로는 아무리 충실한 답변을 할지라도 상대방의 성장동기를 이해하고 상대방이 '공감' 받고 있음을 느끼게 하는 것이 불가능함을 명심해야 합니다.

상대방의 말과 행동에 숨겨진 성장동기를 이해하기 위한 노력

상대방의 성장동기를 찾는 것은 생각만큼 쉽지 않습니다. 상대방의 성장동기를 이해하는 능력을 키우기 위해서 몇 가지 기억해야 할 점이 있습니다.

첫째, '나'가 아닌 '상대방' 중심에서 질문의 의도를 파악합니다.

즉, 자신의 생각이 아니라 상대방(동료, 친구, 가족, 상사, 선후배 등)의 입장에서 생각해 봅니다. 내가 경험해 온 세계에 비추어 상대방도 마땅히 이와 같을 것이라고 해석하는 것은 금물입니다. '왜 당연한 걸 묻지?'가 아니라 '이것을 물어보는, 이와 같이 말하는 이유가 무엇일까?'라는 접근 태도가 필요합니다. 상대방의 행동과 말을 보고 듣다 보면, 순간 나도 모르게 내 가치관과 선입견을 통해 상대방을 바라보게 됩니다. 나의 세계관, 나의 가치관, 나의 사회적, 경제적 배경은 상대방과 다를 수 있습니다. 섣불리 판단하고 결정짓는 태도는 타인의 성장동기를 파악하는 것에 장애물이 될 수 있습니다. 성장동기는 '내'가 아닌 '상대'의 입장에서 생각할 때 쉽게 이해할 수 있습니다.

둘째, 비판적 사고보다는 긍정적 사고와 수용적 사고가 필요합니다.

다른 점, 틀린 점을 찾기보다는 '저 말과 행동 뒤에 숨어 있는 성장욕구는 무얼까?'라는 수용적 자세가 필요합니다.

셋째, 이면에 다른 뜻이 있는지 혹은 또 다른 필요(조건)가 있는지에 대해 고민해야 합니다.

대화, 행동 그 자체에 반응하는 것은 곧 표면적 의미에 집중하는 것입니다. 상대방의 성장동기를 이해하기 위해서는 항상 "저 말이나 행동을 왜 하는 것인지" "저 말을 통해 얻으려고 하는 것은 무엇인지"와 같이 고민하는 태도가 필요합니다.

이와 같은 성장동기를 이해하고자 하는 노력들은 상대방을 바르게 이해함으로써 상대방과 '나' 사이의 서로 간의 공감에 이르도록 합니다.

2. 성장동기 발견하기

사람의 말과 행동에는 숨어 있는 근본욕구인 성장동기가 반영되어 있습니다.

상대방의 성장동기를 바르게 발견하고자 노력하고 이를 확인하여 지지하는 과정에서 공감은 발생하며 이러한 과정에서 인간관계가 깊어지고 풍성해질 수 있습니다.

이번에는 성장동기의 발견이 지니는 의미와 발견을 위해 필요한 마음가짐을 알아보고 사례 속 성장동기를 바르게 찾아보는 연습을 해 보도록 하겠습니다.

동화로 열어가기

어느 미술시간

초등학교의 미술 수업시간입니다. 오늘의 수업 주제는 '마음속에 생각나는 걸 자유롭게 그려 보기'입니다. 여기저기 학생들이 열심히 그림을 그리기 시작합니다. 무엇을 그릴지 곰곰이 생각하는 학생들로부터, 분홍색의 귀여운 토끼를 그리는 친구, 과학 시간에 공부했던 큰 딱정벌레를 그리는 친구들도 있습니다. 그러나 유독 교실 한 가운데 앉은 한 남자아이는 검정색 크레파스로 흰 도화지에 까맣게 색칠을 하고 있습니다.

"민준아, 왜 검정색만 칠하고 있어? 다른 친구들처럼 동물을 그려 보는 건 어떠니?

담임선생님은 이 아이를 보며 "조금 있으면 다른 색의 크레파스를 들고 어떤 무늬들을 그려 나가겠지." 하고 눈을 돌려보지만, 시간이 지나도 이 아이의 행동에는 변화가 없습니다. 흰 도화지에 오로지 검정색 크레파스만으로 빽빽하게 빈틈없이 색칠하고 있는 아이, 검정색 크레파스가 손에 짓물러서 손가락이 검게 물드는 것에는 아랑곳하지 않고 아이는 아무 말 없이 집중해서 새까맣게 도화지 전체에 검정색으로 색칠하고 있습니다. 너무나 진지하게 온 힘을 다하여 검정색으로 흰 도화지를 가득 채우고 있는 학생을 담임교사는 근심어린 눈빛으로 아무 말 없이 쳐다보고 있습니다.

아이가 걱정된 담임교사는 아이가 그린 그림, 즉 온통 검정색으로 색칠된 도화지를 들고 교무실에서 다른 선생님들과 의견을 나누지만, 다른 선생님들 역시 이에 대해 생각하는 것은 마찬가지였습니다. 정신적인 어떤 문제가 있는 것이 아닌지 걱정하는 모습의 선생님들······.

아이는 미술 수업시간이 끝났음에도 불구하고 남아서 텅텅 빈 교실에서 아직도 다른 흰색 도화지에 검정색을 채우고 있습니다. 보다 못한 담임교사가 아이의 가정에 방문하여 부모에게 이 사실을 알렸습니다. 부모님도 자녀가 그린 검정색 도화지 같은 흰 도화지를 걱정하고 있습니다. 하지만 이렇게 담임교사와 학부모가 함께 걱정하

는 그 순간에도, 아이는 자신의 방 안에서 검정색 크레파스를 들고 또 다른 흰 도화지를 채우고 있습니다.

학교에 나오지 않은 아이의 빈 책상을 지나며 담임교사는 아이의 소식이 궁금합니다. 아이는 현재 무슨 정신적인 문제가 있는 것인지 정밀검사를 위해 병원에 입원한 상황입니다. 그러나 정신병원에서도 계속 검은색으로만 색칠하는 아이의 행동은 이전에 볼 수 없었던 사례였습니다. 의사와 간호사도 모두 놀라움과 동시에 근심 어린 표정으로 이 아이의 행동과 그림들을 관찰하기 시작합니다.

하루 이틀 시간이 지나가며 아이가 색칠한 검정색 도화지도 하나둘씩 쌓여져 가고 있습니다. 어느 새 수십 장의 검정색 도화지가 쌓여가는 상황에서 그리고 의사와 학부모 그리고 간호사가 무엇인가를 발견합니다. 체육관에 한 장씩 펼쳐지는 아이의 검정색 도화지와 이를 번뜻이는 눈빛으로 예리하게 관찰하는 모습들…….

도대체 무엇을 발견한 것일까요? 아이의 충격적인 병명을 발견한 것일까요?

학부모와 담임교사 그리고 병원의사와 간호사들이 모두 체육관으로 뛰어내려옵니다. 놀라움을 금치 못하는 표정, 휘둥그레진 얼굴, 이런 일이 있을 수 있느냐는 표정들…….

넓은 체육관의 바닥에는 큰 검은 고래가 놓여 있었습니다. 아이가 그린 수십 장의 검은 도화지를 연결한 결과 나타난 것은 바로 커다란 고래였습니다.

어른들이 바라본 문제 있는 아이, 심각한 정신적 문제가 있는 아이일 거라 걱정했던 아이, 그 아이가 며칠간이나 그린 검정색 도화지

들은, 바로 자신의 마음속에 있던 커다란 고래였습니다.

(일본 어린이 재단의 공익광고(TV)를 동화로 재구성하였음)

성장동기 발견을 위한 마음의 준비

이 동화의 원작인 일본 어린이재단의 TV 공익광고는 비교적 우리에게도 잘 알려져 있습니다. 아이들의 창의성을 몰라본 채 어른들의 잣대로 평가해서 일어난 에피소드로 만든 이 광고는 아이들의 잠재력을 키우기 위해서는 어른들의 상상력이 필요하다라는 문장으로 마무리됩니다.

즉, 아이들의 잠재력 또는 창의성 등이 가진 의미는 모두 성장동기와 일맥상통합니다. 아이들의 잠재력을 발견하기 위해서는 어른들의 상상력이 필요하듯이 상대방이 하는 말과 행동에 숨겨져 있는 의미, 즉 성장동기를 발견하고자 할 때, 나 자신의 편견과 선입견을 버리고 상대방의 성장동기를 발견하고자 하는 준비와 연습이 필요합니다.

초등학생 답안지 채점하기

이제 우리는 모든 인간에게는 성장동기가 있음과 함께 상대방의 말과 행동에서 성장동기를 발견하여 이를 드러냄으로써 상대방과 나는 서로 공감에 이를 수 있음을 알게 되었습니다. 하지만 상대방의

성장동기를 발견해 내는 것은 쉽지만은 않습니다. 앞서 사례에서는 아이의 성장동기를 발견하는 과정에서 어른들의 선입견으로 인해 아이는 정신병원까지 입원하게 되었음을 볼 때, 우리들의 기존 사고방식으로 상대방을 판단하고 이해하는 것으로는 상대방의 성장동기를 바르게 발견하여 온전히 드러내는 것에 어려움이 따를 수 있습니다. 이와 같은 점에 유의하여 다음의 받아쓰기를 채점해 보세요.

다음의 내용은 초등학교 1학년 학생의 받아쓰기 시험 답안지입니다. 이 학생은 몇 점일까요?

1. 눈물을 빨리 딱아 주어요.

2. 상자를 싸으면 무너져요.

3. 빨레놀이와 청소놀이가 괜찮아요.

4. 제발 사 주세요.

5. 울음을 터트렸습니다.

6. 돌멩이 하나를 던졌어요.

7. 통닥과 과자를 먹고 싶어요.

8. 볶음밥이 맛있어서 조아요.

9. 제비가 놀러 왔어요.

10. 커다라고 동그란 빵이에요.

한번 다 같이 채점을 해 보겠습니다.

1. 눈물을 빨리 딱아 주어요. ― '닦아'를 '딱아'라고 했으니 틀렸습

니다.

2. 상자를 싸으면 무너져요. ― '쌓으면'에 'ㅎ'이 빠졌습니다.

3. 빨레놀이와 청소놀이가 귄찮아요. ― '빨래'를 '빨레'라는 썼으
   니 틀렸습니다. '귄찮아요'에서 '귄'도 '괜'으로 써야 맞습니다.

4. 제발 사 주세요. ― 이건 맞았습니다.

5. 울음을 터트렸습니다. ― 네, 이것도 맞았습니다.

6. 돌멩이 하나를 던졌어요. ― '돌멩이'도 어려운데 맞혔습니다.

7. 통닥과 과자를 먹고 싶어요. ― '통닭'에서 'ㄹ'이 빠져 있습니다.

8. 볶음밥이 맛있어서 조아요. ― '좋아요'를 '조아'라고 했습니다.

9. 제비가 놀러 왔어요. ― 이것은 맞았습니다.

10. 커다라고 동그란 빵이에요. ― '커다랗고'에서 'ㅎ'이 빠졌습니다.

자, 이 학생은 4번, 5번, 6번, 9번 문항에서 정답을 작성하였습니다. 그럼 10문제에서 4개를 맞추었으니 40점일까요? 많은 사람들은 4번, 5번, 6번, 9번만 맞았다고 하여 40점을 부여하였지만, 이 학생의 담임교사는 학생에게 93점을 주었습니다. 왜 93점을 부여했을까요?

사실 이 아이는 글자로 따지면 7개밖에 틀리지 않았습니다. 이제 이해가 되었습니까?

초등학교 1학년 학생의 답안지는 40점이라고도 할 수 있지만 93점이라는 높은 점수를 줄 수도 있습니다. 하나의 작은 부분이 틀렸다고 해서 전체 문장이 틀렸다고 판단해버리면 40점이 나올 수 있지만, 7개의 각각의 조그마한 부분이 틀렸을 뿐 문장 전체는 제대로 구성된 것이라고 우리의 생각을 조금만 수정하면 93점이라는 높은 점수를

줄 수 있습니다. 우리의 생각을 상대방의 긍정적인 면에 집중한다면 얼마든지 상대방의 성장동기를 발견할 수 있음을 알 수 있습니다.

초등학교 1학년 학생의 받아쓰기 답안지를 채점하는 과정과 성장동기를 발견하는 과정과의 비교를 통해 알 수 있는 점은 무엇일까요?

초등학교 1학년 학생의 받아쓰기 답안지를 무심코 채점하는 과정 →
늘 하던 대로 별다른 생각 없이 채점하다 보면 학생의 긍정적인 면을 놓칠 수 있음.

상대방과 일상적인 대화를 주고받는 과정 →
상대방의 긍정적인 욕구, 즉 성장 욕구 또는 성장동기를 발견하는 것이 쉽지 않음.

성장동기 발견을 위해 기억해야 할 점

초등학생의 받아쓰기를 통해 성장동기를 발견하기 위해서는 먼저 상대방의 긍정적인 면을 바라보기 위한 마음의 준비가 되어야 함을 알 수 있었습니다. 다시 말해, 내가 속한 조직(가족, 또래집단, 회사동료 등)의 구성원의 긍정적인 면을 바라보기 위해서는 먼저 자신의 마음가짐부터 돌아보아야 합니다. 일상생활에서 상대방의 긍정적인 측면을 바라보는 연습과 그 효과는 내가 속한 조직 내 인간관계와 커뮤니케이션에서 공감이라는 긍정적인 변화를 가져옵니다.

조직 내 구성원들의 긍정적인 욕구, 즉 성장동기를 찾아 드러내기 위해서 기억해야 할 점들은 다음과 같습니다.

1. 기존의 동료에 대한 편견과 선입견을 버려라. 즉, 자신의 마음 비우기가 선행되어야 한다.
2. 동료들의 말과 행동에 집중하여라. 평소에 하던 대로 상대방의 말을 무심코 넘어가는 등의 행동은 이제 지양해라.
3. 동료들의 긍정적인 면을 발견하고자 하는 마음을 가지고 경청하는 자세가 필요하다.
4. 동료들의 긍정적인 면을 발견하고자 다짐할 때 동료의 성장동기는 드러난다.

성장동기의 발견을 위해 필요한 마음가짐에 대해 살펴보았습니다. 이어서 사례 속 주인공의 성장동기를 바르게 찾아 설명해 보는 연습을 해 보겠습니다.

사례 속 성장동기 발견하기

모든 인간에게는 성장동기가 있습니다. 그리고 상대방의 성장동기를 파악하고 그것을 드러내는 과정에서 공감은 일어납니다. 이러한 과정에서 우리가 상대방에게 공감을 표현하는 것은 당연하거니와

상대방 역시 성장동기를 바르게 찾아낸 우리에게 공감하게 됩니다.

　이 책의 목적중 하나는 '공감은 의미가 있고 중요하다'라는 사실을 단순히 제시하는 차원을 넘어 개개인들이 공감이라는 '시대적 요구'를 깨닫고 공감을 통해 상대방과 효과적으로 소통하며 만남을 형성해 가기를 바라는 것입니다.

　'성장동기 발견하기'는 공감을 가능하게 하는 여러 가지 요소들과 마찬가지로 꾸준한 노력과 연습이 필요합니다. 이는 상대방의 성장동기는 일상생활에서 분명하게 노출되기보다는 말과 행동에 숨겨져 있어 듣는 이가 집중하여 민감하게 반응하고자 하는 자세가 필요하기 때문입니다.

　성장동기를 발견하는 연습 방법은 다양합니다. 자신의 말과 행동에서 성장동기를 찾아내는 방법, 앞선 사례처럼 TV 광고 혹은 드라마의 주인공의 말과 행동에서 찾아내는 방법 등이 있지만, 여기서는 짧은 이야기에 등장하는 인물을 통해 성장동기를 발견하는 연습을 해보고자 합니다.

　연습을 시작하기에 앞서 '성장동기가 없는 사람은 없다.'는 점을 기억하고, 다양한 사례에서 성장동기를 찾고자 노력하는 과정이 우리의 삶에서 공감 능력을 향상시키는 효과적인 방법임을 기억해야겠습니다.

유명한 첼리스트

스페인의 유명한 첼리스트가 시골의 한 마을을 여행 중이었습니다.

때마침 그 마을은 스페인의 어느 유명한 첼리스트의 수제자가 공연을 한다는 소식에 전국 각지에서 모여든 사람들로 축제 분위기였습니다. 여행 중이었던 유명한 첼리스트 역시 이 공연에 갑자기 호기심이 생겼습니다. "이렇게 시골 마을에도 유명한 첼리스트의 수제자가 있단 말이지?" 첼리스트는 여행을 잠시 중단하고 공연 티켓을 사서 연주자를 확인해 보았습니다. 그런데 이게 웬일입니까? 공연 티켓에는 자신의 얼굴이 그리고 공연을 준비하는 첼리스트는 자신이 가르쳐 본 적은커녕 예전에 만난 적도 없는 사람의 사진이 실려 있었습니다.

이 유명한 첼리스트가 어찌된 일인가 하고 고민하던 그때, 공연을 준비 중인 연주자가 찾아왔습니다. 연주자는 이 유명한 첼리스트를 알아보고는 갑자기 무릎을 꿇고 눈물을 흘리며 다음과 같이 말했습니다.

"죄송합니다. 저는 사실 선생님에게 배운 적이 없는 사람입니다. 그리고 정규 학교를 다닌 적도 정식으로 누군가에게 첼로를 배워 본 적 또한 없습니다. 단지 어깨 너머로 조금씩 보고 배운 것들로, 시골을 돌아다니며 공연을 하고 있었습니다. 다만, 이러한 공연들이 이어지면서 "좀 더 큰 마을에서, 더 많은 인원이 들어가는 공연장에서 공연을 하겠다"는 욕심이 생겨나기 시작했습니다. 하지만 선생님의 이름을 빌리지 않고서는 이 커다란 공연장을 가득 채울 수가 없었고, 자신의 이름만으로는 이 시골 마을에서 열리는 공연에 어느 누구도 관심을 가지지 않을 것이라 생각해서 거짓으로 선전했습니다. 제 잘못에 어떤 변명도 할 수 없지만 만약 용서만 해 주신다면, 앞으로 예정된 공연을 취소하고 다시는 이런 일이 일어나지 않도록 조용히 살도록 하겠습니다." 죄송합니다.

이 말은 들으며 잠시 곰곰이 생각에 잠겼던 유명한 첼리스트는 그 연주자에게 이튿날 자신이 머물고 있는 숙소로 찾아오라고 말하고 사라졌습니다. 다음 날 아침 일찍, 정해진 시간보다도 훨씬 일찍 찾아온 가짜 연주자는 몹시 불안하고 두려운 마음에 한숨도 자지 못한 것 같은 얼굴이었습니다.

이러한 가짜 연주자를 보고 첼리스트는 내일 밤 공연장에서 연주하려고 했던 곡을 자신에게 한번 연주해 보라고 청하였습니다. 그 누구보다도 창피한 마음과 두려운 마음 그리고 떨리는 마음으로 가짜 연주자는 최선을 다해 연주를 시작했습니다. 연주를 하면서도 "이 곡을 다 연주하고 나면 나는 과연 어떻게 될까? 이 집의 문 밖에는 경찰들이 와 있겠지?" 등의 복잡한 마음이 머리와 가슴을 뒤집고 있었습니다.

드디어 짧지만 가장 길었던 연주가 마쳤습니다. 가짜 수제자는 차마 얼굴을 들 수가 없어 고개를 숙이고 모든 것을 체념한 채로 앉아 있었습니다.

"잠시만 일어서 보게. 내가 한번 연주해 보고 싶네."

가짜 수제자의 연주를 다 들은 유명한 첼리스트는 자신이 느낀 음악적 감정과 올바른 연주법 등을 하나하나 세세하게 연주자에게 전해 주었습니다. 때로는 직접 연주를 해 보기도 하고 때로는 공책에 그려가며…… 그리고 다음처럼 말했습니다.

(이정하, 『우리가 사는 동안에 2』 '가짜 제자와 스승', 고려문화사, 1995 각색함)

시골의 연주자에게 숨겨져 있는 성장동기는 무엇일까요?

아마도 연주자는 '자신의 이름을 다른 사람에게 알리고자 하는 명예욕을 가지고 있다' 관객들로 가득 찬 공연장에서 자신의 연주회를 기대해 온 것을 보아 '자아실현의 욕구를 가지고 있다' 등으로 살펴볼 수 있을 것입니다.

그렇다면 유명한 첼리스트는 연주자에게 무엇이라고 말했을까요? 연주자의 성장동기를 발견한 첼리스트는 다음과 같이 말했습니다.

"나는 지금 이 시간을 통해서 자네에게 필요한 음악적 감수성과 연주법 등을 지도하였습니다. 그리고 이렇게 오랫동안 가깝게 마주 보고 앉아 세세하게 알려 준 적 또한 없소. 따라서 이제부터 당신은 나의 수제자가 된 것이오. 그러니 앞서 팔렸던 공연 티켓 역시 거짓이 아니오. 앞으로 당신이 가진 음악적 재능을 가지고 당당하고 떳떳하게 연주하시오."

이 이야기는 시골의 어느 마을을 여행 중이었던 유명한 첼리스트가 시골의 가짜 연주자가 가지고 있는 성장동기를 파악하여 이에 적절하게 반응함으로써 공감을 표현하는 과정을 잘 드러낸 예라 할 수 있습니다.

물론 이 유명한 첼리스트의 말과 행동을 통해 시골의 가짜 연주자역시 공감을 받고 있음을 느끼게 되는 '양방향의 공감'도 충분히 예상할 수 있습니다.

만약 유명한 첼리스트가 표면적으로 드러난 사실, 즉 자신의 사진을 멋대로 사용한 점, 자신의 이름과 업적을 금전적인 이익을 위해 무단 도용한 점, 자신의 제자라고 사칭한 점 등을 토대로 시골 마을의 가짜 연주자를 바라보았다면, 이 이야기의 결말은 해피엔딩으로 끝날 수가 없습니다. 경찰을 부르고, 증인을 세워 고소하여, 금전적, 정신적 보상을 요구하는 등의 처리방식도 가능했지만, 유명한 첼리스트는 '시골 마을 연주자의 숨겨진 성장동기'를 발견했습니다.

유명한 첼리스트 역시 처음에는 자신의 이름을 도용하고 사칭한 것에 불쾌함을 느꼈을 수도 있습니다. 하지만 그렇게 밖에 할 수 없는 연주자의 처지를 고려하고 "왜 그런 행동을 할 수밖에 없었을까? 혹시나 다른 이유가 있지는 않을까?"와 같은 긍정적인 면에 집중하고자 하였습니다. 즉, 유명한 첼리스트는 바로 '공감'하기 위한 노력으로서 '성장동기를 발견'하고자 하였습니다.

너무나도 공손한 학생

학기가 시작되는 개학 첫날이었습니다.

"선생님~"

"어, 그래. 무슨 일이니?"

"실례지만, 화장실 다녀와도 될까요?"

"뭐가 실례야. 급하면 빨리 화장실 가야지! 어서 다녀와!"

너무도 공손한 아이였습니다. 교사가 된 이후로 많은 학생을 만났지만, 손을 들어 질문을 하면서 "실례지만"을 붙이는 아이는 처음이었습니다. 그것도 가장 활발하고 사춘기 시기를 겪을 6학년 남자학생……

"참 바른 아이구나. 어디 간다고 말도 없이 교실 밖을 쑥 나가는 학생도 많은데 이 아이는…… '실례지만' 이라는 단어를 사용도 할 줄 알고……"

제가 이 아이에게 느낀 첫 감정이었습니다.

며칠 후였습니다.

"선생님~"

"어, 그래. 무슨 일이니?"

"실례지만, 제가 테이프를 좀 써도 될까요?"

학생들과 제가 언제든 쓸 수 있도록 교탁위에 붙여 놓았던 테이프를 쓰려고 그 아이가 손을 들고 이야기한 것입니다.

"그럼, 써도 되지."

테이프는 누구든지 필요할 때면 교탁에서 가져가 써도 된다고 말해왔기에 대부분의 학생들은 제가 학교업무를 볼 때에도 말없이 쓰윽 하고 가져가 쓰기 일쑤였습니다. 테이프가 다 떨어지면 새것으로 교체도 해 주지만, 자신의 필요한 양만을 쓰고 테이프를 다 쓴 상태로 몰래 반납하는 친구들도 부지기수였습니다. 따라서 이 아이의 태도는 다시 한 번 기억에 남았습니다.

"선생님~, 실례지만, 물 먹고 와도 될까요?"

"실례지만, 사물함에 넣고 와도 될까요?"

"실례지만, 책상 줄을 바로 맞추어도 될까요?"

며칠이 지나고 어느 순간, 또 공손한 아이가 손을 들었습니다.

그리고 이제는 아이들이 비웃는 소리가 들렸습니다.

"쟤는 뭐만 하면, 실례지만이래…… 실례지만, 실례지만…… 크크"

"맞아. 뭐가 실례야 만날 실례지만."

비웃으며 놀리는 학급 아이들에게 저는 한마디 하였습니다.

"왜 놀리는 것이죠? 선생님과 여러분이 열심히 수업 중인데 학급 분위기를 해칠까 봐, 또는 다른 친구들이 수업 중에 방해받을 거 같아 미안한 마음에서 "실례지만"이라고 하는 것인데…… 이게 비웃음 받을 일인가요? 선생님은 오히려 수업 중에 아무 말없이 자신만의 행동을 하거나, 자기 자신만 생각해서 불쑥 버릇없는 행동과 이기적인 행동을 하는 것이 더욱 비웃을 대상이라고 생각합니다."

이 일이 있은 후 그 아이를 유심히 관찰하기 시작했습니다. 관찰 결과, 이 아이는 수업 중 매번 손을 들 때마다, 또는 쉬는 시간에 저에게 다가와서 말을 할 때마다 그 외 학교생활에서 언제나 제게 말을 걸 때에는 "실례지만"으로 시작하였습니다. 실제 상황에서는 그리 '실례'인 상황이 아님에도 불구하고 말이죠.

하루에도 수십 번, 일주일이 지나자 저 역시도 귀에 질릴 정도였습니다.

그 아이를 아이들이 비웃기 시작한 것도 이해가 되기 시작했습니다. 또한 동시에 아이들이 이 아이를 놀릴까 봐 걱정도 되었습니다. 착하고 바른 마음을 가진 아이인데, 아이들이 놀려서 상처받을까 봐 걱정이 되었습니다. 반면 알아서 이제 점차 그만두겠지 라는 생각에 기다리고 있을 때면 그 아이를 놀리는 아이들의 목소리가 더욱 크게 들려왔습니다.

이 아이에게 어떻게 이야기하면 좋을까 고민하기 시작했습니다.

(새금초 교사 최준섭 상담 사례)

이 사례를 정리해 보면, 사례 속 공손한 학생은 담임교사에게 늘 "실례지만"을 달고 삽니다. 담임교사는 처음에 이 학생을 요즘 보기 힘든 공손한 학생이구나라고 여기며 표면적으로 드러나는 행동에만 칭찬 할뿐이었습니다. 하지만 같은 반 학급아이들의 비웃음이 들리기 시작한 것을 인지한 후에는 공손한 아이의 공손한 말 "실례지만"이 다른 아이들에게 놀림의 대상이 될 수 있음을 깨달았습니다.

담임교사는 어떻게 하면, 아이들의 놀림대상이 되는 이 공손한 아이의 행동을 그만두게 할 수 있을까? 라는 생각과 동시에 "에이 이런 걸 뭘 또 아이에게 해라 마라 말해. 그냥 시간이 지나면 자신도 알아서 조금씩 줄여나가겠지."라는 생각을 하면서도 학기 초부터 아무런 잘못이 없는 한 아이가 놀림감이 될 수도 있다는 생각에 걱정을 하고 있습니다.

왜 이 공손한 아이는 늘 "실례지만"을 붙이는 것일까요? 그리고 어떻게 하면 이와 같은 상황을 해결할 수 있을까요? 이 두 가지 질문에 대한 답은 바로 성장동기의 발견에 있습니다.

우리는 앞서 상대방의 말과 행동에서 나타나는 표면적인 의미에만 집중하는 것은 공감에 부적절함을 깨달았습니다. 이를 상기해 보면, 이 공손한 아이를 향한 공감적 이해를 위해서는 아이가 "실례지만"을 늘 붙이고 사는 속마음, 즉 '아이의 성장동기는 무엇일까?'라는 생각이 필요합니다.

만약 이러한 성장동기를 바르게 파악하여, 아이에게 잘 드러낼 수만 있다면 학생은 자신의 속마음을 교사가 잘 알고 있음으로부터 자신이 공감받고 있음을 경험할 수 있습니다. 이러한 공감으로 인해 학생

은 당장의 마음의 기쁨과 위안을 느끼는 것은 물론, 앞으로 담임교사와의 신뢰와 친밀함이 더욱 두터워질 수 있음을 예상할 수 있습니다.

성장동기의 개념과 중요성을 다루었던 이전 내용을 바탕으로 "저런 말을 왜 하는 것이지?" "저런 말과 행동을 통해 얻으려고 하는 것은 무엇이지?"를 떠올려보면 이 '공손한 아이'의 성장동기를 찾는 것은 생각보다 어렵지 않습니다.

사례 속 '공손한 아이'의 성장동기는 무엇일까요?

네. 맞습니다. 사례 속 학생은 다음과 같은 성장동기들을 가지고 있습니다.

첫째, 선생님에게 다른 아이들과는 다른 공손한 행동을 보임으로써 칭찬받고 싶다.

둘째, 학기 초 선생님에게 착하고 바른 학생이라는 좋은 이미지로 기억되고 싶다.

③ 셋째, 빨리 선생님과 가까워지고 싶고 선생님으로부터 관심을 받고 싶다.

이 세 가지의 성장동기가 의미하는 것은 무엇일까요?

네 결국, 이 아이의 "실례지만"에 담긴 속마음, 성장동기는 '선생님으로부터 관심을 받고 싶다'는 것이었습니다.

따라서 이러한 3가지의 성장동기가 숨어 있는 말과 행동이 그 학생에게는 곧 "실례지만"으로 표현된 것입니다. 단지 교사가 "실례지만(상대방의 양해를 구하는 행동)"이라는 표면적 의미에만 집중하여 반응한다면, 학생의 이와 같은 행동은 상당기간 지속될 수밖에 없을 것입니다. 왜냐하면 근본욕구로서 성장동기가 충족이 되지 않았기 때문입니다. 또한 지속 여부에 따라서 아이들로부터 더욱 놀림을 당할 수도 있었을 것입니다.

자, 그러면 여러분이 담임교사라고 생각하고 이 학생에게 어떤 말을 할지 생각해 보세요. 물론, 학생의 성장동기를 바르게 드러내야겠지요?

실제 사례 속 담임교사의 해답은 다음과 같았습니다.

해당 교사는 공손한 학생을 불러 이야기했습니다.

> ○○야, 선생님은 ○○가 참 공손하고 예의바른 태도를 가지고 있다고 생각해. 그래서 다른 선생님들한테도 칭찬을 많이 했어. 선생님은 ○○와 더욱 빨리 친해질 것 같아. 우리 앞으로 1년 동안 열심히 지내보자!

이 공손한 학생의 "실례지만"은 그 시간 이후로 어떻게 되었을까요?

네, 이 짧은 대화 이후로 더 이상 공손한 학생의 "실례지만"은 찾아볼 수 없었습니다.

담임교사가 한 말을 자세히 살펴보면 아이의 성장동기가 모두 드러나 충족이 되어 있습니다. 자신이 선생님에게 공손한 행동으로 인해 기억이 되고, 선생님에게 칭찬을 받았으며, 앞으로 더욱 가까워질 것을 암시하는 말들을 통해 아이는 더할 나위 없이 기쁜 마음이었을 것입니다. 이것이 바로 성장동기의 발견이 지닌 힘이자, 공감으로 향

하는 과정입니다.

이처럼 어느 누구에게나 성장동기는 내재되어 있으며, 표면적 의미가 아니라 속마음에 집중할 때, 성장동기는 더욱 뚜렷해집니다. 공감에 이르는 길은 바로, 이러한 성장동기를 찾아 바르게 드러나는 것에 있습니다.

이상의 사례들을 통해 '성장동기 발견'과 관련해 몇 가지 기억해야 할 점을 정리해 보겠습니다.

첫째, 성장동기를 발견하는 과정이 곧 상대방을 공감하는 과정임을 명심해야 한다.

둘째, 성장동기를 찾아내는 것은 공감 능력 향상과 직결된다.

나 자신이 상대방의 성장동기를 찾아내는 과정 및 이를 밝혀내는 순간, 나 자신은 상대방을 완전하게 공감할 수 있기 때문이다.

셋째, 성장동기를 발견하여 드러내는 순간, 상대방도 나(우리)를 공감하게 된다. 상대방 역시 자신의 성장동기를 정확하게 밝혀내어 이를 인정해 주는 상대에게 공감할 수밖에 없는 것은 당연하다.

즉, 성장동기를 발견하는 과정은 서로 간(양방향)의 공감을 가능하게 합니다.

자신의 모습에서 성장동기 발견하기

상대방의 성장동기를 밝혀 드러내기 이전에 먼저 해야 할 일이 있습니다. 이것은 바로 자신의 성장동기를 먼저 바르게 파악할 수 있어야 한다는 점입니다. 자기 자신의 속마음에 대해서도 잘 알지 못한 채 다른 사람의 마음을 알겠다고 나서는 것은 앞뒤가 맞지 않기 때문입니다. 또한 성장동기를 발견하기 위한 연습의 대상으로 자신의 말과 행동을 파악하는 것은 매우 좋은 방법입니다. 상대방의 성장동기를 발견하기 위한 연습이 충분히 이루어지지 않은 가운데 경솔하게 접근하여 실패하였을 경우, 상대방과의 공감은 불가능하게 되고 신뢰와 친밀감 등은 모두 약화되는 위험이 있기 때문입니다.

이와 같은 점을 바탕으로 자신의 모습에서 성장동기를 발견하는 연습에 들어가 보도록 하겠습니다.

억울했거나 답답했던 나의 상황 돌아보기

자신의 지난 생활을 되돌아보며 가장 억울했거나 답답했던 순간들을 선정하여 적어 보는 것은 자신의 성장동기를 발견하는 데 매우 유용한 연습방법입니다.

"난 이때 가장 억울했었다" "그때 정말 답답했다"처럼 자신의 가정, 학교, 회사 등의 일상생활에서 경험하였던 다양한 사연 속에 자신의 성장동기는 숨어 있습니다. 직장에서 억울했던 상황을 사례로 들어

보겠습니다.

> 사례) 신입사원의 적응을 돕고자 이것저것 챙겨주었는데, 다른 동료들은 이미 내가 신입사원 길들이기에 나섰다며 "본인 일이나 잘할 것이지"처럼 나의 행동을 꼴불견이라고 여겼을 때 너무나 억울했습니다. 누군가에게 그 당시의 상황을 다시 보여 주고 싶을 정도입니다.

아무도 자신을 믿어 주지 않았다는 것이 큰 상처로 남아 있는 예시 속의 '나'는 얼마나 억울할까요? 자, 그럼 공감을 익히고 공감 능력을 향상시키고자 노력하는 우리가 이 사례 속 '나'의 억울함을 좀 풀어 주도록 하겠습니다. 우선 '나'의 욕구, 즉 성장동기는 무엇입니까?

'누군가에게 그 당시의 상황을 사람들에게 보여 주고 싶다.' 라는 말에서 성장동기의 발견을 위한 단서를 찾을 수 있습니다. 아마도 '나'의 성장동기는 '나를 믿어주지 않았던 사람들 앞에서 사실을 밝힐 수 있었으면 좋겠다.' '사람들이 내가 좋은 친구라는 것을 알아주었으면 좋겠다.' '내가 말하면 사람들이 믿어 주었으면 좋겠다.' '나는 사람들의 신뢰를 회복하고 싶다.' 등 일 것입니다.

이제, 여러분 일상생활 속의 억울하고 답답했던 순간들을 바탕으로, 당시에 숨겨져 있던 자신의 성장동기를 밝혀 드러내어 봅시다. 뿐만 아니라 가족은 물론, 자신이 속한 다양한 구성원들이 함께 모여 "난 이럴 때 억울했어요." "너 그때 정말 억울했겠다."와 같이 실제 본인들이 억울했던 사연을 나누어 봅시다. 이렇게 각자의 숨겨진 성장동기를 찾아 드러내는 과정 속에서 공감을 경험할 수 있습니다.

자신의 '성장동기' 발견이 가진 의미

자신의 성장동기를 바르게 파악하여 발견하는 것은 어떤 의미가 있을까요?

첫째, 자신의 성장동기를 바르게 파악하는 것이 바로 상대방의 성장동기를 발견하는 것의 충분한 연습이 될 수 있습니다. 성장동기는 누구에게나 있기 때문입니다.

둘째, 억울했던 사연 속 숨겨진 성장동기를 찾아내는 과정이 곧 공감의 과정임을 알 수 있습니다.

(아~ 나도 그 당시에 이랬구나. 그러면 이번에 부장님도 같은 마음이셨겠군……)

성장동기 발견은 '공감'을 유발하고 '공감'은 우리가 속한 조직의 구성원들을 하나로 묶어 주는 연결 고리가 된다는 사실을 명심해야 합니다.

억울했던 자신의 사연을 되돌아보고, 상대방의 성장동기를 찾아내는 과정을 통해 서로 간의 공감 능력은 향상됩니다.

"너 그때 정말 억울했겠다."와 같이 자신 혹은 상대방의 성장동기를 파악하는 과정은 인간의 말과 행동이면에 숨어 있는 그 사람의 속마음을 드러내주는 단계입니다. 왜 억울했는지 성장동기를 찾아내고 친구의 마음을 제대로 읽어 주었을 때, 공감은 발생합니다.

3. 성장동기에 반응하기

근본욕구로서 숨겨져 있는 상대방의 성장동기를 바르게 찾는 것은 상대방을 공감하기 위한 중요한 과정입니다. 여기에 그치지 않고 상대방의 성장동기에 적절하게 반응하는 것은 상대방을 향한 나의 공감을 깊게 만들고 상대방의 나를 향한 신뢰와 친밀함 역시 더욱 깊게 만듭니다.

이번에는 서로 간의 공감을 더욱 풍성해지도록 하는 상대방의 성장동기에 반응하기가 가진 의미와 중요성을 살펴보고자 합니다. 이를 통해 공감이란 상대방을 향한 일방향의 개념이 아니라 서로가 주고받는 양방향의 성질임을 이해하고, 공감을 한다는 것은 상대방과 나 자신이 함께 변화하고 성장한다는 것임을 알아보겠습니다.

동화로 열어가기

찢어진 만화책

경상북도 경주의 어느 작은 마을에 어린아이가 한 명 살고 있었습니다.
그 아이의 꿈은 만화가.
또래 아이들은 근처 공터에 모여 장난을 치며 어울리지만, 이 아이에게 놀이터는 따로 있었습니다.
언제부터 시작되었는지 정확히 알 수는 없지만 그 아이는 아주 어릴 적부터 용돈만 생기면, 근처 만화방으로 달려갔습니다.

그 아이에게 만화방은 신세계였습니다. 어떤 장난감, 어떤 놀이동산
보다도 더 즐겁고 행복한 곳이었던 만화방에서 그는 시간 가는 줄
모르고 만화책과 함께 놀았습니다.

그러던 어느 날이었습니다.

아이의 눈에 너무나 멋진 만화책 한 권이 들어왔습니다. 이제까지
여러 권의 만화책을 보아온 아이였지만, 그 책은 이전의 책들과 달
리 너무나 특별해 보였습니다.

집으로 돌아와서도 그 만화책은 아이의 머리에서 사라지지 않았습
니다. 따라 그려 보고 싶은 그림들이 가득한 그 만화책, 눈을 감아도
떠오르는 그 만화책에 등장하는 다양한 캐릭터들······.

하지만 이 아이에게 그 만화책을 살 돈은 없었습니다.

다음 날, 아이는 다시 만화방을 찾았습니다. 그리고 주인 몰래 만화
책 한 장을 찢어 주머니에 넣었습니다. 만화책 한 장을 찢어 주머니
에 넣기까지 아이의 가슴은 너무나 불안하여 시커멓게 타들어 갔습
니다. 그리고 누군가가 볼까 봐 고개 한 번 들지 못하고 그렇게 만화
방을 도망치듯 뛰쳐나왔습니다.

그날 밤, 이 아이는 그 찢어진 만화책에 그려진 그림을 집에서 몇 번
이나 따라 그렸습니다.

아이는 주인 몰래 만화책을 찢어 가져왔다는 죄책감 때문에 며칠 동
안 만화방에 가지 않았습니다. 하지만 주인이 이 사실을 알아채지
못하는 것 같아 다시 그 만화방을 찾기 시작했습니다.

"무슨 일이 있었던 거야? 어디 아픈 데가 있었니? 왜 그동안 오지
않았어!"

"안 그래도 늘 보이는 얼굴이 보이지 않아 궁금했다."

"아, 아니요. 어디 아픈 곳은 없어요."

다행히 주인은 별다른 기색 없이 반갑게 맞아주었습니다. 아이는 이런 주인의 모습에 한결 마음이 놓였습니다. 아이는 마음이 놓이기 시작하자 차츰 더 대담해졌습니다.

한 장을 찢어가는 것으로 시작했던 행동이, 점차 시간이 흐르며 이젠 열 장씩 찢어가기 시작했습니다.

이와 같은 행동이 반복되던 어느 날, 주인에게 들키고 말았습니다.

"큰일 났다. 이걸 어쩌지? 나는 이제 어떻게 되는 걸까? 경찰에게 잡혀가겠지?"

눈앞이 캄캄해졌습니다. 무엇보다도 자신을 많이 좋아해 주셨던 만화방 주인아저씨의 얼굴을 제대로 쳐다볼 수 없었습니다.

잡혀갈지 모른다는 두려움과 불안감, 자신에게 친절하게 대해 주셨던 아저씨의 믿음을 배신했다는 자책감이 온몸을 휘감고 있었을 때, 뜻밖에도 만화방 주인은 혼내지 않고 저의 머리를 쓰다듬으며 이렇게 말했습니다.

"네가 그 유명한 우리 동네 만화가 지망생이구나?"

만화방 주인의 이러한 말 한마디가 '공포의 외인구단, 떠돌이 까치, 남벌 등' 우리나라 최고의 인기 만화를 만들어 냈습니다. 그 아이는 바로 대한민국 최고의 만화가, 이현세였습니다.

(이현세 씨의 실제 일화를 동화 형식으로 재구성함)

성장동기 반응하기란 무엇인가

'구슬이 서 말이라도 꿰어야 보배'라는 속담이 있습니다. 이 속담은 아무리 훌륭하고 좋은 것이라도 다듬고 갈고 닦아야 가치가 있음을 비유적으로 표현하고 있습니다. 우리는 지금까지 성장동기의 존재에 대해 배웠고, 성장동기를 발견하는 연습을 했습니다. 구슬을 다 모았으니 이제 구슬을 꿰어 보는 연습, 즉 성장동기에 적절하게 반응하는 연습을 해 보도록 하겠습니다.

성장동기 반응하기의 의미와 중요성

위 동화는 국내 유명 만화가 이현세 씨의 실제 사례를 동화 형식으로 재구성한 내용입니다.

경북 경주의 어린아이, 이현세 씨는 만화책을 찢어 가는 행동을 반복하고 있었습니다. 일반적인 시각에서 바라보면, 타인의 것에 함부로 손을 대어 피해를 입히는 것은 물론 몰래 가져가는 행동은 당연히 범죄행위라 할 수 있습니다.

따라서 만화방 주인이 어린아이의 표면적인 행동과 결과만으로 판단한다면 만화방 주인은 화를 내거나 꾸짖을 수밖에 없습니다. 왜냐하면 만화방 주인의 입장에서는 재산이라고 할 수 있는 만화책들이 계속해서 찢겨져 나가거나 없어지기 때문에 영업을 하는 데 있어 피해를 볼 수밖에 없는 상황이기 때문입니다.

하지만 만화방 주인은 그러한 행동을 하고 있는 아이의 속마음, 그러니까 '성장동기'를 찾아 이에 반응하였습니다.

"네가 그 유명한 우리 동네 만화가 지망생이구나?"의 한 마디는 '성장동기에 반응하기'에 해당합니다. 사실 이 만화방 주인아저씨는 어린아이의 꿈이 만화가인지도 모를 가능성이 높습니다. 왜냐하면 만화책을 찢어가는 행동이 단순히 장난인지, 아니면 다른 이유가 있는 것인지, 만화방 주인아저씨의 입장에서는 알 수가 없는 불분명한 상황이기 때문입니다. 즉, "아~ 이 아이가 만화가가 꿈이라서 만화책을 찢었구나?"라고 생각해서 "네가 그 유명한 우리 동네 만화가 지망생이구나?"라고 답변한 것이라고 보기에는 확률상 가능성이 제로입니다.

하지만 주인아저씨는 "아이가 얼마나 이 만화책을 좋아하면 이랬을까?" "이렇게 가슴 졸이고 눈치 보면서까지 한 장 혹은 몇 장씩 찢어간 이유가 분명히 있을 것이다."라는 내재된 성장동기의 관점에서 사태 해결 방법을 찾았습니다.

주인아저씨가 어린아이의 성장동기에 반응한 결과는 어떻게 되었습니까?

어린아이는 그 동안의 자신의 잘못된 행동에 대해 전혀 예상치 못했던 용서를 받았으며, 이를 통해 자신의 잘못을 뉘우침과 동시에 자신을 억누르고 있던 죄책감으로부터도 벗어날 수 있었습니다. 덧붙여 자신을 미래의 '만화가'로서 인정해 준다는 뿌듯함 역시 느꼈을 것이며, 이를 통해 자신을 용서해 준 주인아저씨의 기대에 어긋나지 않고 보답하려는 마음으로 더더욱 만화가로서의 꿈을 키워갈 수 있었다고 충분히 예상할 수 있습니다.

어린아이를 향한 주인아저씨의 '성장동기 발견하기와 반응하기'는 어린아이의 생각과 행동을 공감할 수 있도록 하였습니다. 마찬가지로 어린아이는 주인아저씨로부터 꾸짖음과 벌을 받는 것이 아니라 공감을 받고 있음을 느낄 수 있었습니다.

"왜 이 아이가 이러한 행동을 했을까?"에서부터 시작한 만화방 주인아저씨의 '성장동기 발견하기' 그리고 "네가 그 유명한 우리 동네 만화가 지망생이구나?"의 성장동기의 반응하기가 불러온 공감은 우리나라의 대표적인 만화가이자, 공포의 외인구단, 떠돌이 까치, 남벌 등의 인기 만화를 만들어 낸 이현세를 만들었습니다.

정리해 보겠습니다. 상대방의 성장동기에 반응하는 것은 이와 같이 상대방의 공감을 불러일으키고 이러한 공감은 다시 상대방의 성격, 자존감 등의 삶의 부분을 변화시키는 놀라운 효과가 있습니다.

성장동기에 반응하기와 관련된 다른 짤막한 사례를 소개합니다.

본사 영업부서에서 일하는 민경 씨의 이야기입니다. 어느 날 긴급한 사안이 있어 사무실에서 회의가 소집되었습니다. 영업 현장에서 각자 업무를 처리하던 영업사원들은 민경 씨의 연락을 받고 하나 둘씩 서둘러 모여들기 시작했습니다. 먼저 도착해 있던 사원들은 물론 속속 도착하던 사원들도 회의가 개최된 이유와 회의 주제에 대해 이야기를 나누며 곧 이어질 회의에 집중하고 있었습니다.

워낙 시간이 촉박하고 급하게 연락을 받은 사안이라 사원들은 자리에 신경 쓰지 않고 앉아 있었습니다. 그때 본사에서 해당 프로젝트와 관련된 외국 바이어가 회의장에 도착했습니다. 이

외국 바이어의 자리는 매년 항상 상석에 정해져 있었는데, 아뿔사! 그 자리에 입사한 지 얼마 안 되는 젊은 신참이 앉아 있는 것 아니겠습니까! 외국 바이어는 자기 자리에 앉아 있는 젊은 영업사원을 보고 한순간 언짢은 표정을 짓더니 그냥 돌아가려고 했습니다. 이때 민경 씨가 나섰습니다.

(박성희, 『행복한 삶을 위한 생각처방전』, '인물 치켜 세우기', 2010, pp 194-195 각색함)

만약 여러분이 외국 바이어였다면, 여러분에겐 어떤 성장동기가 숨어 있습니까? 앞선 성장동기 발견하기의 연습이라 생각해 보고 찾아보세요.

네, 외국 바이어의 성장동기는 다른 사람의 인정을 받고 싶음, 다른 사람으로부터 존중을 받고 싶음, 무시당하고 싶지 않음 등으로 찾을 수 있습니다.

그렇다면 민경 씨는 어떻게 외국 바이어의 성장동기에 반응하였을까요. 여러분도 민경 씨가 되어 성장동기에 반응해 봅시다.

민경 씨는 미소를 지으며 정중하게 다음과 같이 말했습니다.

"부디 언짢아하지 마시고 편하신 곳에 앉아주세요. 당신이 앉으신 곳이 언제나 가장 귀한 자리입니다."

민경 씨의 말을 들은 외국 바이어는 어떻게 되었을까요?

네. 이 말을 들은 외국 바이어는 만족한 듯 웃으면서 기꺼이 남아 있는 자리에 앉았으며 당연히 회의는 무사히 마칠 수 있었습니다. 민경 씨가 외국 바이어의 성장동기를 발견하여 이에 적절하게 반응함으로써 서로 간의 공감은 유발되었습니다. 또한 이러한 '공감'은 민경 씨와 외국 바이어만의 관계를 개선시킨 것에 그치지 않고 그들이 속한 조직의 분위기(회의 분위기)까지 변화시키는 결과를 가져왔습니다. 물론 계약도 성공적이었습니다. 자신이 존중받았다는 느낌과 함께 대접받고 있는 존재라고 여긴 바이어가 예상보다 더 큰 금액의 계약을 체결하였기 때문입니다.

성장동기 반응하기가 지닌 효과

성장동기에 적절하게 반응하는 상대방에게 동질감을 느끼고 정서적 안정감을 갖게 되는 과정에서 공감은 유발되며, 이러한 공감을 통해 인간관계는 더욱 친밀해지며 서로는 신뢰하고 의지할 수 있습니다. 이러한 공감이 가져오는 효과는 곧 우리가 속한 조직(가정, 학교, 회사 등)과 일상생활에서 매우 중요한 긍정적인 변화를 이끌게 됩니다.

'성장동기 반응하기'의 실천을 위해 기억해야 할 점은 다음과 같습니다.

첫째, 성장동기를 발견하는 것에만 그쳐서는 안 된다. 반응하기, 즉 실천이 중요하다.

(부서, 가족, 또래집단 내 누군가의 성장동기를 발견하였다면, 반응해 보세요!)

둘째, 성장동기에 적절히 반응할 때 공감은 더욱 극대화된다.

(나의 반응은 상대방과 나의 양방향적 공감을 극대화합니다.)

셋째, 성장동기에 반응하기를 통해 얻는 공감은 상대방 삶도 변화시킬 수 있다.

(공감은 상대방의 삶, 나아가 내가 속한 조직을 긍정적인 변화를 이끌게 합니다.)

성장동기에 반응하는 방법

성장동기를 바르게 찾아낸 후에는 이에 적절하게 반응하는 것이 뒤따라야 합니다. 상대방의 근본 욕구인 성장동기에 반응하여 지지해 주면 상대방은 자신이 인정받고 지지받고 있음을 느끼게 되어 상대방과 나 사이의 공감, 공감적 이해는 더욱 깊어지게 됩니다.

마지막 영어수업

"자리에 앉아! 조용히 하자!"

몇 번이나 똑같은 말을 반복해도 마찬가지였습니다. 수업시간을 알리는 종이 이미 울렸음에도 아무런 상관없이 친구들과 떠드는 학생들.

물론 아이들의 상황도 이해가 되었습니다. 모든 교과의 수업진도가 다 나가고 졸업을 일주일 앞두고 있는 상황에서 아이들의 교실 분위기를 유지하는 것은 꽤나 어려운 일이었습니다.

저는 당시 6학년 영어전담교사였습니다. 졸업이 일주일 남은 마지막 주는 대부분의 6학년을 담당하는 교사들에게는 매우 어려운 시간입니다.

모든 교과의 진도를 마쳤기에, 수업을 하는 것도 어색한 일이었고, 그렇다고 아이들과 매번 체육을 하는 것도, 교과와 관련된 영화들을 보여 주는 것도 마땅치 않은 수업하기 어려운 날이 계속되었습니다. 상황이 이렇다 보니, 학생들에게 독서시간을 부여해도 독서를 하는 친구는 몇몇일 뿐, 대부분의 학생들은 서로 이야기를 하거나 장난치는 등 교실은 다소 소란스러울 수밖에 없었습니다.

6학년 아이들이 졸업을 3일 앞둔 날,

여전히 "조용히 하자! 얘들아~"라고 반복하던 가운데 무심코 아이들의 수다를 듣게 되었습니다.

벌써 중학교 1학년의 문제집을 반쯤 풀고 있는 아이 옆에서 "야, 벌써 이런 거 공부하는 거야? 나는 하나도 모르는데"라며 자신이 뒤처지는 것은 아닌지 걱정하는 아이들도 있었고, 옆 친구들과 어느 학원이 좋다더라, 이것저것 정보를 공유하는 학생들도 있었습니다. 때로는 자신이 외운 영어 단어를 뽐내는 아이들도 있었고 이에 풀이 죽어 오히려 "그런 거는 다 중학교 가서 배우면 된다고 큰소리치는 아이들도 있었습니다.

그제야 알았습니다.

저는 단순히 아이들이 수업 진도를 모두 마친 상태에서, 개구쟁이인 학생들끼리 장난을 치고 수다를 떠는 것이 교실이 소란스러운 이유라고 생각했습니다.

하지만 이러한 소란스러움은 바로 중학교 입학과 관련한 걱정과 관심에서 시작된 것이었습니다. 더 자세히 말하면 바로 중학교 입학

후의 학업과 성적이 가장 학생들의 관심사임을 알게 되었습니다.

이제야, 제가 아이들을 위해 나머지 2일을 어떻게 보내야 할지 명확히 알 수 있었습니다.

아이들이 하교한 이후, 학생들을 위한 간단한 영어교재를 만들었습니다. 초등학교에서 배웠던 꼭 암기하여야 할 중요 단어와 함께 실생활에서 가장 많이 쓰이는 영어 단어도 선별하였습니다. 책의 뒤편에는 낯선 영어 문법을 배우게 될 아이들을 위한 기초 문법과 제가 공부했던 간단한 Tip들도 함께 넣어 구성하였습니다.

퇴근 시간을 훌쩍 넘겨 지속된 작업에도 완성되지 않은 분량을 집으로 가져와 작업을 이어나갔지만, 전혀 피곤하지 않았습니다. 근심어린 학생들에게 이 교재가 조금이라도 도움이 될 수 있다는 확신은 너무나 행복한 그날 밤을 만들었습니다.

"그러니까 말이야. 여기서는 이렇게 문장이……"

수업이 진행되고 있었지만, 다른 6학년 교실과는 너무나 다른 모습이었습니다.

아이들의 초롱초롱한 눈빛, 집중하며 이것저것 받아 적는 아이, 늘 장난치던 아이가 스스로 질문을 하며 열의를 보였습니다. 그리고 수업을 마치는 순간, 들려오는 아이들의 목소리……

"선생님, 오늘 수업 너무나 좋았어요."

"재미있었어요."

"선생님, 저도요."

"선생님, 저 정말 이게 궁금했었는데, 오늘 풀렸어요."

"선생님 최고예요."

이렇게 6학년 아이들과의 마지막 영어수업은 지나갔습니다.

(도당초 교사 임○○ 사례)

이 사례는 초등교사로 근무하였던 임 선생님의 실제 사례를 동화 형식으로 재구성한 내용입니다.

보통 학생들이 교실에서 그것도 수업시간에 소란스러울 때면 항상 교사들은 "조용히 해라."라고 말하는 것이 일상입니다. 으레 "장난을 치느라 소란스러운 것이다."든가 "몇몇 말썽꾸러기들이 또 소란을 피우는 것이군." 하고 생각하는 것도 충분히 있을 수 있는 일입니다.

하지만 임 교사는 무심코 듣던 아이들의 대화에서 아이들의 성장동기를 발견해냈습니다. 졸업을 앞둔 아이들에게서 임 교사가 발견한 아이들의 성장동기는 무엇이었을까요?

네. 바로 중학교 생활에 잘 적응하는 것이었습니다. 물론 영어 공부도 열심히 하여 좋은 성적을 받는 것도 포함되어 있었습니다.

임 교사는 이러한 아이들의 성장동기를 바르게 파악한 후에, 또한 자신이 할 수 있는 부분에서 최선을 다해 학생들의 성장동기에 반응하고자 노력하였습니다.

자신이 교사라는 점, 영어과목을 담당하고 있다는 점, 마침 수업진도를 다 마친 상황이라는 점을 바탕으로 학생들의 성장동기를 어떻게 드러내고 반응하면 좋을까 하고 생각한 결과는 바로 '간단한 영어교재 만들기'였습니다. 즉, 중학교 영어 수업에 대해 관심과 영어공부를 잘하고 싶어 하는 학생들의 성장동기에 임 교사는 직접 간단한 수

업자료를 만들고 수업을 함으로써 반응하였던 것입니다.

성장동기에 반응하는 방법

임 교사의 예에서처럼 학생들의 성장동기에 반응하기는 꼭 '말'로만 가능하거나 이루어지는 것은 아닙니다. 자신의 상황과 형편, 학생들의 처지를 고려해 보면 '말'보다 '행동'이 더욱 효과적일 순간도 있습니다.

앞서 제시한 사례에서 학생들에게 임 교사가 말로써 성장동기를 드러냈다고 상상해 봅시다.

"얘들아 걱정 하지 마. 중학교에 가면 다 선생님들이 다시 알려 줄 거야." 혹은 "우리가 배웠던 이러이러한 것들 기억나지? 거기서 조금 더 깊이 다루어지는 내용들이니까 너무 걱정하지 마."와 같은 내용을 보면, 중학교에서 배울 영어 내용에 대해 불안해하고 관심을 가지고 있는 아이들의 성장동기를 어느 정도 파악한 것으로 보입니다.

하지만 성장동기에 이처럼 말로 반응하는 것으로는 학생들이 교사로부터 공감을 받고 있음을 느끼기에 부족한 것이 사실입니다.

사례와 같은 상황에서 학생들이 정말로 우리 선생님이 나를 걱정해 주는구나, 선생님이 내 마음을 알아주는구나라고 선생님으로부터 공감을 받기 위해서는 바로 '행동'으로 성장동기에 반응하는 것이 가장 중요합니다. 임 교사가 '행동'으로 성장동기에 반응한 결과는 어땠을까요?

사례에 나타난 것처럼, 아이들에게 임 교사는 자신들의 궁금함을 속 시원하게 풀어준 최고의 교사이자, 자신들의 고민을 미리 알고 해결해 준 교사, 그리고 제일 재밌었던 수업 중 하나를 지도했던 교사로 임 교사를 오랜 시간 떠올릴 것입니다.

성장동기 반응하기로부터의 변화

성장동기의 의미를 이해하고, '성장동기'를 발견하고, 이에 적절하게 반응하는 방법들을 배워 보았습니다. 이제는 앞서 다루었던 일상에서 발생하는 다양한 사례들을 통해 '공감'을 위해 성장동기 반응하기가 지닌 가치를 충분히 이해할 수 있을 것이라 생각합니다.

성장동기의 개념을 이해하고 이를 발견하고 반응하고자 노력하는 자신의 모습은 가정과 학교, 내가 속한 사회를 어떻게 변화시킬까요?

성장동기에 반응하기가 가져오는 긍정적인 변화

앞의 사례로 잠시 돌아가보겠습니다.

임 교사를 통해 학생들은 선생님으로부터 자신들이 공감받고 있음을 느낄 수 있었습니다. 덕분에 졸업 전 잊을 수 없는 소중한 수업을 경험할 수 있었던 점은 보너스였습니다.

하지만 성장동기에 반응하기를 통해 나타나는 긍정적인 결과는

단지 학생들에게만 해당하는 것일까요?

제시된 사례 속 임 교사가 마지막 수업을 마치고 학생들의 밝은 얼굴과 표정을 바라보며 느꼈을 감정은 어떠했을지 상상해 봅시다.

아마도 임 교사는 아이들의 진심 어린 감사와 고마움을 경험함으로써 감동을 받았을 수도 있고, 학생들의 밝은 미소를 보며 작게나마 도움이 된 것 같아 보람을 느꼈을 수도 있습니다. 물론 아이들의 성장동기를 발견하고 이에 반응하고자 한 '공감'을 위한 노력이 인정받은 것 같아 임 교사 자신도 역시 학생들로부터 공감을 받았음을 느낄 수 있었을 것입니다.

임 교사는 학기가 마무리 되는 시점에서 퇴근 시간이 훨씬 지나서까지 교재 준비를 하였습니다. 사실 진도가 마무리되고 졸업을 앞두고 있는 상황에서 이것은 쉬운 일이 아닙니다. 더욱이 이것도 모자라 퇴근 후 밤늦게까지 집에서 작업을 마무리하였음을 알 수 있었습니다. 임 교사는 피곤함도 느낄 수 있었겠지만, 학생들이 수업시간에 좋아할 장면에 더욱 힘이 나서 열심히 만들었으리라 상상이 가능합니다.

이와 같은 임 교사의 예상대로, 학생들은 수업 중 초롱초롱한 눈빛과 즐거워하는 모습을 보여 주었고, 수업이 종료된 이후 그 어느 때보다 감사해하는 학생들의 긍정적인 피드백은 임 교사 역시 학생들로부터 자신의 성장동기를 인정받는 경험을 하였습니다.

임 교사의 성장동기는 바로 '자신의 노력을 학생들이 이해해 주고 학생들이 내가 만든 교재와 준비한 수업내용을 통해 즐거워하길 바라는 마음'이었기 때문입니다. 학생들은 역시 임 교사의 성장동기에 이처럼 적극적으로 반응해 주었기 때문에 임 교사 역시 학생들로부터의 '공감'을 경험할 수 있었습니다.

이러한 공감의 경험은 앞으로 임 교사의 교직 생활에도 보다 긍정적인 영향을 미칠 수 있습니다.

임 교사는 이전과는 달리 학생들의 말과 행동에서 '성장동기'에 주목하고자 할 것이며, '성장동기'에 적절하게 반응함으로써 학생은 물론 자신도 공감을 경험할 것입니다.

성장동기에 반응하기, 공감의 씨앗

성장동기를 파악하고자 하는 자세는 기본적으로 상대를 존중하고 상대방의 입장에서 이해하는 태도, 수용적 태도가 바탕이 됩니다.

당연히 상대방(학생, 학부모, 동료교사 등)은 '나'로 인해 이러한 '존중'과 '이해'와 '수용적 태도'를 경험하게 됩니다. 중요한 것은 바로 이것이 단지 '경험'에서 끝나지 않는다는 것입니다. 이러한 경험들이 바로 '공감'의 씨앗이 된다는 것을 기억해야 합니다.

우리가 살아가는 사회는 작게는 가정부터 시작하여 또래집단, 동료관계, 크게는 조직과 국가에 이르기까지 함께 어울려 살아가는 큰 공동체입니다. 이러한 공동체가 서로 유기적으로 조화롭게 잘 운영되기 위해서는 무엇보다도 상대방의 입장에서 생각하는, 공감이 중요합니다. 이때 상대방의 입장에서 생각하는 것의 핵심이 바로 '상대방의 성장동기'입니다. 모두가 상대방의 성장동기에 적절히 반응함

으로써, 서로 간의 공감을 경험하고 동시에 여러분이 속한 공동체의 긍정적인 변화를 체험하기를 바랍니다.

모두가 서로 '공감'을 주고받는 대한민국, 생각만 해도 흐뭇하지요?

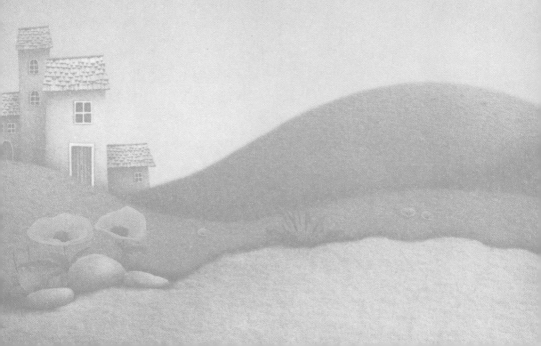

07

공감 정복 6단계

공감적으로 표현하기

1. 공감을 바탕으로 표현하는 '나 전달법'

인간관계에서 닥치는 여러 가지 상황 가운데 나의 주장을 충분히 내세우지 못할 때도 있고, 때로는 주변의 말에 상처를 받을 때도 있습니다. 이럴 때마다 항상 '아…… 그때 이런 말을 했어야 하는데……'라고 후회하는 일 또한 빈번합니다.

내가 아닌 상대방 '너'에게 초점을 맞춘 대화법은 위와 같은 문제점을 초래합니다. 나의 마음을 속 시원히 표현하지 못해 답답함을 느끼기도 하고 남에게 상처를 줄 수도 있기 때문입니다.

올바른 대화 방식은 인간관계를 더 풍성하게 하고 진정한 만남의 초석이 될 수 있습니다. 이번 장에서는 공감적으로 표현하는 방법의 기초인 '나'에게 초점을 맞춘 전달법을 배울 것입니다. 공감을 바탕으로 표현하는 '나 전달법'은 '나'와 나를 둘러싼 사람들'과의 관계를 더욱 의미 있게 만들 수 있습니다.

사례로 열어가기

우린 구제불능이라고요.

교사 생활을 시작한 첫날 나는 교사가 된다는 것은 참 편한 일이라고 생각했다. 첫날의 몇 시간의 수업을 무난히 마치고 드디어 마지막 수업이 시작되어서 교실로 향해 걸어가는데 와장창 하고 무언가 부서지는 소리가 복도까지 들렸다. 문을 열자 한 남자아이가 다른 아이를 바닥에 쓰러트린 채 위에 올라타 있었다.

바닥에 깔린 아이가 소리쳤다.

"앤디, 난 너에게 잘못한 게 없어. 난 너의 동생을 때리지 않았어. 난 너의 동생 얼굴도 본 적이 없다고!"

위에 올라탄 아이가 주먹질을 하며 위협했다.

"내 동생 건드리지 마, 알았어?"

나는 황급히 위에 올라탄 아이를 끌어 내리고는 그만두라고 소리쳤다. 반 아이들의 시선이 나에게 쏠렸다. 그리고 두 아이는 서로 노려보면서 자리로 돌아갔다. 그 순간 복도를 지나가던 한 교사가 문을 열더니 내가 앞에 있는데도 불구하고 소리쳤다.

"뭐하는 짓이야? 입 닥치고 자리에 앉아!"

그 순간 나는 교실에서 지워진 존재가 된 듯했다. 나는 어쩔 바를 몰라 겨우 앉아 있고, 아이들은 나를 쳐다볼 뿐이었다. 싸움을 일으킨 앤디는 씩씩대며 말했다.

"선생님, 저희는 원래 이래요. 구제불능이라고요."

앤디는 나를 한번 바라보고는 뒷문으로 나가버렸다. 나는 기운이 빠저 자리에 앉아 있는 것이 전부였다. 처음부터 고리타분하고 시시한 일이라고 생각했던 만큼 나는 1년만 일하고 결혼하면 보람 있고 새로운 일을 찾아 이직을 할 생각이었다.

수업을 마치고 교무실로 들어가자 아까 소리쳤던 교사가 말했다.

"걱정 마세요. 대부분의 녀석들은 지난여름 방학 내내 제가 가르쳤어요. 아마도 대부분 졸업도 못하고 사고 쳐서 학교를 나가게 될 거예요. 시간낭비 하지 마세요."

"대부분 졸업 못한다는 게 무슨 말이죠?"

"그 아이들은 이민 노동자, 알코올 중독자, 노름꾼 집안의 아이들이에요. 녀석들은 강하게 눌러야 해요. 입 닥치라고 소리쳐야 해요. 혹시 문제를 일으키는 놈이 있으면 바로 저에게 보내세요."

집에 가려고 하는데 구제불능이라는 단어를 말한 앤디의 표정이 머릿속에서 지워지지 않았다.

다음날 나는 칠판에다 스마토라고 썼다.

"이것이 내 이름이다. 이것이 무슨 뜻인지 알겠니?"

학생들은 킥킥 거리며 그런 이름은 없다며 웅성웅성하였다. 나는 킥킥 웃는 아이들 속에서 '토마스'라고 썼다.

"맞아. 내 이름은 토마스야. 나는 어렸을 때부터 바보라고 불렸어. 글을 읽기만 하면 어지럽고, 글을 쓴다는 것은 상상도 못할 어려움이었지. 나는 머릿속에서 단어들이 헤엄치는 걸 참아내야 했어. 그건 엄청난 스트레스였어. 결국 난 '바보' '저능아' '구제불능'이라는 딱지가 붙었지. 아직도 어릴 때를 생각하면 그때 생각이 나."

누군가 물었다.

"그런데 어떻게 교사가 될 수 있었죠?"

"그것은 나는 바보라고 불리는 것을 증오했기 때문이야. 나는 멍청하지도 않았고, 구제불능도 아니었어. 나는 배우는 것을 좋아했지. 여러분들의 미래의 모습이 지금이 아닐 것이라고 믿어. 만약 여기서 '구제불능'이라고 자신을 생각하는 사람이 있다면 그 아이는 더 이상 나의 반에 들어올 수 없어. 우리 반에는 구제불능이나 바보는 없다." 나는 계속 말했다.

"난 앞으로 너희를 공부 시킬 거야. 너희가 정규교과를 따라갈 수 있을 때까지 공부 시키고 또 공부 시킬 거야. 우리 모두 졸업을 할 것이고 몇몇은 대학을 갈 거야. 이건 농담이나 허풍이 아니라 나의 약속이야. 다시는 이 교실에서 '구제불능' 같은 단어를 듣고 싶지 않아." 학생들은 나를 똑바로 쳐다보았다. 교실을 나가는 사람은 단 한 명도 없었다. 우리는 열심히 공부를 했고 그중에 앤디는 무척 총명한 아이였다. 학생들은 더 많은 것을 배우고 싶어 했지만 모두 내가 결혼을 하고 다른 주로 떠나야 한다는 것을 알고 있었다. 나는 내가 학교를 떠나는 것에 대해 학생들이 배신감을 느낄 것이라고 생각했다. 그래서 나에게 화가 나 있을 것이라고 생각했다.

마지막 수업 날, 교장이 나에게 말했다.

"잠깐만 날 따라오시겠소? 선생의 교실에 문제가 생겼소."

순간 첫날의 기억이 나서 가슴이 철렁했다.

교실로 들어가니 놀라 기절할 일이 벌어져 있었다. 온통 꽃으로 가득 차 있었다. 아이들은 이 많은 꽃을 구할 수 없었다. 대부분의 아이들이 나라의 원조를 받고 학교를 다니기 때문이다.

나는 감동의 눈물이 흐르기 시작했다. 학생들도 따라서 울었다. 나중에 나는 그 꽃들을 어떻게 구했는지 알게 되었다. 꽃집에서 아르바이트를 하는 앤디는 사용하고 남은 꽃들을 모으고, 더 많은 꽃을 구하기 위해 전화를 돌리고 꽃을 구하러 다녔다.

하지만 그것만이 그들이 내게 선물한 전부는 아니었다. 이 년 뒤 내가 처음 가르쳤던 열여섯 명의 아이들은 모두 졸업을 했고 그중 여섯 명은 대학에 갔다.

첫날 반 친구를 때려눕히던 앤디는 성공적인 건축가가 되었고, 앤디의 아이들이 내가 가르치던 반의 우등생이다. 나는 첫 수업을 하던 날을 생각하며 웃음을 짓는다. 시시한 일이라며 다른 직장을 찾으려는 생각을 했다니!

(박성희, 『상담실 밖 상담 이야기』, 1999, p. 223 각색)

나의 마음을 상대방에게 전하는 일은 때로는 쉬운 일이기도 하지만, 때로는 벽을 마주하는 것처럼 어려운 일이기도 합니다.

만약 교사가 마크와 반 아이들에게 "난폭한 행동을 그만두지 않으면 이제 쫓아낼 것이다."라고 경고성 말을 했다면 과연 마크와 친구들은 위의 이야기처럼 큰 성과를 이루어 낼 수 있었을까요? 마크와 친구들은 교사의 말에 순종하기는커녕 자신들에게 협박하는 그저 그런 교사로 여기었을 것입니다.

하지만 교사는 진심을 담아 자신의 마음을 잘 전달하였습니다. 돌려서 이야기하지도, 판단하지도, 경고성을 담은 말도 하지 않고 자신의 마음을 잘 살피고 그것을 묵직하게 전달하였습니다.

진심을 담은 나의 마음속 한마디는 주변을 변화시킵니다. 나의 감정을 잘 알고 전달하는 것은 이처럼 중요한 일입니다.

하지만 우리는 생활 속에서 진심을 전달하기보다는 마치 벽과 대화하듯이 서로의 마음은 모른 체 답답한 마음을 가지고 대화하거나 서로 거짓임을 뻔히 알면서도 겉으로 아무렇지도 않은 듯 대화할 때가 있습니다.

우리의 생활 속에서도 동화 속처럼 마음을 나누는 의사소통을 하면 좋겠지만, 듣고 나면 마음이 찜찜한 대화들도 많습니다. 이와 같은 상황은 왜 일어날까요?

의사소통을 방해하는 걸림돌

일상생활 속에서 의사소통이 방해 받을 때는 언제일까

"저 사람이랑은 말이 안 통해."란 말은 일상생활에서 인간관계와 관련하여 흔히 듣는 말입니다. 직장에서 상사 혹은 후배들을 대할 때, 때로는 가족끼리도 말이 통하지 않는 사람이나 상황이 있기 마련입니다. 어떤 문제가 있어서 의사소통이 되지 않는 것일까요?

다음은 토머스 고든의 『의사소통을 가로막는 12가지 대화법』(토머스 고든, 2003)입니다. 토머스 고든은 교사와 학생, 부모와 자녀에게 있어 의사소통의 걸림돌을 12가지로 이야기하였습니다. 이는 비단 교

사와 학생, 부모와 자녀뿐만이 아니라 친구 사이, 직장 상사와 후배 등 일상생활 다양한 관계 속에서 흔히 사용되는 대화입니다.

12가지 의사소통의 걸림돌(토머스 고든)

1. 명령하기, 지배하기, 지시하기
예) "군말 말고 어서 숙제나 계속해."
  "시끄럽게 하지 마세요."
2. 경고하기, 윽박지르기
예) "좋은 성적을 받고 싶으면 민첩하게 행동하는 게 좋을 거다."
  "지금 나를 화나게 하려는 것은 아니겠지?"
3. 교화하기, 설교하기, 의무와 당위 강조하기
예) "이야기하고 있을 때 방해해선 안 돼!"
  "학생이 학교에 오면 마땅히 공부해야 한다는 사실쯤은 잘 알고 있겠지?"
4. 충고하기, 해결책 제시하기, 제안하기
예) "윗사람의 말을 조용히 따르는 게 어떨까요?"
5. 가르치기, 훈계하기, 논리적 논법 제시하기
예) "그런 식으로 하는 것은 예의에 벗어난 거야."
  "책은 전시하라고 있는 게 아니라 읽으라고 있는 거야."
6. 판단하기, 비판하기, 의견 달리하기, 꾸짖기
예) "당신은 매우 소극적이군요."
  "당신은 지나치게 적극적이군요."

7. 비난하기, 정형화하기, 꼬리표 붙이기

예) "너는 언제나 동기들에게는 매우 친절하더구나."

　"그렇게 사려 깊지 않은 것은 너답지 않다."

8. 욕설하기, 조소하기, 창피주기

예) "너는 남의 일에 참견이나 하는 놈이로구나."

　"창피한 줄 알아라."

9. 해석하기, 진단하기, 분석하기

예) "너는 그 아이에게 질투심을 느끼는가 보구나."

　"너 틀림없이 어떻게 하면 숙제 안 하고 도망칠까 궁리하는 거지?"

10. 안심시키기, 동정하기, 지지하기

예) "내 감정에 대해선 걱정하지 마."

　"나도 어렵게 생각해. 하지만 열심히 하면 쉬워질 거야."

　"오, 괜찮아."

11. 질문하기, 캐묻기, 심문하기, 반대심문하기

예) "그 일을 하는데 뭘 그렇게 오래 꾸물거렸니?"

　"누가 너에게 그렇게 하라고 했니?"

12. 물러나 있기, 딴전 피우기, 빈정거리기, 비위 맞추기, 주의 환기시키기

예) "오늘 아침에 기분이 언짢은 사람이 하나 있는 것 같다!"

　"쉬었다 오니 얼마나 좋은지 말해 봐."

　"일이 늦게 해결될까 봐 겁나지 않니?"

우리는 직장 및 일상생활 속에서 상대방의 명령, 지시, 강요, 판단,

빈정대기 등으로 상처를 받을 때가 종종 있습니다. 자세히 살펴보면 12가지의 대부분의 중심은 '너'입니다. 예를 들면, '너는 그렇게 하는 것을 그만두어라.'라는 식의 대화입니다. 이렇게 '너' 중심의 대화는 사람의 기분을 상하게 하고 마치 판단하는 듯한 기분을 들게 합니다. 사람들은 종종 '나'의 생각으로 '너'를 일방적으로 이야기하는 것을 대화한다고 착각하고 있습니다. 이러한 것을 '너 전달 메시지'라고 합니다. 이러한 너 전달 메시지를 사용할 경우 여러분이 느끼는 감정은 무엇일까요? 아마도 귀에 무척 거슬리고, 불편하고, 저항감이 들고, 자존심이 상할 것입니다.

이러한 의사소통에 방해를 하는 걸림돌을 없애고 진실된 인간관계를 쌓게 하는 공감적 표현을 위해서 우리는 어떻게 해야 할까요? 바로 우리의 감정을 먼저 알아야 합니다. 먼저 '너' 전달법과 '나' 전달법의 차이를 살펴보고 이어서 '나'의 감정을 솔직하게 찾아보는 연습을 해 보겠습니다.

'너' 전달법과 '나' 전달법의 차이 찾기

너 전달법이란

'나' 전달법과 '너' 전달법의 차이를 명확하게 알기 위해 '너' 전달법을 더 알아보겠습니다.

예시: 다섯 살짜리 아들이 있는 예리 씨는 직장에서 며칠 밤을 새고 어려운 프로젝트를 마친 뒤 퇴근을 하게 되었다. 예리 씨가 집에 들어서자마자 아들은 예리 씨에게 안기며 집 앞 놀이터에 놀러가자고 한다. 며칠 만에 제대로 얼굴을 본 아들이 무척 반갑기도 하지만, 무리하게 일을 한 탓에 무척 피곤하다.

예시 속 상황에서 예리 씨는 매우 피곤합니다.

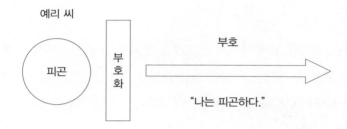

그러나 예리 씨가 너 중심 전달법을 사용한다면, '피곤하다.'는 메시지는 명확히 전달될 수가 없습니다.

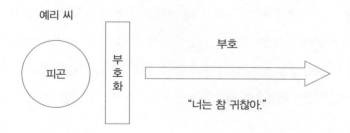

예리 씨가 너 전달법을 사용한다면, 예리 씨가 경험하고 있는 "나는 피곤하다." "나는 쉬고 싶다."가 정확히 전달되지 않고 아들에게

"너는 참 귀찮아."라고 전달될 것입니다.

아들의 입장에서 살펴보면 다음과 같이 들릴 것입니다.

너 전달법이란 위의 사례처럼 오해를 쌓이게 하고 서로에게 상처를 주기 때문에, 건강한 나 전달법으로 바꾸기 위해 첫 번째로 해야할 일은 무엇이 나의 진정한 감정인지 살펴보는 일입니다.

나의 감정 찾기

대부분 우리들은 자신의 감정을 정확히 아는 데 어려움을 겪고 있습니다. 왜냐하면 우리가 성장할 때 감정을 표현하는 것은 이기적인 것이나 성숙하지 못한 행위라고 암묵적으로 배워 왔기 때문입니다. 그러므로 일상생활 속 우리가 수용할 수 없는 행동에 대한 기본적인 감정, 즉 진정한 감정을 접하고 의사소통을 하여야 할 것입니다(토머스 고든, 2005).

1. 감정 단어 20개 적어 보기

평소에 나는 얼마나 다양한 감정의 단어들을 사용하고 있을까요? 아마, 지금 당장 감정에 해당하는 낱말을 적으라고 하면 '우울하다, 기쁘다, 짜증난다, 좋다, 상쾌하다, 나쁘다.' 등의 단어만 떠오를 수 있습니다. 그러므로 우리는 평소에 다양한 감정의 단어를 적어보는 연습을 해야 합니다. 20개를 채우다 보면 얼마나 많은 감정이 있는지 놀랄 것입니다.

2. 수용할 수 없는 것(비수용적인) 적어 보기

일상생활에서 흔히 하는 행동 중에 수용할 수 없는 것(비수용적인) 10개를 적어 보세요.

(예를 들어, 틀린 것을 옳다고 우기는 남편, 자신과 같은 학교 출신만 감싸는 동료, 만나기만 하면 남편과 자식 자랑을 하는 동창 등)

3. 수용할 수 없는 행동(비수용적인)에 대한 감정 적어 보기

행 위	감 정	영 향
회의시간에 물었을 때 대답하지 않는 부하 직원들	화가 난다.	회의가 진행되지 않아 답답하고 동의하는지의 여부를 알 수 없기 때문이다.

앞의 표처럼 회의시간에 물었는데 부하 직원이 대답을 안 하면 당연히 기분이 나쁘고 화가 날 것입니다. 마치 나를 무시하는 것처럼 느

껴지기 때문입니다. 부하 직원이 몰라서 대답을 안 하는지, 나의 의견이나 지시에 동조하지 않는 것인지, 그날 아침에 오다가 끔찍한 장면을 보아서 넋이 나간 것인지, 전날 가족에게 안타까운 일이 있었는지 회의를 진행하는 나로서는 알 수가 없기 때문에 답답할 것입니다.

이와 같은 상황에서 감정을 적을 때는 온화하게 적으려고 노력할 필요가 없습니다. 예를 들어, 화나는 것은 '조금 기분이 찝찝했다' 정도로 타협하지 말고 있는 그대로의 나의 감정을 적어 보는 것입니다.

"나를 무시하는 건가요? 사회생활의 기본을 모르나요?"라고 훈시나 비난하는 것 대신 "여러분이 대답을 하지 않는 것이 이 의견에 동의하는지의 여부를 알 수 없어 답답하고 화가 나는군요. 회의로 시간을 낭비하게 될까 봐 걱정입니다."라고 솔직하게 자신의 감정을 표현해 보는 것입니다.

효과적인 '나' 전달법 익히기

검은 마음, 하얀 마음

우리 동네에는 강수라는 아이가 살고 있었다. 강수는 다른 아이들에 비해 놀아주지도 않고 놀리기만 하였다. 어쩌다가 놀이터에서 마주치면 강수보다 어린 개구쟁이들이 "강수 바보" "강수 멍청이"라는 말을 예사로 하며 놀릴 뿐이었다. 때로는 아이들이 돌 같은 것을 던지기도 했다. 강수 엄마는 오히려 강수를 나무랐지만 뒤로는 눈물을 훔치곤 했다. 그런 강수에게 유일한 친구가 있다면 그것은 우리 집 아들이었다. 우리 집 아이는 강수와 함께 뛰어놀기도 하고 놀이터에 서 미끄럼틀이나 그네를 타기도 했다. 또 한 살 많은 강수를 형 대접 을 하며 게임을 가르쳐 주었다. "형 그건 아니야. 규칙을 어겼잖아." 라고 말하면 강수는 우리 아이를 때릴 때도 있었다. 그러면 나는 너 무 속상하여 '우리 아이는 왜 강수와 놀까?'라고 생각을 하며 속상해 했다.

그런데 오늘은 우리 아이가 코피를 흘리며 들어왔다. 강수에게 맞은 것이 뻔했다. 나는 매우 화가 나서 "다시는 강수하고 놀지 마. 놀이 터에도 당분간 나가지 말고!"라고 큰 소리로 말했다. 그러자 아이는 뚝뚝 떨어지는 눈물을 닦으며 학교 선생님께서 들려주신 '검은 마음, 하얀 마음'이라는 동화를 나에게 얘기했다. 검은 마음은 온갖 미움과 시기, 질투, 분노, 교만의 마음이고, 하얀 마음은 사랑, 온유, 은혜의 마음이라며 아이는 하얀 마음을 갖고 싶고 앞으로도 계속 불쌍한 강 수 형하고 놀겠다는 말을 했다. 내 머릿속에는 검은 마음, 하얀 마음 을 이야기하던 아이의 모습이 자꾸만 떠올랐다. 검은 마음에 가까운 엄마의 마음에 하얀 마음을 알려 준 기특한 아이들의 모습이…….

(박성희, 『상담실 밖 상담 이야기』, 1999, p. 194 각색)

엄마의 입장에서는 아이가 매일 강수에게 맞고 오는 것이 매우 속 상합니다. 차라리 다른 아이들처럼 강수를 외면하였으면 하는 마음 도 들 것입니다.

하지만 강수와 놀지 말라는 엄마의 화가 난 말에 아이의 말이 참 감동적입니다. 사랑, 온유, 은혜의 마음이라는 하얀 마음을 갖고 싶다고, 그리고 앞으로도 불쌍한 강수 형하고 놀겠다는 아이의 대답을 듣고 엄마의 화도 눈 녹듯이 사라지고 아이가 기특하다고 생각합니다.

아이도 엄마가 화가 난 것 속에는 속상한 마음이 들어 있다는 것을 알고 있을 것입니다. 그래서 왜 자신이 강수형과 계속 놀 것인지 솔직하게 이야기하고 있습니다. 우리도 이 아이처럼 마음을 상대방에게 전달할 수 있다면 아마도 생활 속에서 마주하는 여러 가지 문제들이 눈 녹듯이 사라질 것입니다.

효과적인 나 전달법

효과적인 나 전달법에는 세 가지가 포함되어야 합니다. 첫째, 비수용적 행위에 대한 기술, 둘째, 내가 느낀 감정, 셋째, 구체적인 영향입니다.

<생활 속 상황>
시장에서 아이를 잃어버린 후 다시 찾게 되었을 때
어머니: ○○아, 내가 너 때문에 못살아. 엄마가 엄마 손 꼭 잡고
　다니랬지!
그러니까 이런 일이 일어나지!

이 상황에서 잘못된 점은 무엇일까요?

우리가 앞에서도 배웠듯이 아이를 잃어버리고 찾았을 때는 분명 안심하는 마음이 클 것입니다. 하지만 위에서는 아이에게 너 전달법을 사용하여 말하고 있기 때문에 어머니의 걱정스런 마음이 전달되지 않습니다. 그럼 앞의 사례의 행위, 감정, 영향을 기술해 보겠습니다.

행 위	감 정	영 향
○○를 잃어버렸다 찾음.	아이를 잃어버렸을 때는 하늘이 무너지는 것처럼 당황하고 속상했으나 다시 찾고 나서는 반갑고 안심되었다.	사람이 많은 곳에서 다시 잃어버릴까 봐 두렵다.

예시의 답과 같이 엄마의 진짜 감정은 '무척 당황스럽고 걱정되는 것'입니다. 하지만 우린 아이를 찾게 되었을 때 걱정의 말 대신 책망하는 경우가 많습니다. 따라서 이럴 경우 "엄마 손 꼭 잡고 다니랬지. 이러니까 잃어버리게 되는 거잖아."라는 말 대신 "○○야, 너를 잃어버렸을 때 엄마는 하늘이 무너지는 줄 알았어. 다시 찾게 되어서 다행이고 감사하다. 하지만 사람이 많은 곳에서는 또 잃어버릴까 걱정되니 엄마 손 꼭 잡자." 라고 말한다면 아이는 엄마의 걱정스러운 마음을 잘 알게 되므로 손을 꼭 잡고 다니게 될 것입니다.

나 전달법이 효과가 없을 경우

나 전달법이 항상 효과가 있을까요? 그렇지 않습니다. 분명히 나 전달법을 잘 사용하였는데 상대방은 도무지 받아들이지 못하고 더욱

관계가 악화될 수도 있습니다. 나 전달법이 항상 효과가 있을 거란 기대를 버리고 다음의 글을 읽고 포용적인 태도를 취해 봅시다(토머스 고든, 2005).

1. 나 전달법이 항상 효과를 보지는 못한다. 나 전달법은 상대의 행동이 나에게 문제를 야기시키고 있다는 좋은 방법일 뿐이다. 나 전달법을 사용한다고 하여 상대가 행동을 쉽게 수정할 것이란 기대는 버리는 것이 좋다. 인간관계는 그렇게 단순하지가 않다.

2. 내가 상대방의 말에 경청하지 않는다면 나 전달법은 제대로 적용될 수가 없다. 내가 상대방에게 경청하기를 원하는 것에 앞서 내가 먼저 상대방에게 경청해야 할 것이다.

3. 나 전달법을 활용한다는 것은 상대방의 행동에 비수용적인 것이 있음을 의미한다. 그러므로 상대방은 종종 방어적인 태도를 취할 수 있음을 이해하자.

4. 나 전달법을 사용할 때 문제해결법을 이야기하거나, 힘이나 권력을 과시한다면, 상대방에게 저항감을 줄 뿐이다.

2. 공감적 표현 이해하기(기본)

공감은 여러 방식으로 표현됩니다. 그중에서도 말로 표현하는 공감은 아주 중요합니다. 왜냐하면 말은 즉각적인 소통 수단으로서 사람의 속내를 잘 드러내주기 때문입니다.

그리하여 상담학자들은 오래전부터 '어떻게 하면 공감을 잘 표현할 수 있을까'에 대해 연구해 왔습니다.

이러한 공감적 표현은 평소 자신이 쓰는 대화법과 달라서 처음에는 어색하겠지만, 자신의 어법에 맞춰 자연스러움을 더해 간다면 일상생활에서 모든 사람들과 부드럽고 우호적인 분위기가 넘치는 대화를 하게 될 것입니다. 단, 이런 표현 이면에는 항상 공감하는 마음가짐이 먼저 있어야 함을 잊지 말고 연습해 보는 것이 중요합니다.

동화로 열어가기

왕자와 명마 이야기

페르시아의 사신들이 마케도니아를 찾아온 날, 명마 한 필을 필리포스 왕에게 바치겠다는 사람이 있었다.

왕은 빛깔이 곱고 건강한 말이 마음에 들었다.

"왕이시여! 이 말은 세계에서 가장 좋은 말입니다."

"흠…… 보기에 빛깔도 곱고 명마임이 확실하군. 그런데 왜 내게 바치겠다는 것이냐?"

"지금 마케도니아는 그 힘이 날이 갈수록 강성해지고 있습니다. 그러므로 이 명마야말로 대왕의 말이어야 합니다."

필리포스 왕은 만족한 듯 머리를 끄덕였다.

"다만, 이 말은 준마이오나 성질이 매우 사나워 특별히 다룰 수 있는 사람만이 이 말의 주인이 될 수 있습니다."

"허어!"

주위에서는 탄성이 터졌습니다.

필리포스 왕은 여러 장군과 신하들을 둘러보며 말했다.

"누가 저 말을 길들여 보겠는가?"

그때, 궁에 있는 말을 훈련시키는 장수가 나섰다.

"오, 궁에 있는 말을 훈련시키는 그대라면 명마를 다룰 만하지. 어서 타보아라."

장수는 재빨리 말에 올라탔다. 그 순간 말은 앞발을 들고 비틀비틀거리고 날뛰었다. 장수는 중심을 잃고 날뛰는 말에서 넘어졌다.

"사나운 말이로군. 다음 누구 없느냐?"그때 왕자에게 무예를 가르치는 필로토스 장군이 나섰다.

사람들은 그 장군은 말을 다루는 데 뛰어난 솜씨가 있으니 적격자가 틀림없다고 생각했다. 그러나 필로터스 장군이 말에 올라타자마자 말은 또다시 몸을 크게 흔들며 날뛰기 시작했다. 결국 필로터스 장군도 말에서 떨어지고 말았다.

그러자 마케도니아에서 가장 용맹스러운 흑인 장군 클레이투스는 자신 있게 말을 올라탔다. 그러자 역시 말은 앞뒤로 몸을 흔들고 껑충껑충 뛰고 난리를 쳤다. 결국 클레이투스도 앞으로 고꾸라지고 말았다.

필리포스 왕은 나라의 명장수들이 모두 말에서 떨어지자 화가 났다. 그래서 명마가 아니라 미친 말을 바친 사람의 목을 치려고 했다.

그 순간 필로포스 왕의 옆자리에 앉아 있던 알렉산더는 자신이 그 말을 다룰 수 있다고 말했다. 이 말이 사납게 행동하는 것은 장수와 장군들이 말에게 무턱대고 덤볐기 때문이라고 했다.

"아버지, 저 말은 지금 해를 등지고 있습니다. 이에 자기의 그림자에 놀라 신경이 날카로워진 것입니다. 그렇기 때문에 이리도 흥분한 것입니다."

말곁으로 천천히 다가선 알렉산더 왕자는 말고삐를 쥐고 태양을 행해 말 머리를 돌렸다. 어린 알렉산더 왕자는 해를 등진 말이 자기의 그림자를 보고 겁을 먹고 있다는 것을 알고 있었기 때문이다.

알렉산더 왕자가 말을 돌리자마자 말은 언제 날뛰었냐는 듯이 얌전해졌다.

"나는 알렉산더 왕자야. 나는 너의 주인이 되는 거야. 그러니 내 말을 잘 들어야 해. 알아듣겠니?"

알렉산더 왕자는 부드럽게 달래주었다. 마치 말을 알아듣기라도 한 듯이 말은 알렉산더 왕자를 향해 귀를 쫑긋 거렸다.

알렉산더는 말을 손으로 부드럽게 쓸어주었다 그리고 가볍게 말위로 뛰어올랐다. 알렉산더 왕자가 천천히 고삐를 당기자 지금까지 이리저리 날뛰고 흔들던 말이 힘차게 달리기 시작했다.

이에 알렉산더 왕자는 세계의 명마를 얻었기에 매우 기뻐했다. 말은 용맹하게 달려 나갔다.

"알렉산더 왕자 만세!" 여기저기서 함성이 터져 나왔다.

그날 밤 왕궁에서는 명마를 얻은 것과 알렉산더 왕자의 용맹함을 축하하는 잔치가 벌어졌다.

(박성희, 『상담실 밖 상담 이야기』, 1999, p. 194 각색)

익숙한 기수들도 말 타기에 실패했는데 어린 알렉산더는 어떻게 성공할 수 있었을까요? 여러 장군들이 말에서 떨어지자 필리포스 왕은 말을 바친 사람의 목을 치려고 합니다. 그때 알렉산더 왕자는 이렇게 말했습니다.

"저 말은 지금 해를 등지고 있습니다. 이에 자기의 그림자에 놀라 신경이 날카로워진 것입니다."

알렉산더 왕자는 말이 왜 사나웠는지 이해하고 있습니다. 그냥 날뛰는 미친 말에서 명마가 된 까닭은 알렉산더 왕자가 명마에게 공감했기 때문입니다. 말이 말을 하거나 얼굴에 드러낸 것은 아니지만 알렉산더 왕자는 말의 상황을 잘 알고 있었던 것입니다. 말의 고삐를 쥐고 태양 쪽으로 고개를 돌렸을 뿐인데 말은 미친 말에서 고분고분 지시에 잘 따르는 명마가 되었습니다.

공감이란 상대방을 비추는 거울 같은 것입니다. 이러한 공감은 얼굴 표정이나 말뿐만 아니라 마음속에 있는 메시지까지 헤아리는 것으로 상대방의 감정을 존중하고, 수용하고 마치 내가 그 사람인 것인 듯 느껴야 합니다.

이러한 공감은 어느 순간 이루어지는 것이 아니라 훈련이 필요합니다. 공감적 표현을 배우는 것도 이 훈련에 해당됩니다.

그럼, 알렉산더 왕자가 말에게 공감한 것처럼 우리도 다양한 상황 속에서의 기본 수준의 공감적 표현을 익혀 보겠습니다.

기본 수준의 공감적 표현 이해하기(선택형)

엄마의 눈물

지금부터 3년 전의 일이다. 내가 합격자 명단에 없다는 것을 확인한 뒤 나는 하늘이 무너지는 것 같았다. 세상에 나만 홀로 남은 것 같고 세상이 끝난 것 같았다. 아무도 나에게 위안이 되지도 않고 의미도 없었다. 나는 어두운 방에서 불도 켜지 않고, 밖으로 나오지도 않고, 아무것도 먹지도 않았다. 나는 내 자신이 너무 무능해 보이고 세상도 나를 거부하는 것 같았다. 나에게서 처음 '실패'의 경험은 굉장히 충격으로 다가왔다. 하루 종일 방에 틀어박혀 울거나 누워 있는 나를 엄마는 아무 말도 하지 않으시고 그저 지켜보고 계셨다. 밤이 돼서야 엄마는 내 방의 문을 열고 들어오셨다. 대학에 떨어진 것은 나이니까 이 세상에 나보다 슬픈 사람은 없을 것 같았다. 엄마가 귀찮다는 생각만 들었다. 그날은 이상하게 엄마가 들어오셔서 밥을 먹으라거나 일어나라는 말을 하지 않으셨다. 엄마를 올려다보니 엄마는 누워 있는 나를 보고 울고 계셨다. 나는 조금 당황하였다.
"엄마, 내가 대학에 떨어진 게 창피해?"

하지만 엄마의 대답은 나를 더 울게 만들었다.

"아니, 난 네가 우는 이유 때문에 우는 것이 아니고 우리 딸이 우니까 그게 더 슬프다."

엄마는 처음에는 대학에 떨어진 것이 속상했을 것이다. 하지만 며칠이 지나도 나오지 않은 딸을 보며 딸이 슬퍼하는 모습이 마음 아프셨던 것이다.

나는 그저 내 상황만 생각하며 슬퍼했지만 엄마는 나의 마음까지 읽으셨다. 나보다 나를 더 잘 이해하고 사랑하시는 엄마는 지금도 내가 슬퍼하면 똑같이 슬퍼하신다. 내가 왜 그렇게 내가 슬퍼하면 엄마도 슬퍼하냐고 물어보면 엄마는 말씀하신다.

"넌 내 딸이니까!"

(박성희, 『상담실 밖 상담 이야기』, 1999, p. 31 각색)

엄마의 한마디는 딸의 감정을 그대로 비추고 있습니다. 명령, 지시, 설득, 당부나 충고는 들어 있지 않고 딸의 속상한 마음에 공감하는 엄마의 따뜻한 마음이 담겨져 있기 때문입니다. "난 네가 우는 이유 때문에 우는 것이 아니고 우리 딸이 우니까 그게 더 슬프다." 엄마의 한마디에 사례 속 주인공은 방문 밖으로 나올 수 있었습니다.

이처럼 공감의 한마디는 우리 삶에 따뜻한 횃불이 될 수 있습니다.

공감은 여러 가지 방식으로 표현할 수 있지만, 그중에서도 말은 즉각적인 소통 수단으로써 사람의 속내를 잘 드러내주기 때문에 매우 중요합니다. 내가 아무리 상대방의 말에 공감을 해도 이를 말로 표현하지 않는 한 상대방은 제대로 알기 어렵기 때문에, 공감적인 표현을 하는 일은 듣는 일 못지않게 중요합니다.

기본 수준의 공감적 표현 연습하기(선택형)

기본 수준의 공감적 표현은 상대방의 말 속에 표현된 느낌, 감정, 동기, 행동을 있는 그대로 잘 드러내 주는 말입니다. 즉, 상대방이 전하는 메시지 내용을 잘 듣고 이를 잘 돌려주는 표현인 것입니다. 따라서 명령, 지시, 설득, 당부, 충고, 조언, 해결책 제시 등은 일체 할 필요가 없다는 점을 명심해야 합니다. 다양한 상황 속에서 세 개의 답 중 가장 공감적이라고 생각하는 것을 골라 보세요(박성희, 2009).

1. 여보, 나 이번에 승진 못할 것 같아.
① 지금까지 뭐했어?
② 걱정은 되나 보지?
③ <u>이번에 기대했었는데 실망이 크겠구나.</u>

2. 엄마는 왜 맨날 나만 야단쳐요? 잘못한 건 내가 아니라 동생들인데.
① 이제 엄마한테까지 대드니?
② <u>동생들도 잘못했는데 너만 야단맞으니 무척 억울하고 분했구나.</u>
③ 네가 첫째잖아. 첫째는 원래 그런 거야. 책임감이 있어야지.

3. 여보, 나 이번 설에 시댁에 안 가면 안 될까?
① 뭐라고? 우리 집안이 어때서? 왜 그렇게 불만이 많아?

② 당신이 어려워하는 건 알아. 그래도 그러면 안 돼.

③ 특히 명절 땐 스트레스 많이 쌓이지? 그래서 시댁에 가고 싶지 <u>않다는 말이구나.</u>

4. 공부만 하려면 딴생각만 들어요. 시험은 가까워 오는데 큰일이에요.

① 공부가 하기 싫으니 잡념이 들지. 넌 어째 그 모양이냐?

② 잡념 때문에 공부가 안 되는 게 아니라 네가 정신을 못 차린 거야.

③ <u>이렇게 중요한 때에 집중이 안 되니 속상하구나.</u>

5. 저는 친한 친구가 없어요. 마음 터놓고 이야기할 만한 애가 없어요.

① 넌 왜 그렇게 사교성이 없니?

② <u>마음 터놓고 이야기할 만한 친구가 없어서 무척 외롭겠다.</u>

③ 친구하고 어울리는 대신 공부하면 되겠네.

6. 선생님, 저를 야단치는 것은 괜찮지만, 부모님 욕은 하지 마세요.

① <u>네 일로 야단을 맞는데 부모님 이야기를 하면 기분이 나쁘다는 거지?</u>

② 부모님 욕 안 먹게 하려면 네가 잘해야지.

③ 지금 너 나한테 대드는 거냐?

7. 그 애가 왜 날 떠났을까? 이해할 수 없어. 내가 특별히 잘못한 게 없단 말이야.

① 야, 여자는 다 그래. 그냥 잊어.

② 잘 생각해 봐. 네가 분명히 크게 실수한 적이 있을 거야.

③ <u>왜 그렇게 되었는지 이유를 모르니 답답하고 안타깝겠다.</u>

8. 에이, 난 아무래도 안 되나 봐. 몇 해 동안 그렇게 열심히 했는데 또 고시에 떨어지다니 이제 포기해야 할까 봐.

① 그러게 진작 사법고시 그만두고 다른 공부하라고 했지?

② <u>열심히 했는데도 자꾸 떨어지니까 자신감도 없어지고 힘도 빠지고 좌절할 만도 하지.</u>

③ 사법고시에 합격하기가 어디 그리 쉽냐? 잠시 쉰 후 마음 단단히 먹고 다시 준비해.

9. 어휴, 저 교장 잔소리 좀 그만하면 안 되나?

① 어쩔 수 없죠. 우리가 참아야죠.

② <u>그러게요. 너무 잔소리를 심하게 하시니 짜증을 낼 만도 합니다.</u>

③ 그래도 저 사람은 나아요. 저 사람보다 더한 사람도 많잖아요.

10. 과장님한테 그런 실수하는 게 아닌데, 이거 창피해서 어떻게 하지?

① 요즘 잘난 척하고 까불더니 그럴 줄 알았다.

② 과장님한테 가서 죄송하다고 말씀드려.

③ <u>과장님에게 실수해서 몹시 당황스럽고 부끄럽구나.</u>

11. 요즘 신입사원들은 뭐가 그렇게 잘났지? 선배는 안중에도 없

는 것 같아.

① 그래, 맞아. 머리에 피도 안 마른 것들이 건방지지.

② 후배들에게 무시당하는 것 같아서 화가 나는구나.

③ 요즘은 우리랑 달라. 우리가 참아야지 어쩌겠어.

12. 왜 이렇게 떨리지? 발표를 잘해야 하는데 이러다간 망칠 것 같아.

① 큰 발표를 앞두고서는 누구나 떨려. 너만 그러는 거 아니야.

② 별거 아니다 생각하고 심호흡 한번 해 봐.

③ 발표를 잘해야겠단 생각 때문에 몸이 떨리는구나!

기본 수준의 공감적 표현 이해하기(심화형)

토끼와 여우

옛날 어느 산골에 토끼와 여우가 살고 있었다. 추운 겨울이 되어 둘이 의지하며 사는데, 토끼는 말이 다정하였고 여우는 잘난 척을 잘하였다.

눈이 너무 많이 와서 산이고 들이고 할 것 없이 온 세상이 하얗게 덮였다. 먹이를 찾을 수 없어 집에만 틀어박혀 가을에 모아둔 먹이만 축내다 보니 먹을 것이 다 떨어졌다. 그러다 보니 여러 날 굶게 되었다. 아무리 겨울이라 한들 며칠 굶으니 토끼와 여우는 배가 고파 견

딜 수 없었다. 토끼가 말했다.

"이러다가 우리 둘 다 굶어 죽을 거야. 더 늦기 전에 남의 집 양식이라도 꾸어다 먹자."

"이 겨울에 어느 집에 양식이 있을까?"

"내가 들으니 앞산에 사는 들쥐 네에 콩이 많이 있다고 들었어. 거기 가서 콩을 얻어 보자."

여우는 들쥐네 집에 콩을 얻으러 산을 넘어 갔다. 여우는 들쥐네 앞에서 들쥐를 불렀다.

"쩍서방, 고양이밥 찌꺼기 남았나?

고양이밥 찌꺼기라는 말을 들은 들쥐는 기분이 나빴다. 이는 분명 고양이에게 쫓겨 다니는 자신을 무시한 말일 것이라고 생각했다. 들쥐는 기분이 나빠서 대꾸를 안 했지만, 눈치 없는 여우는 계속 들쥐를 불렀다.

"쩍서방, 고양이밥 찌꺼기 남았나?" 하고 또 불렀다. 그제야 들쥐는 마지못해 얼굴만 내밀었다.

"무슨 일로 찾나?" 하고 얼굴도 보지 않고 물었다. 그러자 여우가 "평소에는 콩 따위는 쳐다보지도 않던 내가 너희 집에 콩을 좀 얻으러 왔으니 얼른 내놔!"라고 큰소리를 쳤다. 들쥐는 어이가 없었다. 그렇게 큰소리를 들으니 양식을 꾸어줄 마음이 전혀 들지 않았다. 들쥐는 화가 나서 "겨울에 먹을 것도 없는데 남 꾸어줄 콩이 어디 있어?" 하고는 문을 쾅 닫아 버렸다.

빈손으로 온 여우에게 토끼가 어찌된 일이냐고 물었다.

"겨울이라 자기 먹을 양식도 없다고 하네."

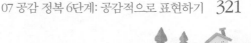

"어떻게 말했는데?"

"평소에는 콩 따위는 쳐다보지도 않던 내가 너희 집에 콩을 좀 얻으러 왔으니 얼른 내 놓아라 했지."

"그렇게 말을 해서야 누가 빌려주겠어. 내가 가 볼게."

토끼가 산을 넘어 들쥐 네에 찾아갔다.

"쥐 양반, 댁에 계시오?" 하고 불렀다. 들쥐가 안에서 보니 자신을 쥐 양반이라며 웃는 얼굴을 한 토끼가 서 있었다.

"토끼님 무슨 일인가요?" 하고 반갑게 맞아 주었다. 토끼는 허리를 숙이며 "온 산에 눈 천지라 먹이를 찾으러 다니지도 못하고 굶고 있은 지 며칠이오. 이 댁에 콩이 있단 말을 듣고 찾아왔으니 한 바구니만 꾸어주시면 그 은혜를 잊지 않고 겨울이 지나면 꼭 갚겠습니다." 하고 아주 공손하게 말을 했다. 그 말을 듣자 들쥐는 "알겠습니다. 아까는 웬 여우가 찾아와서 날더러 고양이밥이라고 부르며 콩 내놓으라고 성화길래 그냥 내쫓았는데 이렇게 점잖으신 분이니 당연히 꾸어드리겠습니다." 하면서 콩 한 바구니를 선뜻 내주었다. 토끼가 콩을 가져오니 여우는 "아까는 분명 콩이 없다 하더니 이상하네."라고 하자 토끼는 "말이 사나우면 있던 콩도 없어지고 가는 말이 고우면 없던 콩도 생기는 법이야."라고 하였다.

(서정오, 『옛이야기 보따리』, 2011, p. 371 각색)

공감을 할 때는 상대방에 대한 따뜻한 느낌, 동정, 자비심 같은 것이 느껴져야 합니다. "평소에는 콩 따위는 쳐다보지도 않던 내가 너희 집에 콩을 좀 얻으러 왔으니 얼른 내놔!"라는 여우의 말을 듣고 들쥐는 기분이 나빴습니다. 은연중 자신을 무시하는 마음이 느껴지는 데다가 자신이 원하는 것을 뻔뻔하게 당연한 듯 요구했기 때문입니다.

반면, 토끼의 "온 산에 눈 천지라 먹이를 찾으러 다니지도 못하고 굶고 있은 지 며칠이오. 이 댁에 콩이 있단 말을 듣고 찾아왔으니 한 바구니만 꾸어주시면 그 은혜를 잊지 않고 겨울이 지나면 꼭 갚겠습니다."라는 말 속에는 자신의 형편을 진솔하게 이야기하고 상대방을 존중하는 마음이 들어 있습니다.

공감하는 표현은 상대방을 경청하고, 존중하는 마음이 있어야 합니다.

기본 수준의 공감적 표현 연습하기 (주관형)

공감적 표현을 하는 기본 형식을 익혔다면 이제 주관식 연습을 해 보겠습니다. 여러분이 대화 속에 나오는 사람의 입장이 되어서 빈칸을 채워 보고 제시한 답과 비교해 보세요.

1. 갑자기 화를 낸 아빠에게 당황한 아이

서미영: (한참을 울다 간신히 울음을 그친다.)

김수연: 이제 기분이 좀 괜찮아졌니?

서미영: (고개를 끄덕인다.)

김수연: 뭔가 속상한 일이 있었나 보네.

서미영: (또다시 고개를 숙이며 훌쩍인다.)

김수연: 난 속상할 때 이야기를 털어놓고 나면 마음이 조금 편해지
　　　던데, 너도 그런지 모르겠다.

서미영: 있잖아. 어제 아빠가 늦게 들어오셨어. 어제 엄청 피곤해
　　　하시긴 했는데, 얼굴도 제대로 못 봤어. 오늘 아침에 거실 소파
　　　에 앉아서 핸드폰으로 게임을 하고 있는데 갑자기 게임 좀 그만
　　　하라고 소리를 지르시는 거야. 넌 왜 맨날 핸드폰만 보냐고……
　　　앉아 있은 지 5분도 안 됐는데 말이야.

김수연: 갑자기 왜 그러시는 거야?

서미영: 모르겠어. 피곤하신 거 같은데…… 그래도 갑자기 막 화를
　　　내고 들어가시니까…….

김수연: _____

_____

⇒ 예시 답안: 갑자기 화를 내시는 아빠 때문에 놀랐겠구나.

2. 차별 대우를 받는 아이

김한솔: 선생님, 어제 저녁에 외식했는데 저는 안 갔어요.

선생님: 그래? 왜 한솔이만 안 갔니?

김한솔: 엄마가 어제 저에게 삼겹살 먹는다고 해놓고 형이 회를 먹
　　　고 싶다고 하니까 회를 먹자는 거예요.

선생님: (침묵)

김한솔: 저는 정말 삼겹살이 먹고 싶었는데…… 우리 집은 형 위주
　　　로 돌아가요. 우리 엄마는 형만 좋아해요.

선생님: (침묵)

김한솔: 엄마는 형만 좋아해요. 엄마가 미워요.

선생님: _____

_____

⇒ 예시 답안: 엄마가 형과 너를 차별한다고 생각하는구나. 몹시
분하고 억울하겠구나.

3. 회사를 그만두고 싶어 하는 동료

박 대리: 김 대리, 나 회사 그만둘까?

김 대리: 갑자기 왜?

박 대리: 내가 꿈꾸던 회사생활은 이런 게 아닌 거 같아. 전문적인
일을 할 줄 알았는데 매일 회식만 하고, 전공과 관계없는 일들
만 하니까 처음에는 견디자 했었는데, 점점 지치는 거 같아.

김 대리: 회사를 그만두면 무엇을 하려고?

박 대리: 다시 수능이나 볼까 해. 너무 늦었을까?

김 대리: 수능도 쉬운 게 아니지. 그래도 여긴 대기업인데, 대학 다
시 들어가도 별수가 있을까?

박 대리: 그러게 말이야. 그게 걱정이야.

김 대리: _____

_____

⇒ 예시 답안: 회사에서 처우가 좋지 않아 실망했구나, 전문적인 일보
다는 잡다한 일들만 하는 업무에 지쳤구나 등

3. 공감적으로 표현하기(심화)

공감적 표현은 두 가지 유형으로 나눌 수 있습니다. 하나는 앞서 배운 것처럼 상대방의 말 속에 표현된 느낌, 감정, 동기, 행동을 있는 그대로 잘 드러내 주는 말이고, 다른 하나는 그 속에 감춰져 있는 신앙과 바람, 성장동기 등을 들추어 내는 말입니다.

전자는 기본 수준의 공감이며 후자, 즉 이번 장에 다룰 내용이 심화 수준의 공감이라고 말할 수 있습니다.

대화 상황에 따라 적절한 공감적 표현을 사용할 수 있도록 연습해 보겠습니다.

동화로 열어가기

눈썹이 없는 여인

의순 씨는 단정한 외모에 마음씨도 아름다운 어느 모로 남부러울 것이 없는 여자였습니다. 하지만 의순 씨에게 남모르는 콤플렉스가 있었는데 그것은 바로 눈썹이 없다는 것입니다.

'눈썹이 없다는 걸 사람들이 알아채면 창피해서 어떡하지?'

의순 씨는 정말 눈썹이 하나도 없었습니다. 그래서 항상 화장으로 눈썹을 그리고 다녔습니다.

그러던 어느 날, 의순 씨에게 운명과 같은 사랑이 찾아왔습니다. 그 남자는 의순 씨에게 다정하고 따뜻했습니다. 그리고 항상 의순 씨가 세상에서 가장 예쁘다고 말해 주었습니다. 의순씨도 자신을 아껴주는 남자를 사랑했고, 둘은 남부러울 것 없는 행복한 결혼을 하게 되었습니다.

하지만 의순 씨는 항상 불안했습니다. 그것은 자신만 아는 눈썹에 관한 비밀이죠.

'눈썹이 없다는 걸 남편이 알아챘다면 나를 더 이상 예쁘다고 생각하지 않을 거야. 나를 사랑하지도 않겠지.'

의순 씨는 항상 눈썹 때문에 불안해하며 남편에게 들킬까 봐 마음을 졸이고 있었습니다. 매일 아침 남편보다 일찍 일어나서 하는 일은 눈썹을 그리는 일이었습니다. 만약 화장으로 그린 눈썹이 사실은 없다는 것을 안다면 남편이 여자를 경멸의 눈초리로 바라볼 것만 같았기 때문입니다.

시간이 흘러 행복한 부부였던 의순 씨에게 위기가 닥쳤습니다. 잘나가던 남편의 사업이 망하게 된 것입니다. 둘은 결국 모든 재산을 잃고 밑바닥부터 다시 시작해야 했습니다. 비록 힘이 들고 막막했지만, 의순 씨는 사랑하는 남편을 위해서 이 위기를 극복할 수 있다고 다짐했습니다.

의순 씨 부부가 가장 먼저 시작한 일은 연탄배달입니다. 남편은 앞에서 끌고 의순 씨는 뒤에서 밀어 주며 열심히 연탄을 배달하였습니다. 그리고 어려웠던 살림이지만 아껴가며 한 푼 두 푼 모아 나갔습니다.

그러던 어느 날이었습니다. 그날은 유난히도 바람이 쌩쌩 불었습니다. 남편이 앞에서 리어카를 끌고 뒤에서 의순 씨가 미는데 갑자기 찬바람이 휙 불었습니다. 그 순간 리어카에 담겨져 있는 연탄재가

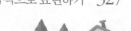

날아와 의순 씨의 얼굴에 묻어 버렸습니다.

의순 씨의 얼굴은 온통 검은 연탄재로 덮여버렸습니다. 눈에 연탄재가 들어가 눈이 시리고 눈물이 왈칵 쏟아졌습니다.

'어떡하지? 얼굴을 닦는다면 남편이 눈썹이 없다는 걸 알게 될 거야.'

의순 씨는 눈이 아프고 답답했지만 연탄재를 닦아낼 수 없었습니다. 왜냐하면 연탄재를 닦아 낸다면 남편이 의순 씨의 비밀을 알게 될 테니까 말이죠. 마치 의순 씨의 마음이 연탄재로 덮여져 버린 것 같았습니다.

그때 남편이 의순 씨에게 다가왔습니다. 그리고 수건을 꺼내 얼굴을 정성스레 닦아 주기 시작했습니다. 의순 씨는 남편이 수건을 얼굴에 대자마자 얼어붙었습니다. 그 자리에서 주저앉고 싶었습니다. 하지만 남편은 의순 씨의 눈썹 부분은 건드리지 않고 연탄재를 닦아내는 것이었습니다. 그렇게 눈물까지 다 닦아 주고 의순 씨의 남편은 다시 수레를 끌고 나가기 시작했습니다.

(박성희, 『상담실 밖 상담 이야기』, 1999, p. 167 각색)

의순 씨는 항상 아무것도 없는 눈썹을 남편이 알아챌까 봐 불안했기에 연탄재가 날아와 눈물이 흘러도 닦지 못했습니다. 하지만 남편은 그런 아내의 얼굴을 눈썹을 빼고 정성스레 닦아 주었습니다.

공감은 함께 느낀다는 말입니다. 우리는 함께 느끼는 과정에서 제3의 귀로 들어야 합니다. 이 말은, 소리로 전달되는 상대방의 메시지 내용이 아니라 그 메시지가 나오기 전 상대방의 마음자리에 있었던 본

뜻에 귀를 갖다 대라는 뜻입니다. 제3의 귀로 상대방의 마음에 귀 기울인다면 사랑하는 아내를 위해 눈썹을 빼고 얼굴을 닦아 준 남편처럼 아내의 마음을 공감할 수 있습니다.

이처럼 심화수준의 공감적 표현은 상대방의 말 속에 감춰져 있는 소망과 바람, 성장동기 등을 들추어내는 말입니다. 즉, 말로 표현되지는 않았지만 상대방이 간절히 원하는 바를 짚어 주는 것입니다.

심화 수준의 공감적 표현 이해하기(선택형)

아들의 편식을 고친 아버지의 한마디

언제나 아들이 걱정인 아버지가 있었다. 왜냐하면 그의 아들은 심하게 편식하여 보기 흉할 정도로 말라 있었기 때문이다. 쇠약해져 있어서 기운도 없고 잔병치레도 잦았다. 세상의 모든 부모들처럼 아내와 함께 편식에 대해 잔소리를 늘어놔도 별 소용이 없었다.

어느 날 아버지는 문득 생각했다.

'아들이 무엇을 가장 바라고 있는 것일까?'

별로 어렵지 않게 답이 나왔다. 아들은 자전거를 가지고 있었는데 집 근처 공터에서 타는 것을 매우 좋아했다. 그런데 옆집의 힘세고 등치가 좋은 아이가 그 자전거를 제 것처럼 타고 노는 것이었다. 아들은 매번 울면서 엄마에게 온다. 이런 일은 거의 매번 반복된다.

이 아이는 무엇을 제일 바라고 있을까?

'언젠가 그 옆집 아이를 혼내줄 거야.'라는 생각일 것이다.

아버지는 한마디로 아들의 편식을 해결했다.

"음식을 골고루 먹기만 하면, 너는 그 아이보다 훨씬 힘이 세질 거야."

(박성희, 『상담실 밖 상담 이야기』, 1999, p. 52 각색)

아무리 해도 편식 습관을 고치지 않던 아들을 생각하며 아버지는 아들이 가장 원하는 것이 무엇인지에 대해 고민했습니다. 아들에게 공감하려는 아버지의 노력으로 아버지는 아들이 원하는 바를 정확하게 짚어 내었습니다.

이 결과, 아버지는 아들의 감춰져 있던 소망, 바람, 성장동기를 들추어내는 공감적 표현을 사용하여 아들의 편식 습관을 고칠 수 있었습니다.

비단 위의 이야기뿐만 아니라 우리가 잘 아는 박지성에게 히딩크가 했던 한마디로도 공감적 표현의 좋은 예를 찾아볼 수 있습니다.

어느 날 부상으로 탈의실에 앉아 있던 나에게 히딩크 감독이 통역관을 데리고 다가왔다.

"박지성 선수는 정신력이 훌륭하다네요. 그런 정신력이면 반드시 훌륭한 선수가 될 것이라고 말씀하십니다. 절대 포기하지 말라고요."

그 말은 다른 사람이 열 번, 스무 번 축구의 천재다, 신동이다 하는 소리보다 내 기분을 더 황홀하게 만들었다.

(EBS 지식채널e. 맨체스터 유나이티드. 박지성)

박지성은 열심히 하는 자신의 노력을 공감해 주고 용기를 북돋아 주는 히딩크의 한마디를 마음에 새기고 선수생활을 은퇴하는 그날까지 최선을 다해 그라운드를 누볐습니다.

심화 수준의 공감적 표현 연습하기(선택형)

심화 수준의 공감적 표현은 상대방의 말 속에 감춰져 있는 소망과 바람, 성장동기 등을 들추어 말로 표현되지는 않았지만 상대방이 간절히 원하는 바를 짚어 주는 것입니다. 대개 심화 수준의 공감은 긍정적인 언사로 표현됩니다. 다양한 상황 속에서 가장 공감적 표현으로 적당한 것을 골라 보세요(박성희, 2009).

1. 엄마, 내 방에서 나가요! 왜 노크도 없이 들어와요?
① 너는 왜 화내고 그러니? 가족끼리 꼭 노크해야 해?
② 혼자 있고 싶은데 내가 방해했나 보구나.
③ <u>너도 이제 너만의 세계를 가지고 싶은데, 엄마가 방해를 했구나.</u>

2. 애들이 내 말을 잘 안 들어요. 나를 우습게 보는 것 같아요.
① <u>애들이 당신을 존경해 주면 좋겠다는 말이지?</u>
② 그러면 되나. 내가 애들에게 말해 볼게.
③ 애들이 당신을 무시해서 화가 났군.

3. 당신은 집안일 좀 도와주면 어디가 덧나? 나도 힘들어.

① 집안일 하기가 무척 힘든가 봐.

② 내가 집안일을 안 도와줘서 무척 화가 났구나.

③ <u>내가 옆에서 도와주면 기분 좋게 할 수 있다는 거지?</u>

4. 매일 공부, 공부! 잔소리 좀 그만하세요. 공부는 내가 알아서 한다니까요.

① 잔소리를 들으니까 기분이 나쁜가 보지?

② 너도 지겹겠지만 너 하는 걸 보면 내가 말을 안 할 수가 있겠니?

③ <u>너를 믿고 맡겨 둔다면 너는 더 잘할 수 있다는 거지?</u>

5. 아빠, 나 이 드라마까지만 보고 공부할 거예요.

① 매일 똑같은 소리 하고 있네. 너 어제도 늦게까지 TV 봤잖아.

② 왜, 아빠 잔소리가 무섭냐? 그러면 네가 알아서 잘해야지.

③ <u>아빠가 잔소리 안 해도 네가 알아서 보고 들어갈 거니까 내버려</u>
   <u>두라는 말이지?</u>

6. 학교 그만두고 혼자 공부할래요. 학교에서는 쓸데없는 것들을
   가르쳐요.

① 혼자서 공부하면 더 잘될 것 같지만, 그렇지 않아. 함께 어울려
   서 해야 더 나아.

② <u>학교를 그만두고 혼자 공부하면 더 실속 있게 공부할 수 있다고</u>
   <u>생각하는구나.</u>

③ 누군 학교 다니고 싶어 다니니? 다들 참고 다니는 거야.

7. 선생님, 과제가 너무 많아요. 시간을 더 주시거나 과제를 줄여
   주세요.
   ① 내준 대로 과제를 해 오면 되지 왜 말이 많아?
   ② 시간이 빡빡해도 최선을 다해. 원래 다 그런 거야.
   ③ <u>시간을 더 주거나 양을 줄여 주면 더 열심히 해 올 수 있지?</u>

8. 그 선생님은 우리한테 욕을 너무 자주해요. 마음에 안 드는 일
   이 있으시면 욕을 하시니 가까이 하기 어려워요.
   ① 그 선생님 습관이지. 어떻게 하겠니. 네가 받아들여.
   ② <u>그 선생님과 가까이 하고 싶은데 선생님의 욕이 그걸 막는구나.</u>
   ③ 욕 안 먹으려면 그 선생님과 되도록 떨어져 지내야겠네.

9. 왜 항상 제가 박 대리보다 일을 더 많이 해야 되나요?
   ① 늘 박 대리보다 일을 더 많이 하는 것 같아 기분 나쁜 모양이군.
   ② 일을 불공평하게 배당 받아서 속상하군.
   ③ <u>일을 공평하게 배당 받으면 더 만족스럽게 일할 수 있다는 거지?</u>

10. 과장님, 다시 한 번 설명해 주세요. 지시하신 내용이 잘 이해가
    안 됩니다.
    ① 설명할 때 뭘 듣고 있다가 이제 와서 다시 설명해 달라는 거지?
    ② 쉽게 알아듣도록 내가 제대로 설명을 못 한 건가?
    ③ <u>설명한 내용을 제대로 파악해서 일처리를 잘 해내고 싶다는 거군.</u>

11. 일처리 때문에 장 대리와 다투었어요. 이젠 서로 말도 안 합니다. 예전처럼 지내고 싶은데……
① 장 대리와 화해하고 다시 예전처럼 지내고 싶다는 마음이군.
② 장 대리와 다투어서 속이 편치 않은 모양이군.
③ 가서 먼저 사과하는 게 어떨까?

12. 차장님, 저희가 알아서 할게요(제발 이래라 저래라 하지 말아 주세요.).
① 자네들에게 일을 맡기면 깔끔하게 잘 해낼 수 있다는 말이군.
② 내가 나서서 참견하는 게 짜증나는가 보지?
③ 자네들이 알아서 잘하면 내가 왜 나서지?

심화 수준의 공감적 표현 이해하기(주관형)

서희 장군의 강동 6주 탈환

서희 장군은 세치 혀로 거란군을 물리친 외교의 달인으로 알려져 있습니다. 993년 5월, 거란은 고구려의 옛 땅을 내놓지 않으면 고려를 치겠다며 소손녕의 군대를 앞세워 압록강을 건너왔고, 서희 장군은 이에 맞서 소손녕과 담판을 벌입니다. 결국 서희 장군은 이 담판을 유리하게 이끌어 국가적 위기를 넘기는 큰 공을 세우게 됩니다. 그런데 서희 장군이 도대체 어떻게 했기에 소손녕이 설득당하여 군대를 되돌려 갔을까요?

거란의 침략에 관하여 소손녕과 서희가 직접 담판하는 자리에서 소손녕은 자리에 앉자마자 대뜸 이렇게 말합니다.

"당신의 나라는 옛 신라 땅에서 일어났고 고구려의 옛 땅은 우리나라 소속인데 당신들이 침식하였소. 또 우리나라와 국경을 접하고 있으면서도 바다를 건너 송나라를 섬기는 까닭에 정벌하게 된 것이요. 만일 땅을 떼어 바치고 국교를 회복한다면 무사할 것이외다."

이에 맞서 서희는 자세를 가다듬고 다음과 같이 대응합니다.

"그렇지 않소. 우리나라는 바로 고구려의 후계자요. 그러므로 나라 이름을 고려라 하고 평양을 국도로 정하였소. 그리고 경계를 가지고 말한다면 귀국의 동경이 우리의 국토 안에 들어와야 하오. 당신이 어떻게 우리가 침범했다는 말을 할 수 있소? 또 압록강 안팎도 우리 땅인데 지금 여진이 그 중간을 점거하고 있으면서 완악하고 간사스러워 육로로 가는 것이 바다를 건너는 것보다 더 곤란하오. 그러니 국교가 통하지 못하는 것은 여진 탓이오. 만일 여진을 몰아내고 우리의 옛 땅을 돌려주어 거기에 성과 보루를 쌓고 길을 통하게 된다면 어찌 국교를 맺지 않겠소? 장군이 만약 나의 의견을 귀국의 임금에게 전달한다면 어찌 받아들이지 않겠소이까?"

소손녕의 주장은 첫째, 고구려의 옛 땅이 거란의 소속인데 고려가 차지하였다는 점, 둘째, 고려가 거란과 국경을 맞대고 있으면서도 바다를 건너 송나라를 섬기는 까닭에 정벌하러 왔다는 점, 셋째, 그러므로 땅을 떼어 바치고 국교를 회복하면 무사할 것이라는 점 등으로 요약됩니다. 이에 대하여 서희는 일단 소손녕의 논리는 그대로 인정하고 있습니다. 첫째, 고구려의 옛 땅은 후계자가 차지해야 한다는 지적, 둘째, 국경을 맞대고 있는 거란과 고려는 마땅히 정상적인 외교 관계를 수립해야 한다는 지적, 셋째, 자기 국토를 보전하기 위해서라면 이웃 나라와 처절한 다툼을 벌일 수 있다는 지적 등이 그것입니다.

하지만 소손녕의 이런 논리를 발판으로 서희는 거침없는 자기주장을 펼치고 있습니다. '첫째, 고구려의 옛 땅을 그 후계자가 차지해야 한다는 논리에 따르면 고려가 지금 차지하고 있는 영토는 물론이요, 거란의 서울인 동경까지도 당연히 고려에 속해야 한다. 왜냐하면 고려는 나라 이름을 고구려의 이름을 따서 지을 정도로 고구려의 정통성을 이어받은 후계자이기 때문이다. 그러니 현재 영토를 가지고 정벌 운운하는 것은 말도 되지 않는 일이다. 둘째, 국경을 맞대고 있는 거란과 고려의 국교 수립은 고려도 바라는 바이나 여진이 중간에서 이를 방해하기 때문에 현실적인 어려움이 있다. 따라서 고려를 압박하기보다 여진을 쫓아내는 데 힘을 쏟는 일이 국교를 수립하는 빠른 길이다. 셋째, 여진이 차지하고 있는 잃어버린 고려의 옛 땅을 차지하기 위해 고려는 노심초사하고 있다. 거란이 이를 도와 고려의 옛 땅을 차지할 수 있게 한다면 전쟁 없이 국교를 맺는 일이 충분히 가능하다.'

소손녕 자신이 말한 논리에 어긋나지 않을 뿐더러 이를 잇대어 주장하는 서희의 정연한 논리 전개에 소손녕의 입장에선 반박하기가 참으로 어려웠을 것입니다. 결국 거란으로 돌아간 소손녕은 거란의 성종으로부터 허락을 받고 고려와 화의를 맺게 됩니다. 그 결과 고려는 거란으로부터 고구려의 계승 국가임을 승인받고 압록강 동쪽 280리에 달하는 강동 6주를 회복하게 된 것입니다.

(박성희, 『공감』, 2009, pp. 94-98 각색)

소손녕을 맞은 서희가 말하는 방법을 다시 찬찬히 짚어보면 서희는 담판에 임하기 전 당시 동아시아의 국제적 사정을 정확하게 파악하고 있었습니다. 그리고 담판 전 거란군의 동태와 소손녕의 행동을 예민하게 관찰하고 그가 원하는 것이 전쟁이 아니라 화의라는 것에 주목합니다. 그리하여 소손녕이 말하는 바를 열심히 들어주었습니다. 그리고 서희가 말할 차례가 되었을 때 상대방의 논리를 인정하면서 자신의 뜻을 드러내었습니다. 이처럼 상대방에게 공감한 후 자신의 목적한 바를 이루어 내는 서희는 대화의 달인이라고 할 수 있습니다.

협상의 달인인 서희는 상대방의 말 속에 감춰져 있는 소망, 바람, 성장동기 등을 들추어내는 심화 수준의 공감을 아주 잘 활용한 예라고 할 수 있습니다.

심화 수준의 공감적 표현 예시(주관형)

이제 심화 수준의 공감적 표현을 어떻게 하는지 이해가 되었다면, 주관식 연습을 해 보겠습니다. 여러분이 대화 속에 나오는 사람의 입장이 되어 빈칸을 채워 보고 제시된 답과 비교해 보세요.

1. 명품 이야기로 관심을 끌려고 하는 친구

김세영: 어제 나 뭐했는지 알아?

박주희: 뭐했는데? 쇼핑 가서 뭐 샀어?

김세영: 어제 백화점 가서 신상품으로 들어온 가방을 샀어.

박주희: 오늘 들고 온 가방이 새로 산 거구나.

김세영: 맞아. 색상도 그렇고 디자인도 딱 마음에 들어.

박주희: _____

   _____

⇒ 예시 답안: 새로 산 가방이 참 잘 어울려. 그런데 꼭 명품이 아니더
   라도 너가 든다면 명품 같아 보일 거야.

2. 엄마의 말에 상처받은 아이

선생님: 요즘 무슨 고민이 있니? 얼굴이 어두워 보이는 구나.

윤수민: 선생님, 제가 이번에 과학대회에 나갔잖아요.

선생님: 맞아. 그랬지.

윤수민: 저는 정말 열심히 했거든요. 그런데 막상 대회에 나가니
   엄청 떨리는 거예요. 그래서 심사위원에게 제대로 설명을 못하
   고 더듬거렸어요.

선생님: 아…… 맞아. 선생님도 참 안타깝더라.

윤수민: 저도 속상하지만 최선을 다해서 미련은 없거든요. 그런데
   엄마가 대회 나가서 떨고 실수한 것도 실력이라고. 제가 노력이

부족해서 그렇다는 거예요. 엄마는 상을 타야만 잘했다고 하세요. 정말 기운 빠지고, 이제 과학대회는 나가고 싶지 않아요.

선생님: _____

_____

⇒ 예시 답안: 최선을 다했는데 그런 소리를 들으니 속상했구나. 격려의 한마디를 듣는다면 더 열심히 할 수 있을 텐데 말이야.

3. 먼저 사과하지 않는 동료

김 과장: 장 대리, 왜 그렇게 화가 났나?

장 대리: 화가 나는 일이 좀 있어서요.

김 과장: 그래? 무슨 일인데?

장 대리: 업무적으로 박 대리와 겹치는 일이 많습니다. 솔직히 어느 정도 감수하고 일을 하고 있었어요. 그런데 오늘 아침 박 대리가 처리할 수 있는 일을 저에게 당연하게 넘길 때는 화가 났습니다.

김 과장: 음, 오늘 일을 넘기는 박 대리 때문에 화났다는 말이지?

장 대리: 네. 오늘도 박 대리가 처리할 수 있는 일을 저에게 미루고, 제가 먼저 기분 나쁘게 인사했다고 오히려 화를 내며 사과하라고 했습니다. 솔직히 사과할 사람은 박 대리인데 왜 제가 먼저 사과를 해야 하는지 박 대리의 마음을 잘 모르겠습니다.

김과장: _____

_____

⇒ 예시 답안: 그러니까 오늘 일은 박 대리가 잘못했으니 박 대리가
　사과한다면 받아줄 마음은 있다는 거네.

08
공감과 만남

1. 공감과 만남

　　지금까지 공감의 의미와 개념, 공감이 일어나는 과정으로서의 여섯 단계, 그리고 공감적으로 표현하는 구체적인 방법을 다양한 동화와 사례 속에서 함께 살펴보았습니다. 공감은 구체적인 방법을 익히는 것도 중요하지만, 더불어 공감하는 삶에 대한 근본적인 이해 역시 중요합니다. 공감하는 삶은 어떤 삶이며, 이 삶은 어떤 만남을 향하고 있는지 우리는 좀 더 근본적인 문제에 관심을 기울일 필요가 있습니다.

　　이번에는 공감을 통해서 일어나는 만남의 의미에 대해 살펴보고, 우리의 삶에서 참 만남이 가지는 의미를 탐색해 보고자 합니다. 끝으로 만남의 새로운 차원으로서 인격적 만남과 생성적 만남이 인간관계를 어떻게 만들어 갈 수 있는지 살펴보겠습니다.

동화로 열어가기

아름다운 명판결

오늘은 선미가 법정에서 판결을 받는 날입니다. 선미는 서울 도심에서 친구들과 함께 오토바이 등을 훔쳐 달아난 혐의로 법정에 서게 되었습니다. 선미는 작년 가을부터 14건의 절도·폭행을 저질러 이미 한 차례 소년 법정에 섰던 전력이 있었습니다. 법대로 한다면 '소년보호시설 감호위탁' 같은 무거운 보호 처분을 받을 수 있는 상태였지요.

법정 안에는 선미가 고개를 숙인 채 앉아 있었고, 그 뒤로 선미의 부모님, 친구들, 주위 관계자들이 앉아서 판사가 들어오길 기다리고 있었습니다. 잠시 후, 판사들이 들어왔고, 재판장은 곧 판결문을 읽기 시작했습니다. 그런데 사람들은 재판장의 판결문을 듣고 모두 깜짝 놀랐습니다. 이날 판결은 아무 처분도 내리지 않는다는 '불처분 결정'이었습니다. 무거운 처벌이 예상되었는데 뜻밖의 판결에 사람들은 웅성거리기 시작했습니다. 그리고 덧붙여 재판장이 내린 처분은 '법정에서 일어나 외치기'뿐이었습니다.

재판장은 다정한 목소리로 선미를 불렀습니다.

"피고는 일어나 봐."

잔뜩 어깨를 움츠리고 있던 선미는 쭈뼛쭈뼛 자리에서 일어났습니다. 그러자 재판장이 말했습니다.

"자, 나를 따라서 힘차게 외쳐 봐. 나는 세상에서 가장 멋지게 생겼다!"

예상치 못한 재판장의 요구에 잠시 머뭇거리던 선미가 나직하게 말했습니다.

"나는 세상에서 머, 멋지게, 생, 생, 생겼……"

"자, 내 말을 크게 따라 해 봐. 나는 무엇이든지 할 수 있다!"

재판장은 더 큰 소리로 외쳤습니다. 그러자 선미는 잠시 고개를 들고 재판장을 바라보고는 다시 따라서 말했습니다.

"나는 무엇이든지 할 수 있다!"

재판장은 또다시 외쳤습니다.

"나는 이 세상에 두려울 게 없다!"

선미도 따라서 외쳤습니다.

"나는 이 세상에 두려울 게 없다!"

"이 세상은 나 혼자가 아니다!"

"이 세상은 나 혼자가……"

큰 소리로 따라 하던 선미는 "이 세상은 나 혼자가 아니다."라고 외칠 때 참았던 울음을 터뜨렸습니다.

재판장이 이런 결정을 내린 건 선미가 범행에 빠져들던 가슴 아픈 사정을 감안했기 때문이었습니다. 선미는 본래 반에서 상위권 성적을 유지하며 간호사를 꿈꾸던 발랄한 학생이었습니다. 그러나 작년 초, 남학생 여러 명에게 끌려가 집단폭행을 당하면서 선미의 삶은 급속하게 바뀌었습니다. 선미는 그 사건의 후유증으로 병원 치료를 받았고, 충격을 받은 어머니는 신체 일부가 마비되기까지 했습니다. 심리적 고통과 죄책감에 시달리던 선미는 그 뒤 학교생활에 적응을 하지 못했고, 비행 청소년과 어울리면서 범행을 저지르기 시작한 것입니다.

재판장은 울고 있는 선미를 바라보며 이렇게 말했습니다.

"이 아이는 가해자로 재판에 왔습니다. 그러나 삶이 이렇게 망가진 것을 알면 누가 가해자라고 쉽사리 말하겠습니까? 아이에게 잘못이 있다면 자존감을 잃어버린 것입니다. 그러니 스스로 자존감을 찾게 하는 처분을 내려야지요."

그 말을 하면서 눈시울이 붉어진 재판장은 눈물범벅이 된 선미를 앞으로 불러 세웠습니다.

"이 세상에서 누가 제일 중요할까? 그건 바로 너야. 그 사실만 잊지 않으면 돼. 그러면 지금처럼 힘든 일도 이겨낼 수 있을 거야."

그러고는 두 손을 쭉 뻗어 선미의 손을 꼭 잡았습니다.

"마음 같아선 꼭 안아주고 싶은데, 우리 사이를 법대가 가로막고 있어 이 정도밖에 못 해 주겠구나."

법정에 있던 선미의 어머니도 펑펑 울음을 터뜨렸고, 재판 진행을 돕던 법정 관계자들의 눈시울도 빨개졌습니다. 법정에서 울음을 터뜨린 선미의 미래가 앞으로 어떻게 전개될지는 아무도 모릅니다. 그러나 분명한 건 선미에게 진정으로 필요했던 건 보호 감호라는 법적인 처분보다 상처받은 마음을 치유할 수 있도록 자신을 향해 외치는 일이었을 것입니다.

"일어나서 힘차게 외쳐라!"

정말 아름다운 명판결입니다.

(김귀옥 판사의 실제 판결을 동화로 재구성함)

"일어나서 힘차게 외쳐라!"

동화 속 판사의 명판결이 마음을 울립니다. 판사가 이런 명판결을 내리는 과정을 살펴보면, 인간관계의 필수조건으로서 공감이 지닌 힘을 발견할 수 있습니다.

동화 속 판사는 법정에서 선미를 판결함에 있어서 일체의 편견이나 선입견을 지니지 않았습니다. 선미를 바라볼 때 선미를 늘 사고만 치고 다니는 비행청소년으로만 보지 않고, 16세의 한 소녀로 바라봐 주었습니다. 즉, 판사는 자신의 마음을 비우고 있었던 것입니다.

그러고 나서 판사는 선미가 절도와 폭행을 저지를 수밖에 없었던 선미의 논리를 따라가게 됩니다. 선미가 왜 비행을 저지를 수밖에 없었는지를 선미의 논리를 충분히 따라가다가 선미가 겪었던 상처를 발견하게 되고, 그 상처가 선미의 행동을 바꾸게 했음을 알게 됩니다.

살펴보니 선미에게는 자신이 폭행을 당하면서 다친 마음을 위로받고 싶은 결핍욕구가 있었습니다. 하지만 사정상 선미는 자신의 마음을 충분히 위로받지 못했고 점차 세상을 원망하면서 점점 비뚤어진 행동을 하게 됩니다. 판사는 선미의 마음 중에서도 선미가 어머니에게 잘하고 싶었던 마음을 주목했던 것 같습니다. 선미는 더 잘하고 싶었지만 쉽지 않은 현실 속에서 반복해서 좌절하면서 결국은 오늘에 이르게 되었던 것이지요.

판사는 결국 선미에게 냉정한 처벌이 아닌 따뜻한 위로가 담긴 판결을 합니다. 선미가 가진 성장동기를 자극할 수 있는 판결이었지요. 선미가 진정으로 원한 것은 이런 문제 행동이 아닌 잘하고 싶은 마음이었음을 선미 스스로도 깨달을 수 있도록 선미의 성장동기를 발견해 주었습니다.

결국 판사의 판결은 선미를 공감적으로 이해한 후에 내릴 수 있는 공감적 표현이었습니다. 일어나서 세상을 향해, 자신을 향해 힘차게 외치라는 판사의 판결은 선미의 마음을 움직이게 합니다. 어떠한 판결보다도 선미의 잘못을 반성하게 하고 자신의 행동을 뉘우치게 만들어 주었지요.

판사는 선미의 마음을 알아주었고, 이는 선미에게 새로운 만남의 기회를 가지게 하였습니다. 선미는 판사의 공감적 이해와 표현을 통해서 자기 자신과 새롭게 만나고, 주위 사람들과도 새롭게 만나게 됩니다.

공감은 만남을 더욱 풍요롭게 하며, 새롭게 합니다. 생각해 보면 사람을 만난다는 일은 결코 쉽지 않습니다. 우리는 매일 사람들과 만나고 있지만, 그 모든 만남이 진정한 만남은 아닌 것처럼 느껴지기도 합니다. 특히 직장 등 사회생활에서 여러 사람들과 만나는 것은 더욱 어렵고 힘든 일입니다. 이런 현실 속에서 공감은 만남의 깊이를 더해 주는 힘을 지닙니다.

이제부터는 만남의 순간에 공감을 통해서 일어나는 변화와 의미를 탐색해 보고자 합니다. 더불어 일상생활 속에서 참 만남을 가지는 의미와 방법을 생각해 보고, 생활 속 만남의 새로운 차원으로서 인격적 만남, 생성적 만남을 이해하여, 인간관계를 새롭게 맺어가는 데 도움을 주고자 합니다.

공감은 행동을 변화시킨다

공감은 우선 우리의 행동을 변화시킵니다. 기존에 내가 보여 주던 행동에서 새로운 방식으로 행동하게 합니다. 억지로 변화시킬 수 없는 일들도 공감은 자연스럽게 변화하게 합니다.

돋보기안경

영훈이네 할머니는 참 자상하고 다정한 분이셨는데 회갑을 넘기고부터 부쩍 잔소리가 많아졌습니다. 특히 밥상을 받으면 잔소리가 심해졌습니다. 밥이 적다느니 생선 토막이 작다느니 하며 불평을 하시기에 온 식구들이 나서서 '그렇지 않다. 전과 똑같다.'고 아무리 말씀을 드려도 전혀 달라지는 기색이 없습니다. 여간 난처한 일이 아니었습니다.

그러던 어느 날 영훈이는 학교에서 돋보기에 대해 배웠습니다. 실제 돋보기를 들고 이런저런 실험도 했습니다. 집에 돌아오는 길에 영훈이에게 좋은 생각이 떠올랐습니다. 할머니께 돋보기안경을 사 드려야겠다는 생각이었습니다. 이튿날 영훈이는 할머니를 모시고 안경점에 가서 모아 두었던 용돈으로 돋보기안경을 사 드렸습니다. 돋보기안경을 쓰신 할머니의 얼굴은 환해졌습니다. 늘 크지 않는다고 걱정했던 손자가 그날따라 아주 커 보이고, 며느리가 내온 옥수수, 수박, 참외가 전보다 아주 큼직큼직하게 보이는 것이었습니다. 이윽고 저녁이 되어 밥상이 들어왔습니다. 그런데 상 위에 놓인 밥그릇과 생선토막이 이제는 아주 커다랗게 보이는 것이었습니다.

그날부터 할머니의 잔소리는 사라지고 집안에 웃음꽃이 활짝 피어 났습니다.

(박성희, 『인간관계의 필요충분조건』, 2014, p. 320)

가족들이 보기에 영훈이 할머니는 고집 그 자체입니다. 멀쩡한 생선이 작다고 불평하시는 할머니의 마음은 아무리 생각해도 이해가 되지 않습니다. 하지만 할머니의 논리를 따라가 보면, 점점 눈이 나빠져서 앞에 있는 물건이 자세히 보이지 않으니 이전보다 생선이 작아 보일 수도 있었던 것입니다. 할머니의 입장에서 생각해 본 영훈이의 기발한 아이디어는 할머니의 행동까지 변화시켜 주었지요. 이렇게 공감적으로 이해하고 행동하게 되면 상대방의 마음과 행동을 변화시킬 수 있습니다.

예를 들면, 직장생활에서도 이 이야기와 비슷한 경험을 할 수 있습니다. 지금 현재 상대방이 처한 상황을 분명하게 이해하지 못하면 업무처리 상황에서 문제를 일으키게 됩니다. 결국은 업무효율성이 떨어지면서 직장 내 인간관계도 불편해질 수밖에 없습니다. 이와 반대로 직장동료가 자신에게 부정적인 태도로 대할 때, 오히려 공감적으로 반응해 주면서 지켜봐 준다면 그 사람의 태도나 행동이 서서히 긍정적으로 변해갈 것으로 기대할 수 있습니다. 공감적 이해를 바탕으로 하는 인간관계는 서로의 행동을 자연스럽게 변화시키는 힘을 가집니다.

공감은 진심을 드러낸다

공감은 행동만이 아니라 마음을 변화시킵니다. 마음의 변화는 결국 진심을 드러내는 것이기도 합니다. 공감은 마음속에 꽁꽁 감추어 두었던 진심을 보여 주는 역할을 합니다. 진심이 드러난 관계는 기존의 관계와는 다른 새로운 관계가 되지요.

가짜 성적표

한 소년의 중학교 1학년 때 있었던 일입니다. 그의 아버지는 가난한 가정형편에도 불구하고, 중학교 때 소년을 대구로 유학을 보냈습니다. 공부가 하기 싫어 1학년 석차는 68명 중에 68등, 꼴찌를 했습니다. 소년은 부끄러운 성적표를 보일 자신이 없어 성적표를 1등으로 고쳐 아버지께 보여드렸습니다. 소년은 아버지가 초등학교도 다니지 않았기에 1등으로 고친 성적표를 모르실 것이라 생각했습니다.

아버지는 친지와 마을 사람들에게 아들이 1등을 했다고 자랑을 하셨고, 가난한 살림에 재산목록 1호였던 돼지를 잡아 동네 사람들을 모아 놓고 잔치를 했습니다. 소년은 겁이 나고 미안해서 죽으려고도 했지만, 소년은 결국 그 사건 이후에 달라졌습니다.

열심히 공부한 소년은 그로부터 17년 후, 대학교수가 되었습니다. 그리고 이 소년이 어느덧 마흔다섯 살이 되었고, 그의 아들이 중학교에 입학했을 때, 부모님 앞에서 33년 전의 일을 사과하기 위해서 말했습니다.

"아버지, 사실 저 중학교 1학년 때 1등은 말이죠." 하고 말을 시작하려고 하는데 아버지께서 "알고 있었다. 그만해라. 손자가 듣는다."
고 하셨습니다. 자식의 위조한 성적을 알고도, 돼지를 잡아 잔치를
하신 부모님 마음을, 박사이고 교수이고 대학 총장인 나는, 아직도
감히 알 수가 없다고 했습니다. 아들이 성적표를 위조했을 때 야단
치고 혼내는 것이 일반적이지만, 잘못을 알고도 돼지를 잡아 마을잔
치를 벌인 아버지의 그 마음에 감동을 받게 되었습니다.

이 일화는 전 경북대학교 총장이었던 박찬석 교수의 가슴 뭉클한
고백입니다. 실제로 박 교수는 중학교 1학년 때 전교에서 꼴찌를 했는
데, 성적표를 1등으로 위조해 아버님께 갖다 드린 후 죄스러운 마음에
이를 악물고 공부를 해 대학의 총장까지 되었습니다. 박 교수의 아버
지는 꼴지를 한 성적표를 보이기 싫은 자식의 마음을 알아차리고 이를
탓하지 않았습니다. 그리고 아들을 믿고 가만히 바라보면서 정성껏
응원해 주었지요. 아버지의 마음은 정말 진심 그 자체로 박 교수는 뒤
늦게 공감적으로 반응해 주었던 아버지의 진심을 알게 되었습니다.
　우리가 삶 속에서 진심을 바라본다는 것은 매우 힘든 일임을 잘 알
고 있습니다. 하지만 공감은 이 진심을 드러낼 수 있게 도와줍니다.
직장에서 상대방의 잘못이나 실수를 질책하게 되면 상대방은 더욱
위축되고 관계는 점점 냉랭해질지도 모릅니다. 반면에 상대방이 하
는 말과 행동을 공감적으로 이해하고 반응해 주면 결국 상대방의 진
심을 마주하는 순간을 경험할 수 있습니다. 공감을 통해서 진심이 드
러나게 되면 내가 살아가는 곳은 이전과는 다른 변화와 성장을 가능
하게 하는 공간으로 다시 태어날 수 있습니다.

공감은 있는 그대로를 수용하게 한다

상대방의 마음을 진정으로 공감하게 되면 상대방의 모든 것을 있는 그대로 받아들여 줄 수 있습니다. 어떠한 판단도 하지 않고 있는 그대로의 상대방을 마주하게 되는 것이지요.

어머니의 솔잎

꽃향기가 코를 찌르고 벌과 나비가 춤을 추는 따뜻한 봄날입니다. 한 아들이 늙은 어머니를 지게에 싣고 집을 나섰습니다. 어머니는 날아갈 듯 기분이 좋습니다. 사랑하는 아들과 함께 봄날을 즐기러 나왔으니 마음이 한껏 부풀어 오릅니다. 하지만 지게에 어머니를 실은 아들의 마음은 무겁기만 합니다. 한참 동안 들판을 돌아다니던 아들은 이윽고 산으로 걸어 들어갑니다. 아들은 아무 말도 하지 않고 점점 숲속 깊이 들어갑니다. 즐거운 웃음으로 가득했던 어머니의 얼굴이 어두워집니다. 그러나 이내 밝은 기운을 회복한 어머니는 소나무에 달린 솔잎을 따서 길에 뿌리기 시작했습니다. 어머니의 행동을 알아챈 아들이 묻습니다.

"어머니, 길에 솔잎을 왜 뿌리시는 거예요?"

"이따가 네가 돌아갈 때 길을 잃을까 봐 그래."

아들은 울음을 터뜨리며 그 자리에 주저앉습니다. 그리고 어머니께 용서를 빕니다. 깊은 산속에 어머니를 버리려던 아들은 자신의 잘못을 깊이 뉘우치고 집으로 돌아와 온 정성을 다해 어머니를 모셨습니다.

(박성희, 『인간관계의 필요충분조건』, 2014, p. 153)

자신을 버리려는 아들을 탓하기는커녕 그런 아들의 돌아갈 길을 걱정하는 어머니의 마음이 우리를 감동하게 합니다. 자신을 깊은 산속에 버리려는 아들의 생각과 행동을 있는 그대로 받아들인 거지요. 거기다 한술 더 떠 아들의 돌아가는 길까지 배려하고 있습니다. 만일, 어머니가 전혀 다르게 행동했다면 어떤 일이 벌어졌을까요? 그러니까 어머니가 자신을 버리려는 아들의 행동을 눈치 채고, "아이고 이런 불한당 같은 놈아, 지어미를 버리려고 하다니 천벌을 받아 마땅하다, 이놈아!"라고 반응했다면 어떻게 되었을까요? 아마도 아들은 눈물을 뿌리면서도 처음 먹은 생각대로 어머니를 산속에 버렸을 가능성이 높습니다. 어머니의 야단이 아들의 행동을 변화시키는 데 효과가 없었을 거라는 말입니다.

수용한다는 것은 있는 그대로 받아들인다는 것입니다. 그게 생각이든 감정이든 행동이든 표현한 그대로 받아들인다는 뜻입니다. 따라서 상대방 입장에서 보면 받아들여지기 위해서 억지로 꾸미고 조작하고 덧붙이는 이상한 짓을 할 필요가 없습니다. 현재 자기 모습을 있는 그대로 보여 줘도 다 받아들여지는데 굳이 자기를 속이며 무리할 필요가 없는 거지요. 그러니깐 매우 편한 마음으로 자유를 누리며 자기답게 살 수가 있습니다. 다시 말하면, 상대방의 눈치를 보지 않은 채 자기가 원하는 모습대로 진정성 있는 삶을 살 수 있게 된다는 겁니다. 그리고 진정성에 충실해지는 순간 자기를 얽매는 조건과 굴레들을 과감하게 벗어던지고 자유를 만끽하는 삶을 향하게 됩니다.

우리는 자신의 삶에서 자신을 있는 그대로 보여 주는 것에 대해 두려움이 있습니다. 주위 사람들이 나를 어떻게 볼 것인지에 대해 예민

하게 반응하고 신경을 쓰게 됩니다. 상대방이 지금 나를 어떻게 보고 있는지에 대한 두려움이 가득하므로 자신도 상대방을 똑같이 불편한 시선으로 바라볼 수밖에 없습니다. 하지만 공감적인 태도로 상대방을 바라보고 나면 상대방이 나를 어떻게 바라보는지에 대해 크게 중요하지 않다고 느낍니다. 나 자신을 속이면서 억지로 노력하는 삶이 아니라 나 자신의 모습을 있는 그대로 보여 주면서 순간순간에 충실하게 집중하는 삶을 살 수 있습니다. 공감은 지금 이대로의 모습을 있는 그대로 바라보게 합니다.

2. 인격적 만남으로서의 참 만남*

공감과 만남

공감은 새로운 인간관계를 형성하게 합니다. 새로운 인간관계의 중심에는 사람과 사람의 만남이 있습니다. 결국 만남이 없으면 관계 자체가 성립되지 않습니다. '너'와 '나'의 만남이 있어야 '나'의 삶의 이야기가 펼쳐질 수 있습니다. 그런데 만남이 무조건 다 좋은 것은 아닙니다. 좋은 만남도 있고 나쁜 만남도 있으며, 성장하게 하는 만남도 있고 위축되게 하는 만남도 있습니다. 우리 삶에 도움이 되는 만남은 좋

---

* 박성희, 『인간관계의 필요충분조건』, 2014, pp. 63-77을 수정·보완한 내용임

은 만남, 성장하게 하는 만남이겠지요. 좋은 만남, 다시 말해 우리를 인격적으로 성장시키는 만남을 '참 만남(encounter)'이라고 부릅니다.

참 만남

인격적으로 성장시키는 만남을 '참 만남'(encounter)이라고 했습니다. 그렇다면 '참 만남'을 말하기 전에 먼저 인격이 무엇인지, 인격적으로 성장한다는 게 무슨 뜻인지 이해하고 넘어갈 필요가 있습니다. 국어사전에는 인격을 "사람의 품격(됨됨이)"이라고 정의하고 있고, 심리학에서는 "개인의 지적, 정의적 특성을 포괄하는 정신적 특성으로서 심신의 변화에도 불구하고 동일한 지속성을 유지하고 있음을 의식하는 개체"라는 뜻으로, 윤리학에서는 "선악을 판단하고 자유롭게 의지를 결정하며 그것을 바탕으로 행위하는 주체"라는 뜻으로 씁니다. 국어사전은 사람의 전반적인 됨됨이를, 심리학에서는 개체로서의 정신성과 지속성을, 윤리학에서는 주체성(자기주도성)을 강조하고 있는데, 이들을 모두 아우르면 "지속성을 유지하며 자기주도적으로 살아가는 개체로서의 정신적 특성"이라고 말할 수 있습니다.

인격은 어느 한 시점에 완성된 모습으로 고정되는 것이 아니라 늘 변화하고 성장합니다. 앞의 정의에 나오는 '개체로서의 정신적 특성'에 변화와 성장이 일어날 수 있다는 말인데, 이것이 바로 인격적 성장입니다. 다시 말해, 인격적 성장은 개체로서의 정신적 특성이 이전보다 풍부해지고 한층 더 높은 수준으로 확장, 통합되는 상태를 의미합니다. 그런데 이렇게 인격이 성장해 가는 데 결정적으로 작용하는 것

이 지속성과 자기주도성입니다. 자신이 누구인지 개체로서의 자기 동일시를 유지하면서 동시에 삶의 주인이 되어 자기 삶을 스스로 가꾸고 이끌어 가는 과정이 인격을 성장시키는 동인이 된다는 것입니다. 결국 인격의 성장은 이 지속성과 자기주도성이 얼마나 발휘될 수 있는가에 달려 있다고 말할 수 있습니다.

인격적 만남은 상대방의 지속성과 자기주도성을 보장해 주는 만남을 뜻합니다. 따라서 만남의 한 축에 해당하는 '너'와 다른 축에 해당하는 '나'가 서로의 지속성과 자기주도성을 존중함으로써 피차 정신적으로 성장하는 만남이 인격적 만남이라는 겁니다. 너와 나 둘 사이 상호 간에 성장이 이루어지는 만남이지요. 그런데 인격적 만남에서 상호성이 완전하게 이루어지려면 '나'가 어느 정도 성장해서 지속성과 자기주도성을 꾸려갈 수 있을 때까지 관계의 시발이 되는 '너'의 역할이 매우 중요합니다.

지금까지 말한 인격적 만남이 바로 '참 만남'이기도 합니다. 그런데 참 만남이라고 번역되는 영어의 encounter는 이 만남이 어떻게 이루어져야 하는지에 대해 힌트를 줍니다. encounter는 라틴어로 en(보다)과 counter(~에 반대하여, ~에 거슬러, ~에 기대어)가 합쳐져 생긴 말입니다. 그러니깐 참 만남에는 '반대를 보다.' '거스름을 보다.' '기대어 보다.'라는 뜻이 들어 있습니다. 참 역설적입니다. 왜 그런지 조금만 설명해 볼까요? 서로 만나 관계를 맺으려면 두 사람은 마주 서 있어야 합니다. 그런데 이 마주 서 있는 사람(너)은 그냥 단순히 나와 마주 서 있을 뿐 아니라, 나와 반대가 되고 나를 거스르는 사람이라고 규정됩니다. 그러니깐 품성이나 행동이나 주장이 아예 근본부터 나와 다

른 사람입니다. 개체로서의 정신적 특성뿐 아니라 지속성과 자기주
도성의 내용이 나와 아주 다른 사람이지요. 근본이 나와 다르기 때문
에 이 '너'는 당연히 나와 다른 욕구를 갖고 나와 다른 행동을 할 수밖
에 없습니다.

참 만남을 이루기 위해서는 이렇게 '나'와 다른 '너'를 보아야 합니
다. 다르다고 눈을 돌리지 말고 오히려 거기에 초점을 맞추어야 합니
다. 다른 정도가 나를 거스르고 심지어 나와 반대가 되는 '너'의 특성
을 가진 수수께끼와 같은 '너'를 있는 그대로 껴안기라고 말할 수도
있습니다. 행여 오해가 생길까 봐 한 번 더 강조합니다. encounter라
는 말을 쓸 때 나와 반대가 되고 나를 거스르는 '너'가 특별히 따로 있
는 것이 아니라 나와 만나는 모든 '너들'이 다 그렇습니다. 한마디로
모든 '너들'은 진짜 다 '나'와 다릅니다. 그 다른 점과 차이를 보고 껴안
을 수 있을 때, 그리고 나를 내세워 상대방을 오염시키지 않을 때 진
정한 의미의 참 만남이 가능할 것입니다.

참 만남의 특성

① 전체성

'나-너' 관계의 나는 너를 작은 부분으로 나누고 분리하지 않습니
다. 나의 편의를 위해 너를 작은 단위로 쪼개어 분석하고 해부하지
않습니다. 그 대신 너를 인격을 가진 전체로 보고 접촉하려고 합니
다. 너를 접촉하기 위하여 나의 어느 부분이 아니라 통째로 온 존재
를 다 너에게 기울입니다. 나의 감각, 몸, 마음, 영혼이 혼연일체가 되

어 너를 향하는 것이지요. 부버(Buber)는 한 그루의 나무를 들어 이 특성을 말하고 있습니다.

나는 한 그루의 나무를 관찰합니다.
나는 한 그루의 나무를 형상으로 받아들입니다.
나는 한 그루의 나무를 운동으로 느낄 수 있습니다.
나는 한 그루의 나무를 종으로 분류하고 그의 구조라든가 생존 양식을 관찰할 수 있습니다.
나는 한 그루의 나무를 법칙의 표현으로서 인식할 수 있습니다.
나는 한 그루의 나무를 수로, 수식으로 나타낼 수 있습니다.

인간관계에서 만남을 분리해서 생각하지 않고 하나의 전체로서 바라보는 것은 매우 중요합니다. 회사 동료, 학교 친구, 이웃 주민 등의 관계를 넘어서 마음을 나누고 함께 하는 하나의 존재로 바라보는 것입니다.

② 배타성과 포괄성

'나-너' 관계에 들어서는 나의 눈은 온통 너로 가득합니다. 얼마나 가득한가 하면 다른 것은 전혀 눈에 들어오지 않고 오로지 너만 보일 뿐입니다. 마치 다른 것은 아무것도 존재하지 않는 양 온 하늘이 너의 빛으로 넘쳐 납니다. 그리고 온 세상의 모든 것은 너가 비치는 빛 속에서 살고 있는 듯 새롭습니다. 너를 통해 이전에는 전혀 느껴 보지 못한 새로운 세상이 무한하게 펼쳐집니다. 그러니까 '너'는 다른 모든 것과

병렬해 있는 존재가 아니라 내 앞에 서 있는 유일한 존재이자 새로운 세계를 볼 수 있도록 나의 눈을 안내하고 인도하는 통로가 됩니다. 셰익스피어가 노래한 사랑의 시에서도 이 특징을 볼 수 있지요.

실비아를 볼 수 없다면 빛이 있다고 할 수 있을까요?
실비아가 옆에 있지 않다면 기쁨이 있다고 할 수 있을까요?
밤에 실비아와 함께 있지 못한다면 나이팅게일의 노래도 음악일 수 없고
낮에 실비아를 보지 못한다면 바라볼 태양이 없는 거나 매한가지지요.
그녀는 내 생명의 본질이요 근원이니, 그녀의 아름다운 힘에 감싸여 보살핌을 받고 빛으로 밝혀지고 은혜를 입어 살아갈 수 없다면 차라리 죽는 게 낫습니다.

삶 속에서 인간관계가 참 만남으로 이루어지게 되면, 자기 주위의 많은 것들을 너그럽게 따뜻하게 대할 수 있습니다. 다른 사람의 잘못에 대해 비판할 일도, 주어진 상황의 불편함에 대해 토로할 일도 최대한 너그럽게 받아들일 수 있지요.

③ 순수성
'나-너' 관계에서 너는 나의 순수한 목적입니다. 나는 무엇인가를 이루기 위하여 너를 수단으로 이용하지 않습니다. 너와의 만남을 통해 결과적으로 내가 무엇인가를 얻을 수 있을지라도 그것은 내가 너를

만나는 목적이 아닙니다. 내가 너를 만나는 목적은 바로 '너'입니다.

참 만남은 함께 살아가는 타인이 나의 경쟁자가 아니라 나의 동반자임을 확인할 수 있습니다. 상대방을 통해서 나의 이익을 추구하는 것이 아니라 자신과 함께 하면서 나아가면서 성장하는 존재로 받아들이게 됩니다.

④ 구현성

'나'의 온 존재를 기울여 '너'에게 관심을 기울이고 그리하여 너가 나의 초점이요, 모든 것이 될 때 너의 진실한 모습이 드러납니다. 사람은 누구나 자신을 드러내고 표현하려는 경향을 가지고 있습니다. 하지만 이 경향성은 아무 데서나 자연스럽게 표현되지 않습니다. '나-너' 관계의 보호망 속에서 안전하다고 느낄 때, 어떤 모습으로 드러나든 상처입지 않고 존중받는다고 느낄 때, 너를 끌어내는 나의 힘이 강하게 작용할 때 비로소 꾸밈없이 자신을 표현합니다.

공감이 넘치는 참 만남을 통해서 우리는 자기 자신을 있는 그대로 표현할 수 있습니다. 바쁘게 살아가는 삶 속에서도 내가 지닌 역량을 최대한 끌어올리면서 진정한 나의 능력과 모습을 자연스럽게 보여줄 수 있습니다.

⑤ 기다림

나와 너의 만남은 찾아서 발견되는 것이 아니요, 억지로 만들어 가는 것이 아닙니다. 안달한다고, 재촉한다고 빨리 다가오는 것이 아닙니다. 이 만남은 때가 되면 자연스럽게 무르익고 자기 형태를 갖춰

갑니다. 내가 나의 온 존재를 기울여 너에게 참여할 때 그리고 어느 순간 '너'가 나에게 마음을 활짝 열 때 비로소 이 만남이 꽃을 피웁니다. 맹자에 나오는 고사성어인 조장(助長)에 대한 이야기입니다.

> 송나라의 어떤 농부가 모를 심었습니다. 그런데 그 모가 농부의 생각만큼 잘 자라지 않았습니다. 오랫동안 궁리한 끝에 농부는 손으로 발돋움을 해 주기로 했습니다. 그래서 모를 하나씩 뽑아서 늘여 주었습니다. 그 많은 모를 하나하나 뽑아 늘이고서 힘이 다 빠진 농부는 집으로 돌아와 식구들에게 말했습니다.
> "아, 피곤해. 모가 하도 작아서 잘 자라도록 도와주고(助長) 왔지."
> 아들이 놀라 논으로 뛰어가 봤더니 모가 전부 말라 죽어 있었습니다.

공감으로 맺어진 너와 나의 관계는 여유로운 기다림을 필요로 합니다. 삶 속에서 사람들과의 만남에서 조급함이나 서두름 없이 마음의 여유를 지니고 편안히 기다릴 수 있는 관계로 나아가야 합니다.

⑥ 상호적인 얼싸안음

'나-너' 관계는 서로 얼싸안는 관계입니다. 얼싸안는다는 말은 '두 팔을 벌려 껴안다'라는 뜻인데요, 그만큼 상대를 전폭적으로 받아들인다는 겁니다. '전폭적'으로 받아들인다는 말은 앞에서 말한 전체적으로 대한다라는 뜻과도 통하고 인격적으로 대한다는 뜻과도 통합니다. 그런데 이 얼싸안음은 상호적으로 이루어져야 합니다. 한쪽에서

만 일방적으로 얼싸안는 태도를 갖게 되면 이 관계는 오래 지속될 수 없으며, 소통이 온전하게 이루어지지도 않습니다.

소통은 혼자서 이루어질 수 없습니다. 건강한 소통을 이루기 위해서는 서로 얼싸안을 수 있는 개방적인 태도로서 만남을 가져야 합니다. 공감은 마음을 열어가는 최고의 열쇠가 될 수 있습니다.

⑦ 한시성

안타깝게도 온 존재를 기울여 서로 만나는 '나-너' 관계의 생명은 매우 짧습니다. 지속성과 자기주도성이 뚜렷해지면서, 다시 말해 개별화가 지속되고 독립된 개체로서의 '나'라는 의식이 강해지면서 우리는 쉽게 '나-너' 관계로부터 철수하고 '나-그것'의 관계로 들어갑니다. 너를 살아 있는 전체로 대하지 않고 내가 이용하고 경험할 수 있는 대상으로 대하는 거지요. 사랑하는 사람들조차 지속적인 '나-너' 관계 속에 오래 머물지 못합니다. 톨스토이의 소설 『부활』에서도 이 특징을 살펴볼 수 있습니다.

한 청년이 친척 고모 댁에 갔다가 그 집의 한 하녀를 만나게 됩니다. 하녀는 청년을 짝사랑하게 됩니다. 그러다가 군 입대를 앞둔 청년의 유혹에 하녀는 자신의 몸을 허락하고 임신하게 됩니다. 하지만 청년은 하녀에게 매춘 여성이 받는 정도의 돈만 남기고 그녀를 떠났습니다. 하녀는 자신의 사랑을 하찮게 생각하는 청년의 태도에 절망하지 않을 수 없었습니다. 임신한 그녀는 신경질적으로 변하고 품위를 잃은 행동을 하여 주인집에서 쫓겨났고 태어난 아이도 곧 죽게 됩니다. 주인집에서 쫓겨난 그녀는 다른 집 하녀를 전전하다가 유곽에서 창녀 생활을 하게 되었고, 그곳에서 단골손님의 돈과 반지를 훔치고 독살하였다는 누명을 쓴 채 재판을 받게 됩니다. 그녀의 첫사랑이었던 그 청년을 만난 것은 바로 그 법정에서였습니다. 자신의 모든 불행이 그 청년 때문에 일어났다고 생각한 그녀는 그 청년을 미워합니다. 하지만 청년은 자신의 잘못을 깊이 참회하고 그녀에게 진심으로 사죄합니다. 그리고 그녀를 사랑한다고 고백합니다. 그 결과 그녀는 그를 용서하게 되었고 예전처럼 다시 그를 사랑하게 되었습니다. 청년은 그녀와 결혼을 결심하고 청혼을 하지만, 그녀는 그의 행복을 위해서 그의 청혼을 거절하고 동료 죄수와 결혼합니다. 청년은 그녀가 자신을 진심으로 사랑하기 때문에 자신의 청혼을 거절했다는 사실을 알았지만 그녀를 붙잡지는 않았습니다.

우리의 삶에서도 참 만남을 오랫동안 유지하기란 결코 쉬운 일이 아닙니다. 행복한 만남을 유지하기 위해서는 서로의 마음을 이해하기 위한 공감적 태도를 지속하기 위해서 노력을 기울여야 합니다. 참 만남은 노력하는 만큼 나의 삶에서 드러낼 수 있습니다.

'나-너' 관계로 만나는 참 만남의 특성을 살펴보았습니다. 그 결과 참 만남이 그리 간단하지 않다는 것을 새삼 느끼게 합니다. 하지만 참 만남이 가져오는 풍성한 결과를 생각해 보면 사람으로서 이런 만남을 추구하면서 사는 것이 당연하며, 행복할 것이라는 생각도 함께 듭니다. 이제 공감을 통해서 열어가게 된 참 만남의 새로운 차원에 대해서 살펴보려고 합니다. 참 만남의 구체적인 모습과 앞으로 인간관계에

서 우리가 지향해야 할 만남의 모습은 어떠한지 궁금해집니다.

3. 만남의 네 가지 차원[*]

M. Buber는 『나와 너』라는 저서를 통하여 모든 참된 삶은 만남이라고 정의하고 만남을 다양한 측면에서 조명하였습니다. 부버가 말하는 만남은 두 가지 관계로 이루어지는데, '나-그것', '나-너'의 관계입니다. 부버가 제시한 '나-너'의 만남은 네 가지 만남으로 나누어 볼 수 있습니다.

'나-너'의 만남을 네 가지로 세분해 보면, 첫째는 서로의 사이가 존재하면서 공동체 의식이 없는 인격적 만남, 둘째는 서로의 사이가 존재하면서 공동체 의식이 있는 생성적 만남, 셋째는 서로의 사이가 존재하지 않으면서 공동체 의식이 없는 초월적 만남, 넷째는 서로의 사이가 존재하지 않으면서 공동체 의식이 있는 동체적 만남이 있습니다. 초월적 만남은 현재로서는 상상할 수 없는 만남이므로 제외하고, 나머지 세 개의 만남과 '나-그것'의 관계인 도구적 만남을 포함한 네 가지 만남에 대해 살펴보겠습니다. 각 만남의 의미를 쉽게 설명하기 위해 노래 가사와 시를 함께 제시하였습니다.

---

[*] 박성희, 상담과 만남의 네 차원, 초등상담연구. 13(2), 2014를 바탕으로 재구성.

도구적 만남

걸스데이의 〈기대해〉

하루에도 열 번씩 니 전화번호를 지워보고
너를 또 지워보고 생각에서 지워보고
너의 번호 뒷자리에 내 가슴은 내려앉아
그렇게 통화하고 다시 또 미소 짓고

나는 네가 불안해 그게 불만인데도
자존심 탓 때문에 말도 못해 이렇게
내가 아님 안 되는 남잔 나도 많은데
니가 숨기고 쓰는 문자가 더 신경 쓰여
문자가 신경 쓰여 문자가 신경 쓰여

널 내게 널 내게 다가오게 만들래
너 땜에 너 땜에 미쳐가
너 땜에 너 땜에 미쳐가
……(중략)……

도구적 만남은 상대방을 하나의 도구나 수단으로 대하는 만남입
니다. 노래 가사 속 주인공은 상대방이 자신을 더욱 좋아하게 만들겠
다는 의지를 가지고, 철저히 소유하고자 하는 마음이 드러나고 있지

요. 도구적 만남에서 언제나 중요한 것은 '나'입니다. 상대방을 좋아하는 마음이 상대방이 그 자체로 좋기 때문이 아니라, 상대방이 좋아해 주는 자신을 만족해하는 것입니다. 점점 미쳐간다는 혼잣말도 결국은 그 사람을 좋아해서라기보다 그 사람이 자신을 좋아하지 않는 것 같은 마음이 불안하고 힘들다는 표현입니다. 결국은 나의 욕구와 필요에 의해서 사람을 만난다는 것입니다.

살아가다 보면 많은 경우에 이 도구적 만남을 경험하게 됩니다. 예를 들면, 직장 내에서 자신이 원하는 일을 해 주는 사람이나 자신에게 이익이 되는 사람일 때만 관계를 맺는 것이 바로 도구적 만남입니다. 직장에서 도구적으로 관계를 맺게 되면 결코 건강한 관계로 지속되기 어렵습니다. 서로의 욕구와 필요에 의해서 만나기 때문에 욕구와 필요가 맞지 않으면 언제든 그 관계는 깨어지겠지요. 물론 비즈니스는 냉정한 현실이기 때문에 도구적 만남은 필수불가결한 것이라 주장할 수도 있습니다. 하지만 최근에 직장 내 인간관계의 개선을 위한 다양한 워크숍이나 연수 프로그램을 보더라도 결국은 도구적 관계를 지양하고 새로운 관계를 맺는 방향으로 가고 있습니다.

인격적 만남

김소월의 〈진달래꽃〉

나 보기가 역겨워
가실 때에는

말없이 고이 보내 드리오리다.

영변에 약산

진달래꽃.

아름 따다 가실 길에 뿌리오리다.

가시는 걸음걸음

놓인 그 꽃을

사뿐히 즈려 밟고 가시옵소서.

나 보기가 역겨워

가실 때에는

죽어도 아니 눈물 흘리오리다.

인격적 만남은 도구적 만남보다 한 걸음 나아간 만남입니다. 인격적 만남에서 '나'가 만나는 상대는 나와 동일한 인격을 갖춘 존재로 인정되고 존중됩니다. 진달래꽃 시에 등장하는 화자는 자신을 떠나는 사람을 하나의 존재로 인정하고 그 선택과 삶을 존중하고 있습니다. '나'가 지속성을 유지하며 자기주도적으로 살아가는 개체로서 고유한 정신적 특성을 가진 것처럼 상대방도 그렇게 인정하고 존중한다는 것입니다. 나를 떠나는 상대를 비난하거나 원망하지 않고 상대의 선택과 행동을 있는 그대로 받아들여 주는 것입니다. 앞서 살펴보았던 참 만남이 바로 인격적 만남이라고 할 수 있습니다.

우리의 삶에서 지향해야 할 관계의 방향이 바로 인격적 만남일 것입니다. 근본적으로 나와 다르기 때문에 상대방은 나와 다른 행동을 할 수밖에 없다는 점을 인식하는 것입니다. 나와는 다르지만 나와 다

른 특성에 대해 제대로 바라봐주는 것은 서로를 더욱 존중하고 따뜻하게 품을 수 있게 합니다. 대신에 인격적 만남은 서로를 존중하되 일정한 선을 지킴으로써 서로의 삶에 근원적 변화가 일어나는 일에는 거리를 둡니다. 상대방의 인격을 존중해서 상대방이 하는 일은 모두 인정하지만, 기본적으로 자기의 삶과 타인의 삶이 섞이면서 새로운 관계를 창조적으로 생성해가는 과정은 부족한 상태인 것입니다.

생성적 만남

김춘수의 〈꽃〉

내가 그의 이름을 불러 주기 전에는
그는 다만 하나의 몸짓에 지나지 않았다.

내가 그의 이름을 불러 주었을 때,
그는 나에게로 와서
꽃이 되었다.

내가 그의 이름을 불러 준 것처럼
나의 이 빛깔과 향기에 알맞은
누가 나의 이름을 불러 다오.
그에게로 가서 나도
그의 꽃이 되고 싶다.

우리들은 모두

무엇이 되고 싶다.

너는 나에게 나는 너에게

잊혀 지지 않는 하나의 눈짓이 되고 싶다.

　생성적 만남은 상대방을 인격적으로 존중할 뿐 아니라 상대방과 더불어 새로운 차원의 공동체를 만들어가는 것입니다. 한마디로 '나'와 '너'가 만나서 '우리'를 생성해가는 관계로서, 부버가 말하는 '나-너' 만남의 핵심이라고 말할 수 있습니다. 도구적 만남이나 인격적 만남은 항상 분리된 나와 너에서 벗어나지 못하는 데 비해 생성적 만남은 나와 너를 넘어서서 새로운 차원으로 관계를 창조해가는 힘을 가지고 있습니다. 생성적 만남이 가능한 것은 '나'를 바라보는 기본 시각에서 비롯됩니다.

　내가 상대방을 존중해 준다고 말할 때, 이 존중은 일단 상대방과는 아무 상관이 없습니다. 내가 스스로 존중하는 마음을 내어 상대방을 대하는 것이 전부입니다. 그러니까 존중이라는 행위에서 어디까지나 나는 주체이고 상대방은 객체입니다. 나는 존중을 하는 사람이고, 상대방은 존중을 받는 사람입니다. 그게 전부이지요. 존중받는 상대방이 나에게 어떤 행동을 해도 나의 본질에 변화를 일으킬 여지가 없습니다. 그러니깐 둘이 만나서 어떤 변화가 생기기는 하는데 그 변화가 둘의 본질을 바꾸는 것은 아니라는 말이지요. 그런데 부버가 말하는 제대로 된 너와 나의 만남은 그런 게 아닙니다. '나'는 '너'를 만나 본질에 일대 전환을 일으킵니다. 그리하여 '너'를 만나기 전의 '나'와 만

난 후의 '나'는 완연히 다른 '나'가 됩니다. 만남을 통해 새로운 '나'가 생성되고 창조되는 것입니다. 내가 상대방을 존중하려고 할 때 그 존중은 원래 내가 의도했던 뜻대로 펼쳐지지 않습니다. 상대방이라는 변수를 만나면 나의 존중은 내가 예상치 못한 형태로 바뀔 수 있습니다. 그리하여 나의 존중으로 시작한 나와 너의 관계는 '우리'라는 새로운 차원으로 발전하게 됩니다. 결국 이런 과정을 통해서 나는 변화하고 성장할 수 있습니다. 상대방에 대한 존중으로 시작한 만남이 '우리'라는 관계를 구성하면서 나와 너를 모두 새롭게 변화시키고 성장시키는 것입니다.

동체적 만남

송창식의 〈우리는〉

우리는 빛이 없는 어둠 속에서도 찾을 수 있는 우리는
아주 작은 몸짓 하나로도 느낄 수 있는 우리는
우리는 소리 없는 침묵으로도 말할 수 있는 우리는
마주치는 눈빛 하나로 모두 알 수 있는 우리는
우리는 연인
기나긴 하 세월을 기다리어 우리는 만났다
천둥치는 운명처럼 우리는 만났다
오~ 바로 이 순간 우리는 하나다
이렇게 이렇게 이렇게 우리는 연인

우리는 바람 부는 벌판에서도 외롭지 않은 우리는

마주잡은 손끝 하나로 너무 충분한 우리는

우리는 기나긴 겨울밤에도 춥지 않은 우리는

타오르는 가슴 하나로 너무 충분한 우리는

우리는 연인

수없이 많은 날들을 우리는 함께 지냈다

생명처럼 소중한 빛을 함께 지녔다

오~ 바로 이 순간 우리는 하나다

이렇게 이렇게 이렇게~

동체적 만남과 달리 다른 만남들은 모두 나와 너를 둘로 가르는 이분법에 근거를 두고 있습니다. 도구적 만남은 물론이요, 인격적 만남이나 생성적 만남에서도 너는 나와 분리된 존재입니다. 앞에서 말한 다른 만남과 근본적인 차이가 있는 동체적 만남에 대한 설명은 보다 복합적이고 치밀하게 다룰 필요가 있으므로 아쉽지만 자세한 이야기는 다음을 기약하기로 합니다.

공감과 만남

지금까지 마음을 울리는 따뜻한 동화와 사례들로 '공감'에 대한 이야기를 나누어 보았습니다. 공감의 의미와 개념을 이해하고 공감이 일어나는 과정도 따라가 보았습니다. 공감은 결국 만남을 향하게 됩니다. 공감으로 만나는 인간관계는 너무나 많은 기쁨과 즐거움을 경

험할 수 있습니다. 우리의 삶 속에서도 공감을 통해 더욱 의미 있는 인간관계를 맺어갈 수 있습니다. 공감은 우리의 마음을 열고 서로에게 의미 있는 존재로 다가가게 하는 힘이 있다는 것을 기억하길 바랍니다.

참고문헌

김인경(1997). 축복을 기다릴 때 읽는 책. 서울: 혜문서관.

박성희(1999). 상담실 밖 상담 이야기. 서울: 학지사.

박성희(2001). 상담과 상담학: 새로운 패러다임. 서울: 학지사.

박성희(2007). 동화로 열어가는 상담 이야기. 서울: 이너북스.

박성희(2008). 마시멜로 이야기에 열광하는 불행한 영혼들을 위하여. 서울: 이너북스.

박성희(2009). 공감. 서울: 이너북스.

박성희(2010). 행복한 삶을 위한 생각처방전. 서울: 이너북스.

박성희(2012). 수용. 서울: 이너북스.

박성희(2014). 상담과 만남의 네 차원: Buber와 Rogers를 중심으로. 초등상담 연구, 13(2), 185-201.

박성희(2014). 인간관계의 필요충분조건. 서울: 학지사.

박성희(2015). 나의 '지금'에게 길을 묻다. 서울: 학지사.

박성희, 이재용, 황은경, 최선미, 김기종, 전경아, 남윤미, 최준섭, 김경수, 심진규(2015). 어울림 학교폭력예방 프로그램: 공감 심화. 서울: 한국교육개발원.

서정오(2011). 옛이야기 보따리. 서울: 보리.

신동흔(2012). 삶을 일깨우는 옛이야기의 힘. 서울: 우리교육.

이원수, 손동인(1980). 한국전래동화집 제6권. 경기: 창작과 비평사.

이정하(1995). 우리가 사는 동안에 2. 고려문화사.

이진복(1999). 아이들에게 들려주는 감동글 99가지. 경북: 느티나무.

진현종(1997). 팔만대장경에 숨어 있는 108가지 이야기. 서울: 혜윰.

토머스 고든(2003). 교사역할훈련(김홍옥 역). 서울: 양철북.

토머스 고든(2005). 부모역할 배워지는 것인가(김인자 역). 서울: 한국심리상담연구소.

EBS 지식채널e. 맨체스터 유나이티드. 박지성.

Allport, G. W. (1961). *Pattern and growth in personality*. New York: Holt, Rinehart, & Winston.

Gazda, G. M, Walters, B. P., & Childers, W. C. (1975). *Human relations development*. Boston: Allyn & bacon.

Rogers, C. R. (1959). A theory of therapy, personality, and interpersonal relationships, as developed in the client—centered framework. In Koch S. (Ed.), *A theory of therapy, personality and interpersonal psychotherapy* (pp. 184—256). New York: McGraw Hill.

저자 소개

박성희(Park Sunghee)
서울대학교 교육학 박사(교육상담)
현 청주교육대학교 초등교육학과 교수

이재용(Lee Jaeyong)
충북대학교 교육학 박사(교육심리 및 상담 전공)
현 충북 만수초등학교 교사

남윤미(Nam Yunmi)
충북대학교 교육대학원 교육학 석사(학교상담 전공)
현 충북 성화중학교 교사

김경수(Kim Kyeongsu)
한남대학교 교육학 박사(교육심리 및 상담 전공)
현 충청북도교육청 전문상담교사

김기종(Kim Kijong)
충북대학교 교육학과 박사과정 수료(교육심리 및 상담 전공)
현 충북 죽향초등학교 교사

심진규(Shim Jingyu)
청주교육대학교 교육대학원 교육학 석사(초등상담교육 전공)
현 충북 옥동초등학교 교사

최준섭(Choi Joonsup)
성균관대학교 교육학과 박사과정(상담교육 전공)
현 경기 새금초등학교 교사

김은혜(Kim Eunhye)
충북대학교 교육학과 박사과정(교육심리 및 상담교육 전공)
현 충북 용천초등학교 교사

공감 정복 6단계

동화로 열어가는 공감 매뉴얼

Six stages of empathy mastering

2016년 12월 15일 1판 1쇄 발행
2019년 2월 19일 1판 3쇄 발행

지은이 • 박성희 · 이재용 · 남윤미 · 김경수 · 김기종 · 심진규 · 최준섭 · 김은혜
펴낸이 • 김 진 환
펴낸곳 • (주) **학 지사**

04031 서울특별시 마포구 양화로 15길 20 마인드월드빌딩 5층

대표전화 • 02) 330-5114   팩스 • 02) 324-2345

등록번호 • 제313-2006-000265호

홈페이지 • http://www.hakjisa.co.kr
페이스북 • https://www.facebook.com/hakjisabook

ISBN 978-89-997-1127-5 03180

정가 15,000원

이 도서의 국립중앙도서관 출판시도서목록(CIP)은 서지정보유통지원시스템
홈페이지(http://seoji.nl.go.kr)와 국가자료공동목록시스템(http://www.nl.go.kr/kolisnet)
에서 이용하실 수 있습니다.
(CIP제어번호: CIP2016031177)

교육문화출판미디어그룹 **학 지사**

학술논문서비스 **뉴논문** www.newnonmun.com
심리검사연구소 **인싸이트** www.inpsyt.co.kr
원격교육연수원 **카운피아** www.counpia.com
간호보건의학출판 **학지사메디컬** www.hakjisamd.co.kr